乌拉波拉故事全集

[德] 柏吉尔/著　姬莉　李婧/译

中国青年出版社

图书在版编目（CIP）数据

乌拉波拉故事全集 /（德）柏吉尔著；姬莉，李婧译．-- 北京：中国青年出版社，2023.2（2025.4 重印）

ISBN 978-7-5153-6855-9

Ⅰ．①乌… Ⅱ．①柏… ②姬… ③李… Ⅲ．①科学知识—儿童读物 Ⅳ．① Z228.1

中国版本图书馆 CIP 数据核字（2022）第 250361 号

责任编辑：彭岩
出版发行：中国青年出版社
社　　址：北京市东城区东四十二条 21 号
网　　址：www.cyp.com.cn
编辑中心：010 - 57350407
营销中心：010 - 57350370
经　　销：新华书店
印　　刷：北京科信印刷有限公司
规　　格：660mm × 970mm　1/16
印　　张：24.5
字　　数：250 千字
版　　次：2023 年 2 月北京第 1 版
印　　次：2025 年 4 月北京第 3 次印刷
定　　价：58.00 元

如有印装质量问题，请凭购书发票与质检部联系调换
联系电话：010 - 57350337

写给大人的话

德国的儿童文学世界里有大量美妙的童话和诗歌。它们都是那样地充满想象力、引人入胜，又那样如画般美好。即使在现在这个越来越物质化的时代，我们也希望抓住一点安静的、美好的空间，让浮躁的心慢慢静下来，感受童真的美好与欢乐。

20世纪的青年，尤其是大城市的青年，特别是男孩子，他们的稚嫩随着年龄的增长慢慢融化，逐渐不再和这些童话故事有更多的关联。这些古老的诗意童话，就像年轻时吸引我们的木偶戏一样，渐渐离我们远去。而现代更多故事是通过闪烁的屏幕来表达的，这既没有诗意，也更不符合孩子们的童心，应当被扔进垃圾堆里去！

时代在变化，我们可以追忆过去的时光，但时光很难倒流。20世纪的孩子生活在一个更现实的社会里，他们对科学技术有着强烈的兴趣，每天与这些事物亲密接触——至少在大都市是这样。难怪他们宁可玩机械火车，也不愿意玩我们年轻时很喜欢的木玩偶；他们宁愿阅读现代工程奇迹和冒险刺激、惊心动魄的故事，也不愿意阅读《小红帽》这样的童话故事。我们成年人回过头来重读这些故事，知道该如何去体会故事中的现实意义；可现代的孩子由于认知的局限性和生活阅历的浅薄，只能将故事的现实意义看作是“荒谬的”。

这本故事集就是出于这种考虑而创作的。从某种意义上来说，它们是科学童话。也就是说，这些故事在形式上更像童话故事，但它们的核心内容是通俗易懂、易于理解的科技知识。如果孩子们对这本书感兴趣（我希望如此），他们会在开心的同时学到很多知识。

柏吉尔

写于纽巴贝尔斯堡，波茨坦

目录

1.关于乌拉波拉博士

我亲爱的年轻朋友们！在你阅读这些故事之前，你肯定想知道它们是怎么产生的，以及这位乌拉波拉博士是干什么的。其实乌拉波拉不是他的本名，孩子们也从来不知道他到底叫啥，又或者忘记了他的名字。但我知道，他是一个可爱的家伙，就像人们给他起的名字一样可爱。

在哈尔茨山脉黑暗的冷杉丛里，坐落着神秘而古老的皇城戈斯拉尔，那里有古老的尖塔、奇怪的拱门和狭窄的街道。拉梅尔斯堡山下有着上百年历史的房屋，矿工们在那里挖掘宝藏。许多年前，乌拉波拉博士就居住在那里。他独自一人住在那些中世纪的楼阁台榭中，那些房屋通过小小的窗户见证着新时代的发展。房子的顶部是一座塔，塔上盖着石板。乌拉波拉博士在塔上放了一个巨大的望远镜，人们可以用它来观察彗星和月亮。房子里有几个装修简约的小房间，里面有一些旧家具、奇奇怪怪的钟表和各种各样的小玩意儿，其中一个房间里塞满了书，进了这个房间你都无从下脚，不知道该往哪里走、该坐到哪里去。隔壁的房间看上去更吸引人！那就像是一个真正的博物馆，里面有哺乳动物、鱼类、蜗牛化石，动物骨骼，以及各种各样的蝴蝶和稀有甲虫。另外还有浑天仪和地动仪、各种可以插电的机器以及显微镜，还有一百多种仪器和只有鬼知道是什么的零零碎碎的小玩意儿。

老乌拉波拉终其一生都像一只鼹鼠，生活在他的“洞穴”里。他没有妻子，当然也没有孩子；一位戴着黑色大兜帽的老妇人照顾着他的日常生活起居，她也是唯一和乌拉波拉相处的人，因为乌拉波拉是个不折不扣的老吝啬鬼。

如果你现在问我乌拉波拉博士到底长什么样，我不得不说，他是一个顶可爱的人！他身材颀长，瘦得像根管子，几乎无法穿过老房子的矮门。岁月抚过他的脸，在上面留下千万条皱纹，他没有胡须，脸晒得黝黑，像一支被大量烟草熏过的旧海泡石烟斗，烟灰色的头发遮住了他的脑袋。他看起来真的很可爱。在我们这些孩子眼里，乌拉波拉最奇怪的还要数他的小辫子。他的小辫子垂在大衣领子后边，不比老鼠尾巴长，也不粗，铁灰色，末端束有一个小小的黑色的蝴蝶结。我父亲的确告诉过我，他在旧书上的图片中看到，以前的男人都扎着小辫子，而老乌拉波拉已经年近七十，虽然剪发的时尚已经流行开来，大家的辫子也都陆续剪掉了，老乌拉波拉却不愿意赶时髦。他还戴着一副大大的牛角框眼镜，镜片后面是他又大又圆的眼睛，再配上鹰钩鼻，他看起来就像一只猫头鹰，或者用当地人的土话来说，就像一只老“乌拉”。这就是他绰号的由来。实际上，他的名字是波拉博士，但我们更愿意称呼他为乌拉波拉！

乌拉波拉博士无论冬夏都喜欢穿着一件灰色纽扣的长外套，脚下踩着亮色格子花纹毛毡鞋。他坐着，从长烟斗中吐出一团团蓝色的烟雾，任由烟雾慢慢将他的书本和仪器淹没。他根本不理会房间里的任何人，只是沉浸在自己广袤的世界中。

虽然乌拉波拉看上去很古怪，人们会偷偷嘲笑他的穿着打扮和行为，但每当他眺望窗外，或是在花园里修剪树木时，人们都会向他致敬。因为他是个博学多才的人，他懂的东西比教师、牧师、医生和市长都多得多。这么形容可能有些许夸张，因为那些先生总是觉得自己要比别人更聪明、懂得更多。乌拉波拉博士写了许多学术著作，很多远方的知名教授都慕名给我们的乌拉波拉写信，征求他的意见。

乌拉波拉博士是一个顶可爱的人

也许你要问了，为什么乌拉波拉博士要讲这些故事呢?

事情是这样的：乌拉波拉博士的房子前面，有一大片空地，上面有一座喷泉。那里简直是小孩子们聚集玩耍的天堂。孩子们凑在一起，像麻雀一样叽叽喳喳，这对老年人来说太可怕了！这些噪声困扰着乌拉波拉，他的学术和写作工作也因此受到干扰。当他的所有责骂都无济于事时，他想到了一个解决办法。一个夏夜，孩子们又在喷泉附近追逐嬉戏，乌拉波拉差遣他的老女仆把孩子们叫进了屋。起初只有几个胆子大的孩子带着好奇心走进去，要知道，这所房子在从前是谢绝一切访客的！乌拉波拉对孩子们发表了长篇大论，他带着奇怪的音调说这些孩子都是淘气包，如果不好好改正，将来长大后就会变成大坏蛋。但他又说，如果孩子们答应从现在起不再在喷泉周围嬉戏，也不再在花园里扔球、互相追赶的话，他愿意每周日的晚上给他们提供精美的点心和茶，并给他们讲好多有趣的故事，还会教他们用望远镜看星星和月亮爬上天空。

故事就这样开始了！起初只有零星几个孩子去听，然后人数逐渐增加，最后所有的孩子都去了。乌拉波拉讲的故事很有趣，蛋糕也很好吃，用料足，里面放了大把的葡萄干。从此之后，喷泉附近异常安静，因为没有人再想惹老乌拉波拉生气了。他可真是个聪明的人儿啊！乌拉波拉给孩子们讲的并不是普通的童话故事，里面没有女巫和食人族，也没有公主和被施了魔法的青蛙王子之间的爱恨情仇。从乌拉波拉讲述的故事中，孩子们可以学到许多有用的知识，童话只是一种形式罢了，就像药剂师在药丸外面披上了一层糖衣，让我们可以更容易地吞下去。这位博学多才的老博士将他知道的有关自然界的奇妙事物改编成了一个个童话故事。

现在，我将从这些故事中了解到的东西写在这里。当你读完这些故事，会学到很多知识，关于太阳、月亮、星星，关于风、雨、云、雪，还有山和海。

如果你读完这些故事有什么不明白的地方，又或者你想了解更多相关的知识，欢迎写信给我。你可以把我当作乌拉波拉本人，然后我也会戴起我的牛角框眼镜，仔细阅读你的信件，回答你的问题。不过，不用担心！我可不像乌拉波拉博士那样暴躁哟！

2.小水滴变身记

“孩子们，”乌拉波拉博士说，“今天，我想给你们讲一个小水滴的故事。水滴，你们都知道，在世界各地，无论是你喜欢抑或是不喜欢的地方，它都会存在！”

“乌拉波拉，这应该是个简短的小故事吧！因为我从一数到三，一滴水就蒸发消失不见了，这故事也一样吧？”

“一派胡言！你们这些傻孩子！”乌拉波拉讪笑了一声。他一边笑，一边拿着一块五彩斑斓的大手帕擦拭着他的牛角框眼镜。“等着瞧吧！如果你们谁不想听就出去。不要小看这么一滴小小的水滴，它经历的比你们经历的要多得多。最重要的是，它并不像你们，总是给我们老年人找麻烦！”

于是孩子们赶忙坐下，喝着茶，吃着老克立斯蒂娜做的蛋糕。她做的蛋糕很好吃，里面有大把的葡萄干。

“你们看，”老乌拉波拉说，“花园里的接骨木树下有个小女孩，她坐在草坪中的长椅上，一滴眼泪顺着她的脸颊滑落。女孩的母亲被埋葬了，那是人一生中最悲伤的时刻，世界上虽有很多人，母亲却只有一个。泪水从女孩的脸颊上缓缓流下，像钻石一样晶光闪耀，七月那温暖和煦的阳光倒映其中。那就是一滴小水滴诞生的时刻。

“但是，我们的小水滴一点也不悲伤。这个小家伙很喜欢这个世界，它坐在那里，岁月静好。它望着太阳公公，太阳公公的光芒普照着大地。‘如果我能靠近他就好了！’小水滴心想，这种想法似乎也在消耗着小水滴，因为它越变越小，直至最后，人类的肉眼也无法看见它了。

“也许你认为故事正如我们在开头所说的那样，水滴已经消失了，老乌拉波拉的故事也讲完了。如果你这么想，就大错特错了，你们这些小不点！其实我的故事才刚刚开始。不要以为水滴消失了，只是你看不到了而已，它并没有消失。在这个世界上，没有一样东西会消失！请你们记住，任何东西都是存在的，变化的只是它的形式和形状。

“小水滴因太阳的热量分解成一群微小的水粒，类似于肥皂泡，但是比肥皂泡小得多。它们飘浮在温暖的空气中，风慢慢将它们吹散。最后，它们被吹到一片荒地上，荒地的热沙上矗立着瘦削的松树。太阳将地上的沙子晒得非常温暖，使得周围的空气变得很热。房间里的热气会上升到天花板，这告诉我们一个道理：热气流是向上涌动的。热气越来越高，带着小水滴分解而成的水粒，进入蓝色的苍穹中。

“天空中异常寒冷，就像热量使得水滴中无数的小水粒膨胀分解开来一样，寒冷又使它们凝缩在一起。于是这些小水粒就和其他数以百万计的小水粒一起形成了云朵。远处的大地上有一些小村落。小女孩抬起头，看到天空中的云朵就像海面上的船一样航行，她当然想不到，组成云朵的小水粒就是她的泪滴变成的。你们看，我们的生活中也时常发生类似的情况。我们和一位老朋友擦肩而过，却认不得他 / 她了，因为他 / 她变老了，脸色苍白，穿着打扮也和过去大为不同。

“小水滴随着云朵，飞越那么多的国家和海洋，它一遍又一遍地思考：‘世界可真是大呀！我所达之处，到处都有人居住！’傍晚时分，云朵渐渐飘向南方，飘向地中海上空。远处，意大利海岸灯光闪烁。越来越多的水分从海面上升到云层，导致空气再也无法承载这么多的水分了。太阳公公下山之后，天气变得凉爽起来，小水粒越积越多，最终又聚成水滴。然后，空气决定把它承载的这些小水滴通通洒向地面。风吹过来，小水滴们迅速且密集地从云中掉落，速度越来越快，变成了雨滴！

“碧绿的海浪在海面上翻滚着，一艘巨大的轮船闪着红色、绿色、白色的光，呼啸着全速前进。螺旋桨掀起巨大的白色漩涡，舵手们站在岗位上望向黑暗。远处有一道亮光，忽明忽灭，那是那不勒斯港入口处的灯塔发出的。‘要不是因为下雨，我们早就到港口了！’舵手说。他们抱怨着这狂风暴雨的坏天气，原因你们知道，一个水手在出海时遇到暴风雨，总是不快乐的。

“真是的！小水滴落到海里，完成了从云端到地面的旅行。‘刚才好危险啊！’它这么想，‘我终于又来到了一个安全的地方。在云朵上飘浮着，总是感觉没有着落，我永远不知道下一秒会到哪里，这令我不安。但现在，我回到了海洋里！我在海洋里自由自在地游泳，应该就安全多了！’只可惜，小水滴的想法和现实完全相反！它刚落到海洋里还不到一分钟，巨轮就呼啸而过，海上传来发动机的轰鸣声。像这样的巨型轮船的发动机简直就是一头贪婪的野兽，它疯狂地消耗煤炭和水来产生蒸汽，从而使推动轮船前进的螺旋桨转动。船的一侧有个抽水泵，当我们的小水滴经过抽水泵的那一刻，它恰好张开大嘴在吸水，以补充锅炉里的水量。

“小水滴感觉自己突然被扼住了喉咙，它被汹涌的漩涡卷走，短短几秒就来到了轮船的锅炉里。我的天哪！这可真是太可怕了！锅炉仿佛钢铁巨兽般，散发着热量，火焰从锅炉管中流过，把水变成了蒸汽。小水滴感觉越来越难受，它不停地被挤压、撕裂，最终全身粉碎，变成更小的粒子，化为蒸汽。在巨大的压力下，它被逼进一个狭窄的管子里，发出嘶嘶的声音。‘我可能凶多吉少了，’小水滴想，其实它现在已经不再是小水滴的模样了，‘我肯定完蛋了，没有人能够幸免于难。’可是突然间，一个小洞口在它面前打开，洞口直通蒸汽引擎的气缸。蒸汽以巨大的力量冲进气缸，对自己刚才在锅炉中受到的虐待充满愤怒，并迁怒于阻挡它去路的小活塞。活塞惊愕地向后退了一步，推了推它前面的活塞杆，活塞杆又推动了巨大的曲柄，曲柄带动轮船的螺旋桨，推动着轮船向前航行。

“做完这些事情之后，小水滴已经筋疲力尽，没有力气再做别的事了。蒸汽从排气管排出，慢慢变凉，微小的粒子又紧紧地聚合在一起，形成了水滴。我们的小主人公就这样逃出地狱，通过排水管又回到了海里。”

“孩子们，你们看到了吧！”老乌拉波拉说，“世界上的事情就是这样，有一些工作完全就是苦差事，可是当你努力完成一件事后，你会看到自己做了一些有意义的事，那是非常值得，也是很有成就感的！

“‘这简直奇妙得难以言喻！’小水滴说，‘当我在小女孩的脸颊上沐浴阳光的时候，从没想过竟然有一天自己会帮助轮船驶向那不勒斯？！这真是一个奇特的世界啊！’

“于是，小水滴随着海浪游动，渐渐淡忘了曾经经历过的那些恐惧。在阳光明媚的南部海岸，小水滴看到了许多橘子树和橄榄树，意大利人和西班牙人在那里唱着民族歌曲跳着舞。到了正午时分，炽热的阳光照在海面上，许多水分开始蒸发，它们缓慢上升，均匀地平铺在海平面和海岸边，就像一层淡蓝色的薄纱。在田野里和花园里劳作的人们热得脸都红了。他们不停地擦着额头的汗水，一遍又一遍地感叹：‘哇，真是太闷热啦！’

“我们的水滴小精灵也飘浮在温暖的雾霭中，感觉无所事事，风在睡觉，它和同伴们只能停留在同一个地方，单调枯燥又乏味。风在傍晚才清醒过来，慢慢地吹走了海平面上的水蒸气，吹向非洲海岸。在那里，白色的沙子被火辣的太阳暴晒，热量迫使这些蓝色的水蒸气像气球一样慢慢上升，飘浮在湛蓝的天空中。可天上很冷，水蒸气在这样的条件下变成了微小的尖头冰针，直到凝结起一整个云块。整个过程发生在极高的天空中，距离地面大概有一万米，只有最高的云层才能飘浮到这样的高度。在地面上看到这些云层的人儿高兴地喊道：‘快看呀！那里有奇异的云朵在移动！就像老佩特鲁斯抖落他的被子时撒出的羽毛！’

“凛冽的风将冰针云吹向北方，直到飘到高耸的雪山之上，那就是大名鼎鼎的阿尔卑斯山。远眺是绿油油的草地，奶牛在高山小屋旁悠闲地吃着草，山脚下还有可爱的小村庄。山顶上，只有冰雪闪烁着光芒，显得十分寂静。

“云朵在自身重量的压迫下慢慢下沉，在这个过程中，细小的冰针紧紧地压在一起，继续凝结，变成了美丽奇妙的雪星。它有多美呢？美到就连最伟大的艺术家也无从下手修改它的模样。然后慢慢地，雪星们飘落到地上——下雪了。

“就这样，起初的小水滴变成了一件艺术品：一颗雪星。那是大艺术家霜冻先生在不借助任何工具的情况下创造的，他甚至可以在一分钟之内创造几百万颗雪星！小雪星们旋转着、跳跃着，同伴在下落中途加入它，或躺在它旁边，或附着在它上面或是下面，形成了一朵大大的雪花，我们的水滴小朋友就住在这片雪花中间。

“雪花飘落在高高的山上，数以万计的雪花同伴们躺在一起，还有千千万万的同伴落在上面，慢慢地覆盖住它们。所有的雪花躺在地上，什么也不能做，还真是枯燥呢。天寒地冻，小水滴感觉自己就像一名被困的囚犯。它狠狠地叹了口气，回想起从前在蔚蓝色的天空中航行是多么美好，地中海沿岸阳光明媚，人们穿着颜色鲜艳的长袍，唱着欢快的歌曲，和现在的生活真是天壤之别啊。

“但是，没有什么事情是永恒的，一切终将会过去，也终将会有个结局。我们这个被冻得瑟瑟发抖的小家伙在山上躺了几个月后，春天来了！温暖的春风如使者般拂过它的面庞，当然，风儿也来到了山间，大片大片的雪堆因此变得柔软。它们开始慢慢往山下流动，只是暂时被一块倾斜的石头阻拦着。小水滴意识到，它们不会永久待在这个地方，它只是担心，小小的一点变动就会将它抛到山谷深处，那样的话可真是太危险了！可是，我们的水滴小精灵却无能为力，因为它实在太渺小了。

“山谷里有一个小村落，那里有漂亮的蒂罗尔[①]式房屋和友好、淳朴的人民。当春风呼啸而过时，农民们抽着烟斗，看着山上厚厚的积雪说道：‘现在咱们得小心了，又到

① 阿尔卑斯山的一个历史地区，包括现在的意大利南部和奥地利西部的一部分。——编注

了每年最容易发生雪崩的时候！’

“有一天，刚刚下了一场新雪，空气格外安静和温暖。施莫尔茨勒·塞普尔穿上长靴，试图爬到山顶上，去看看他的高山小屋。就在他蹒跚前行、即将抵达山顶的时候，高空中突然传来一声奇怪的巨响，还没等塞普尔回过神来，一个巨大的白色物体向他滚来——那就是雪崩！幸亏塞普尔当时侧身站着，他要是面对雪崩站着，早就没命了。巨大的雪团把塞普尔掀翻在地，让他翻了几个跟头，他的胳膊和腿像风车的叶片一样旋转着，然后他突然被夹进雪团中间，好似一个肉馅饺子。他以比上山时快几倍的速度滚动着，回到了村庄里。‘肉馅饺子’撞到一个干草堆上，撞了个稀碎。村民们惊恐地看到塞普尔以这样的方式回来，在雪堆中一瘸一拐、骂骂咧咧地寻找他的烟斗。

“谢天谢地，大部分的雪被崩到村庄外面去了。雪崩咆哮着，噼啪作响，折断了大树，就像折断一根火柴棍。它摧毁了大部分森林，把大谷仓压得像个雪茄盒一样扁，最终在一个有小溪的山坡上停下。善良的蒂罗尔人非常高兴，因为就在几年前，有一次这样的雪崩把村庄都掩埋了，把所有的村民、牲畜、房屋和谷仓都捣毁了。

“但是，那个大雪团是怎么开始滚动起来的呢？说来十分简单。一只老鹰在雪堆上休息了片刻，当它起身俯冲时，爪子带动了松散的冰块。在冰块滚动的过程中，周围的雪都附着上去，雪球越滚越大、越滚越大，我们的小水滴当然也被困在其中。慢慢地，雪团大到不可言喻，就轰隆隆地冲下山谷，形成了雪崩。

“当然，我们所讲的这个过程，小水滴是完全不知情的。它想要从这‘监狱’中被释放出来，还要经过相当长的一段时间。太阳照射时间越来越长，天气越来越暖和，大雪团消融，小水滴才终于盼来解放的时刻！它的头顶上又是蔚蓝色的天空，和蔼的太阳公公用手指抚摩着这个冻僵的小家伙，它的心融化了，它也融化了，又化作一滴水，掉落进脚下潺潺的溪流中了。

“这样的生活与在冰里一动不动、被束缚着相比，简直不能更幸福了！小溪淌过一层层石头台阶，流过村庄，穿过郁郁葱葱的草地，然后流入美丽的谷底。那里的景色非常迷人，一座水磨坊在满是绿色的山毛榉树丛中嘎嘎作响。老磨坊主戴着一顶白色帽子，正在屋后修理独轮车。老磨坊主的徒弟和女儿站在屋前，叽叽喳喳说个不停。他们俩有说有笑，高高兴兴，简直要把世界和磨坊全都忘记了。小水滴从通向磨轮的厚实木槽里流过，流向长满苔藓的轮辐。磨轮转动的时候发出嘎吱嘎吱的声音，把麦粒磨成面粉。小水滴穿过磨轮后，又急急忙忙跑掉。它只看到了磨坊主的徒弟和一个漂亮的女孩有说有笑，高高兴兴，本想看看故事会如何继续下去，但紧接着一个漩涡抓住了它的头发，将它快速卷走了……你看啊，世界上的事情总是这样！当故事刚开始变得有趣，我们就不得不离开，不然的话，故事就永远不会结束啦！

“小水滴在溪流中顺势流淌了好几公里，溪流变得越来越浅，因为它流经易碎的岩石，溪水从上千个罅隙渗入地下。那里一片漆黑，小水滴们艰难地蜿蜒穿过无数个小通道和孔洞，向岩石深处钻去。它们流经各种岩石和矿石，穿过铁矿和银矿，溶解了藏在深山里的各种盐类。最终，这些渗入岩石深处的小水滴们又作为泉水涌到地面上来。泉水清澈，味道微咸，医生说，饮用这样的水对人的胃大有裨益。

“泉水从山中涌出，涌向一座美丽的城市，市长将泉水引流，通过成千上万的管道将水引到所有居民的家中。我们的小水滴才刚刚见到天光，就又进入了黑暗中。它呼啸着穿过铁质的水管，最后停留在一座大房子里，面前是一个闪闪发光的黄铜水龙头，仿佛警卫员守着大门，不让任

老磨坊主的徒弟和一个漂亮的女孩有说有笑，高高兴兴

何人通过。原来，这座大房子是一所大学，和其他普通的学校一样，里面有很多教室，教室里有许多长凳，长凳前摆放着课桌，课桌旁边有一块大大的黑板，老师们在上面写下各种知识。但是在这里，老师们被称为教授，他们是不用教鞭的，因为他们的学生都是些年轻的绅士，其中一些还留着庄严的小胡子。他们戴着五颜六色的帽子，被称为大学生，他们感到非常光荣和自豪。

“在其中一间教室里，一位老教授正在教学。他学识渊博，多年来，从他聪明脑瓜里冒出来的想法已经带走了他的每一根头发。但是在教授看来，这倒反而是一件值得庆幸的事，如果他的头发还很茂密，别人也不会认为他学富五车了。这位教授正在发表演讲，他说道：

“‘我亲爱的同学们！人类从出生时起，到死亡为止，一刻也离不开水，但很少有人真正知道水的成分。两百多年前，压根儿没人知道，但当时有几位英国科学家发现了其中的奥秘，水是由两种看不见的气体组成的，即氢和氧。这两种气体就和我们呼吸的空气一样，是看不见摸不着的，但是当你把它们结合起来的时候，水就产生了。为了让同学们相信我说的话，现在我要做个实验，接下来我将会在你们面前把水分解成这两种气体，然后再把这两种气体合

成水。’

“教授向他的助教示意，助教走到水龙头前，打开它，让水流入一个形状奇特的玻璃容器中。我们的水滴小朋友也进入了这场科学大会。它为此感到非常自豪，因为能够为科学服务是一种荣誉。可是很快，这种荣誉感就被恶心和疼痛取而代之，就像它在轮船上的蒸汽锅炉中被猛烈撕碎时的感觉一样。教授将两根电线插入容器，通过它们向容器中发送电流，小水滴感到越发不舒服。电流分解水，使气泡不断顺着两根电线上升，一根电线上是氢气，另一根上是氧气。我们的小水滴成为科学的牺牲品。有些国家处置犯人会用电击，小水滴刚刚就像是经历了这样的酷刑。它很想哭，可是如果真的哭出来，就变成自杀了，因为它原本就是一滴眼泪。尽管想尽种种办法来逃避这样的酷刑，但就像那些在牙医诊室门口候诊的小朋友一样，它终究无法逃脱。小水滴被变成了两种气体，在玻璃容器中不断上升。最后，一切都结束了，容器里的水一滴都没有了，全都变成了氢和氧——无形的气体悬浮在容器上。

“但是，一位真正的学者在做学问的时候是不会半途而废的。所以我们的教授再次动手，准备将这两种气体还原成水。他将两种气体放入玻璃管中，通电机器发射出强烈的火花，在它的帮助下，两种气体再次结合起来，成为小水滴，再次流淌起来。

“观看了整场实验的大学生们觉得这太有趣了，纷纷手舞足蹈，并报以热烈的掌声。这位博学的教授向大家微微鞠了一躬，昂着头走出了教室。

“小水滴躺着玻璃杯里，若有所思。它死过一回，现在又复活了。现在它深刻地了解到自己是由什么构成的，在这之前，它从未得到过正确的答案。可是，它还没来得及思考，因为下课了，大学生们纷纷离开教室，助教走了过来，把玻璃杯里的水倒入水池。小水滴们在那里翻滚着，流经许多管道后，终于又来到城外，流入了一条穿过草地的宽阔沟渠，还有一部分流入了花园、田野和谷仓中间的小水塘。

“‘这水塘里的气味可不太好。’小水滴想，而且水塘里还漂浮着乱七八糟的东西。一个空药瓶子漂来漂去，几个破酒瓶塞子也来凑热闹，还有破旧的童鞋、教科书的书页、稻草和干枯的树叶等。老鼠沿着水塘边跑来跑去，几只鸭子嘎嘎叫着。最糟糕的是，许多微小的生物在水中盘旋着。两个男孩在水塘边野餐，因为天气太热，他们直接喝起了水塘里的水。要是他们知道这塘子里都漂浮着哪些污秽之物，一定会连连作呕。只可惜孩子们永远都是那样，聪明却不中用！

“对于我们的可怜虫小水滴来说，这里的生活可不美好。几个小时前，它还在大学的课堂里，和一帮知识分子混在一起，可是现在却在肮脏的水塘里，和一帮龌龊的家伙们聚集在一起。真是该死！

“但是，生活总是要画上句号。行得正坐得端的人，总是能够重新站起来！尽管他们可能曾经运气不好。一个晴朗的早晨，一位名叫约亨的葡萄种植者拎着大水桶向水塘走过来。他站在池塘边，将混浊的水从池塘舀进水桶，直到把桶装满。然后，约亨骑着棕色的马回到葡萄园中。他将水倒在葡萄藤蔓之间，水缓缓地渗透到干枯的葡萄藤根部。

“接下来，我们的小水滴慢慢地穿过葡萄藤蔓根部的细孔，一点一点沿着树干向上攀爬，通过细茎，最终进入小小的绿色葡萄。明亮的阳光透过绿色的小葡萄，里面是个多么奇妙的世界啊！就像一个化学工厂。太阳的光和热融化了从泥土里带来的水分和其他物质，葡萄汁液流来流去，最后把我们的小水滴也溶解了，它变成了葡萄汁。

“秋天来了！树叶变得五颜六色，旗帜在四处飘扬。衣冠楚楚的男孩和女孩走进葡萄园，音乐家一首接一首地演奏着欢快的乐曲，这是葡萄丰收的季节！一颗颗饱满、甜美、成熟的葡萄被人们从高处采摘下来，放进榨汁机。在那里，葡萄们被榨成汁液，放入酒桶，紧接着被倒入木桶，然后装入酒瓶。

“我们的小水滴就这样变成了葡萄酒，它在地窖深处一个满是灰尘的瓶子里躺了许多年。蜘蛛在那里结了精致的网，老鼠窃窃私语。但这样的生活也要结束了，因为乌拉波拉博士给他的朋友—— 一位莱茵河的酒商写信说，他想要试几瓶莱茵河老酒。于是，这瓶酒被拿出来，寄到了乌拉波拉博士的家里。在这些酒里，就有困住我们小水滴的那一瓶。来吧，我的小朋友们，请你们仔细看看吧，就是这一瓶！”

说完，乌拉波拉博士把手伸向后面的桌子，把一瓶满是灰尘的葡萄酒放在孩子们的面前。

“所以……”乌拉波拉一边说，一边旋出酒塞。只听“噗”的一声，木塞离开了绿色的酒瓶。乌拉波拉将酒杯斟满，说道：“给你们讲这个小水滴冒险的故事，讲得我口干舌燥，现在我要让小水滴亲自来给我解解渴，它现在已经在我的酒杯中啦！你们有人不相信我的话也没关系，我绝不勉强，顺其自然吧。”

3.撞鬼亨利

如果你想去乌拉波拉博士家，有一条幽暗的小巷是必经之路，小巷的下面是一座古老寺院的墓地。那里矗立着十字架和弯曲的参天古树。每当大风刮过，那些树都会发出凄厉的叫声，阴森森的，这在夜晚总是有些令人害怕。像我们这样的成年人经过时，虽然表现出不害怕的样子，但也要不自觉加快脚步，因为在这样的环境下，人会不自觉地感到恐惧。有一次，一个小女孩走在最后面，一个白色的东西从墓地旁的墙壁上飘落下来，其实只是从晾衣绳上飘下来的一块白色亚麻布，但足以把小女孩吓个半死。她以为有鬼跟在她的身后，一边跑一边大声尖叫，直到来到乌拉波拉博士和老克立斯蒂娜家中，还在大声哭泣。

老克立斯蒂娜端来茶和蛋糕，安抚受到惊吓的小女孩。乌拉波拉博士一直拖着他那厚重的毛毡鞋在屋里踱来踱去，嘴里叽里咕噜说个不停。他咒骂不科学的落后思想，还有给孩子们讲鬼故事的大人，因为这一切使得孩子不敢独自走进黑暗的房间。

“孩子们，”乌拉波拉说，“已经死去的人，是不会从坟墓中爬出来吓唬别人的。他们安静地睡着，连脚指头都不会再动一下。这个世界上没有鬼，却有很多害怕鬼和相信鬼存在的人。我现在来给你们讲一个故事，里面有个相信鬼存在的人。他也住在我们这个镇上，是老霍恩医生的马车夫兼仆人。有时，他需要驾着马车穿越乡间送医生去给病人瞧病，或是送药。他在黑暗中总是能够看见鬼魂，所以人们称他为‘撞鬼亨利’。

“霍恩医生觉得亨利愚蠢至极，不论告诉了他多少次，他遇见的那些所谓‘鬼魂’都是不存在的，可亨利总是能找出更多新类型的鬼来。所以我今天给你们讲讲这些故事，以免你们长大后也变得和亨利一样愚蠢，相信这些鬼魂的存在。

“有一年冬天，施泰恩博格山上的旅馆老板病倒了。霍恩医生差遣亨利给他送一瓶药。亨利出发时，天色有些昏暗，但好在路边的积雪反射出了足够的亮光。渐渐地，天黑了，亨利点燃他放在马车上的大灯，颠簸着向山上驶去。一路顺利，没什么可怕的东西能阻挡我们亨利小伙子前进的步伐。然后，他驶出冷杉树丛，来到一片宽阔的高原上，一团浓雾正在移动。

“天气很冷，亨利把灯笼放在雪地上，准备戴手套。就在他刚戴好手套，抬起头的那一刻，他吓了一大跳，吓得头发都竖起来了！就在他前面不远处，站着一个巨大的家伙，全身黑黑的，轮廓很模糊，像是从黑色的纸板上剪下来的。他和一幢房子一样高，虽然只是迷雾中的一个模糊影子，但绝不是想象出来的，就真真实实地站在那里！

“‘我的天哪！’撞鬼亨利说，他被吓得停住了脚步，可他又担心那个巨大的鬼魂会认为他在无声地威胁，会向他冲过来。我的乖乖哟，这到底是个什么鬼！此时此刻，亨利希望霍恩医生就站在他边上，这样霍恩医生就能亲眼看到，什么样的鬼魂会大晚上在树林和山脉里游荡！可如果明天再向霍恩医生转述这件事，他一定会再次嘲笑亨利，并说：‘亨利，你这个人可真是太幼稚了！’

“亨利斜眼看着眼前的黑色怪物，它一动不动，仿佛在等着亨利先发制人。亨利小心翼翼地抬起手臂，黑色怪物也抬起手，准备攻击他。这可把亨利吓坏了，他连忙转身，却不小心将身后的灯笼撞到地上。灯笼在地上滚了几下，熄灭了。拿着药瓶的亨利像兔子一样朝山下跑去。

“他跑啊跑啊，终于在森林的边缘停了下来。他四处张望，发现黑色怪物并没有跟上来。‘真是讨厌！’亨利心想，‘如果我刚才逃跑的时候带着灯笼就好了，在黑暗的冷杉树丛中走路可不容易呢。要不要原路返回，拿回灯笼呀？’亨利鼓起勇气，小心翼翼地向高原走去，轻而易举地在雪地里找到了灯笼。这么看来，灯笼并没有被大怪物拿走。但怪物的踪影不见了。浓雾还在，像一堵白色墙壁般飘浮着。

“撞鬼亨利拿出火柴，再次将灯笼点亮。他想，要是就这样毫无收获地回家，山上的旅馆老板没有吞下他带的药，霍恩医生肯定会责骂他的。还要再次尝试吗？撞鬼亨利在心里盘算着：反正也就是一刻钟的路程，黑色怪物也许已经走了呢？不如再去试试吧。

“灯笼再次亮起，亨利蹲在地上，重新点燃烟斗，偷偷向旁边瞥了一眼：‘该死！那黑色怪物不也蹲在旁边吗！还比刚才更大了！’

“亨利小心翼翼地爬起身，黑色怪物也同时爬了起来，而且似乎比刚才更高了。可亨利已经没有退路。他慌忙拾起灯笼，朝山下飞奔，身后的雪像飞舞的粉末。

霍恩医生吼道：“亨利，是你吗？你这个老家伙！”

“他狂跑了一会儿，面前又出现了一个黑色的身影，不过谢天谢地，这次的比之前那个黑色怪物小得多。‘今天横竖是一死！’亨利想了想，停在原地，‘后面一个大鬼，前面一个小鬼，真是防不胜防啊！’小鬼渐渐靠近，吼道：‘亨利，是你吗？你这个老家伙！’

“‘我可真是个大笨蛋！’亨利想，‘这不是霍恩医生嘛！真是感谢上帝！’站在他面前的果然是霍恩医生。原来，山上的旅馆老板差人转告他，自己的身体每况愈下，霍恩医生只好亲自上山一趟。他原本以为亨利已经从山上回来了，可当他得知亨利还没到山上旅馆时，非常惊讶。于是，亨利把他刚才遇见的灵异事件一五一十地告诉了霍恩医生。

“‘亨利！’医生说，‘你可叫我说你什么好！你真是越来越愚蠢了，愚蠢至极！来，你跟我来，谁知道你单独行动又会遇见什么鬼怪！哪怕是迷雾中一株歪七扭八的树，或是一块奇形怪状的岩石，在你看来可能都是个大鬼怪！如果你和我一起走，我保证，什么妖魔鬼怪、魑魅魍魉都不会存在！’

“他们向高原走去，很快就来到了亨利说遇见黑色大怪物的地方。迷雾还在，却看不到黑色巨怪的踪迹。

“‘来吧，告诉我，这到底是怎么一回事？’霍恩医生问。

“‘是这样的。’亨利说，‘我把灯笼放在这里，然后我想戴上手套，结果就看到面前站着那个东西。’

“说完，亨利把灯笼放回之前的位置，指向前方，突然，他发出一阵尖叫声。

“‘天哪！霍恩医生，你快看啊！他又来了！而且这次竟然变成了两个怪物！啊！’

“果然，浓雾中矗立着两个巨大的黑影。霍恩医生擦了擦眼镜，定睛一看，放声大笑起来，周围回荡着他的笑声。‘亨利！你真是比一头驴还蠢！’他对受到惊吓的亨利说道，‘你看，是你放在身后的灯笼把你的影子投射到面前的浓雾上了。你看到的黑色怪物，其实是你的影子！你只要挥挥手臂或踢踢腿，就会看到，面前的怪物也做出了同样的动作，因为他就是你的影子啊！为什么不像太阳、月亮或是路灯照在你身上那样，将影子投射在地面上，而是投射在你面前的浓雾上呢？那是因为你的灯笼放在地上！’

“经过霍恩医生的解释，亨利也明白了个中缘由。他垂头丧气地走在医生的旁边，决定以后要变得理智点。”

乌拉波拉博士敲掉了烟斗里的灰，重新续上烟丝。“是的，”他说，“现在你们明白了吧，这些所谓‘鬼故事’是多么的荒诞，简直就是无稽之谈！亨利在山上见到的这种现象，被称为‘山中鬼影’，或是‘布罗肯奇景’[①]，在哈尔茨山脉最高的山峰布罗肯山上最为常见。一年中的大部分时间里，山顶都被一层浓雾笼罩着。当太阳升起时，我们的影子被投射在雾壁上，雾壁有时离我们很远，影子看上去就巨大。但我们必须承认，这个投射在雾壁上的所谓‘鬼魂’，对于我们人类来说没有任何伤害，你也不用害怕。”

“乌拉波拉，”一个小女孩问道，“亨利后来有没有再遇到其他的鬼啊？”

“当然！他这个愚蠢的家伙，总是能不断发掘出新的鬼，好像是收了人家什么好处，专门来找鬼的！有一天晚上，他不得不在深夜穿越乡间，将各种微小、精密的手术仪器带给他的主人，因为一个病人得了严重的溃疡，需要用手术刀切开身体。亨利见村庄在草地的对面，为了节省时间，他决定抄近路，横穿草地。那儿附近有大大的湖泊，还有潮湿的沼泽地。天色渐渐暗了，远处的村庄里闪动着若隐若现的微光，让亨利不至于迷路。他走路小心翼翼，

---

① 也被称为布罗肯弧，是观测者背对太阳时产生的阴影投射在云层表面上被放大的巨大影像。——译注

生怕一个不小心就陷进沼泽。走了好一阵子，他突然诧异起来！黑暗中，一个诡异的小亮点跳来跳去，忽上忽下，忽左忽右，时而靠近他的手，近到他可以一把抓住，可是又很快就熄灭了。

“与此同时，我们的亨利觉得自己迷路了，潮湿的沼泽地在他脚下晃动。他环顾四周，看到背后有微弱的光芒。‘啊哈，那是村子里的灯光吧！我完全走反了呢！’他说道。

“于是，他朝着那些灯火走去，可是眼前又出现了一团诡异的小亮点，就在离地面不远的空中自由舞动着。‘真是见鬼了！’亨利说，‘我只管走我的路，如果你非要跟着，那就随你便吧。’

“他本以为出现在他面前的是村子里的光，可突然发觉，那些光的位置并不固定，而是一直在他面前不停地跳舞。他侧身，转向另一个方向，依旧有小火苗在他面前跳舞。此外，四周还传来了诡异的嘶嘶声，就像是茶壶里的水沸腾时发出的声音。地变得越来越柔软，踩上去好像橡胶。周围时不时传来嬉笑声。亨利急忙逃跑，想要躲避这样的惊吓。那些绿色的小火苗在他面前闪过，又立刻消失。新的小火苗不断出现在他脚下，像是从地里爬出来的。

“可怜的亨利终于停下脚步，浑身发抖。水不断渗进他的鞋子，诡异的小火苗似乎永不会消失。可怜的亨利站在原地，手足无措。他完全迷失了方向，甚至无法辨别村庄在哪里，因为他已经看不到村子的灯光了，取而代之的只有那些四处跳跃的绿色的小火苗。

“‘这些玩意儿到底是什么鬼东西啊！’亨利屏住呼吸自言自语，‘肯定是鬼魂，或者是死去的人的灵魂。总而言之，它们一定是鬼，因为它们只有晚上才在这里游荡。它们用迷人的舞姿吸引我们这些虔诚的基督徒，把我们引诱到歧途中去。真不知道我的主人霍恩医生，又会对这些鬼把戏做出什么样的解释！’

“就这样，亨利困惑地站了一会儿，犹豫不决，实在是不知道该怎么摆脱眼前的困境。有时，那些奇怪的小火苗靠近他，他就伸手去接，一连接了几次，每一次它们都从亨利的指缝间溜走，虚无缥缈，亨利甚至连一丝温暖都无法感觉到。

“站了一刻钟，亨利突然高兴地竖起耳朵，仿佛听到一辆马车在石子路上行驶。谢天谢地，马车正在慢慢靠近。过了好一会儿，亨利听到马车上有两个人在说话，看到了马车灯微弱的光芒。于是他三步并作两步冲上去，很快就到了马车旁边。

“‘你好！有人吗？’他对着车里打招呼。

“‘你好！’车里的人回应道。

“‘请问这条路是去前面村庄的吗？你们也是要去那里吗？’

“‘是的！如果想搭便车，就请上来吧！’

“亨利迅速跳上了马车，心想，真是赶得早不如赶得巧。

“‘你是从沼泽地里走出来的吗？为什么要进去呀？’一位农民问，‘是迷路了吗？晚上走那条路可非常危险，一不小心就会陷进沼泽淹死！’

“亨利向他们讲述了自己刚才的遭遇，以及那些跳动的小火苗是如何将他吸引并引他迷路的。

“‘哦，我的天哪！’农民喊道，‘你见到的那些是鬼火。它们经常把人从正确的道路上引诱到沼泽地里，许多人都因此死了。人们说，几百年前，村里住的尽是些铁石心肠的人。一个雨夜，有位饿坏了的音乐家来这里乞食，却被村民们赶走了，最后音乐家在沼泽地里淹死了。后来，他的灵魂就总是在夜半时分出来跳舞，引诱村民进入沼泽地，淹死他们——虽然有这样的传言，可村里的牧师和老师都

认为是假的，鬼火没有这么蹊跷。’

“‘真是该死！’亨利说，‘对于那些魔鬼，警察就应当负起他们该负的责任！这些警察，夜里就知道喝酒唱歌，什么都不管！’

“‘是的，是的！’农民说，‘他们就是这样。’

“农民喊着‘驾！驾！’，马儿一路小跑，跑向村庄。亨利决定不把今天发生的事情告诉霍恩医生，免得霍恩医生听了又嘲笑他。”

“我以前见过这样的小灯，”一个孩子说，“它们经常在夏天的傍晚，在树丛中飞来飞去，非常好玩，一个个就像比针头大不了多少的绿色小灯笼。”

“哦，你见到的小灯和亨利所说的鬼火是两码事。你见到的是萤火虫。”乌拉波拉博士回答，“温暖的夏夜，萤火虫喜欢在灌木丛中飞来飞去，或是栖息在草叶上，这样的小精灵谁都喜欢。但鬼火就完全不同了，完全是另一种东西，它很可能会导致人们误入沼泽和荒野，因为它通常是在有腐烂植物的潮湿地方形成。其实是自然现象，没什么可怕！土壤中有腐烂植物，会产生一种叫作‘磷化氢’的气体。这种气体的自燃温度很低，尤其是夏夜，它在空气里就会自己燃烧，形成星星点点的小火焰，在沼泽地上盘旋跳动，就像灯笼里的火焰一样。但它并不是真正的火焰，仅在发光而已，就像火柴头上的磷，在微风中来回飘荡，发出冰冷奇异的光芒，仿佛一缕薄雾，在荒野中翩翩起舞。

“是的，孩子们。这个世界上有许许多多奇怪的事情，我们不能责怪那些没能接受更多教育的人无法从自然界看到更多的奇迹和魔法。当你仔细探索事物时，就会发现，原来它们并不比天空中飘浮的云彩，或是地里长出的玉米穗更加美妙。可在这方面，撞鬼亨利是个固执的怪人！他坚信这个世界上有鬼，哪怕他的年纪一天天大了，他也始终坚守着那个奇怪的信仰。方才我已经给你们讲了两个关于他的故事，下面我再给你们讲更多！

“一个夏末的傍晚，他从哈嫩科里穿过黑暗的森林回到哥斯拉。这本是一个温和的夜晚，但是冷杉丛中又黑又冷，树枝上发出奇怪的断裂声。生性多疑的亨利不免又要产生许多愚蠢的想法了。

“突然，他听到一声尖叫，紧接着是沉重的拍打翅膀的声音，然后他看到有个奇怪的东西，站在面前的冷杉树上。

“那个东西有一人多高，从头到脚都闪烁着奇异的黄绿色光芒。它脑袋很大，长着两只巨大的黑色眼睛，一缕头发垂在它的额头上，随着风不断摆动。它的手臂十分强壮，颜色黝黑，向外伸展，像是要在亨利经过时抱住他。最恐怖的是，那诡异的家伙在不停呻吟，发出像小孩子一般的呜咽声。

“亨利越是长时间地盯着它看，它就越是在黑暗中发出恐怖的光芒。亨利停下脚步，久久待在原地，不敢走动。

“但在内心深处，他诅咒着这个令人发指的恶魔。大恶魔站在原地，一动不动，头发在额头上飞舞，双臂仍然像刚才那样，使劲张开着。

“亨利浑身颤抖，手杖都掉在了地上。紧接着，那个大怪物大声尖叫，同时朝亨利扑了过去。亨利害怕极了，虽然他接下来再没听到什么，也没看到什么。亨利立刻转身，拔腿就跑，尖叫着穿过冷杉树丛。跑了很远，他才停下来，喘着粗气。最后他沿着伐木林外圈绕了个大圈子，很晚才回到家里，筋疲力尽，又累又饿。

“‘这次，’亨利说，‘我要跟霍恩医生好好说说昨晚发生的事！我会告诉他，昨天夜里我在树林里遇到个大怪物！还害我弄丢了美丽的宝贝手杖！大晚上做这些差事，以后我再也不干了！我倒要看看，这次霍恩医生对这个新

的怪物有什么说辞！’

“亨利还真的这么做了！他把之前发生的事一五一十地讲给霍恩医生听。霍恩医生很了解他，因此不想再惹恼他了，就对他说：‘很好，我亲爱的亨利！今天晚上，咱俩一起去，我无论如何都要去哈嫩科里看望生病的老师。如果我不能当面向你解释清楚你看到的怪物并不是真的鬼魂，我就承认你是对的，以后你再也不用带着药品独自跑夜路了。可这次要还是证明你是在自己吓唬自己的话，那我只能说：亨利，你真是太愚蠢了！’

“傍晚，他们一同出发，很快就来到了前一晚亨利被吓跑的地方。他的手杖原封不动地躺在林间小道上。十步开外的地方有一个高大的树桩，已经腐烂了，只剩下原来的一半大小。树桩后面有一棵小小的云杉树，它的枝叶一部分从后缠绕着树桩，一部分从树桩顶部垂悬下来。霍恩医生根据树下各种各样的垃圾和羽毛判断，曾经有一只小猫头鹰在这个树桩上栖息过。

“‘啊哈！’霍恩医生自言自语，‘原来这就是亨利见到的怪物。’他微笑着对亨利说：‘快看这里！这就是愚弄你的可怕的大怪物！腐朽的木头常常在黑暗中发出明亮的光芒，等一会儿天黑了，你就会再次看到这个树桩发光。而你看到的怪物的眼睛，不过是两簇长在那里的苔藓罢了；怪物的头发也只是树桩后面那棵小云杉树的枝叶。你听到的呜咽声其实来自一只在树桩上栖息的小猫头鹰。当你的手杖掉落的时候，小猫头鹰被吓得尖叫着飞走了！这就是整个故事的真相！’

“亨利听完后半信半疑，他还想为自己辩护一番，于是对霍恩医生说道：‘它发出的光真的太诡异了。如果今晚那个老树桩还发出同样诡异的光，那我就对你的话心服口服！’

“探望完病人后，霍恩医生和亨利在深夜一同踏上了回家的路。当他们再一次路过那个老树桩，见它真的又发出了诡异且明亮的光芒，甚至连霍恩医生都很少见到这样的场景。‘你看，我没有骗你吧！’霍恩医生说，‘你可以砍一截下来带回家去，夜晚它会发出这么亮的光，你不用开灯就能看清怀表上的数字！现在我来告诉你，它发光的原理是什么。许多真菌会发光，腐烂的鱼和肉在黑暗处也会发光，因为有数以百万计的会发光的真菌寄生在它们身上。天气很温暖的时候，真菌尤其会发光。在南美洲的森林里，人们发现森林中的一些蘑菇会在黑暗中发出诡异的光芒。这腐坏的老树桩上散布着无数个细小的真菌，它们会导致木头腐烂，并使腐烂的物质发光。这个道理并不难懂，对不对？但我知道这些话对你并没有什么用，因为你还是会去发现更多新的鬼。这就是为什么我始终认为，亨利你就是一个愚蠢的人！’”

4.钻石和他的兄弟们

有一天，当孩子们又聚集在他们的老朋友乌拉波拉博士家门前，正准备上去见他时，突然爆发了争吵。原来是因为鞋匠的儿子来了，他想加入大家，一同去听乌拉波拉讲童话故事，去吃美味的下午茶。可是，他的木鞋和打着补丁的破旧衣服，与其他孩子的打扮格格不入。富有的矿物监督员的儿子不想让眼前这个穷兮兮的孩子与他们一同上去。

“去乌拉波拉博士家，你不能穿得像个要饭的！”矿物监督员的儿子一直大喊大叫着。其他小朋友倒是觉得无所谓。鞋匠家可怜的小家伙站在一旁，面露不快，犹豫着要不要上去。

老乌拉波拉在楼上悄悄打开了一扇窗户，无意中听到了他们之间的争吵。他听完后火冒三丈，不是我们常见到的样子。

“你们这些小混蛋！”他愤怒地嘶吼道，“你们是不是像大人一样，已经学会以貌取人了？要是你们再这样，魔鬼就会把你们带走！如果再让我听到你们这样说，我就再也不邀请你们来我家了！现在，请你们所有人上来，小鞋匠汉内斯，你第一个来！我要给你们讲一个故事，让你们知道就算是穿着普通的工人也会比穿着天鹅绒紧身衣、衣冠楚楚却懒散的人更有价值！你们听完这个故事，可以回去告诉你们的家人，告诉他们这是老乌拉波拉教你们的！因为他们显然没有把这个重要的道理教给你们！”

老克立斯蒂娜端着下午茶走了进来，小汉内斯坐在温暖的火炉旁，有一位和蔼可亲的老人照顾他，他感到很安心。至于乌拉波拉博士，他还在为刚才的事情生气呢。他缓缓讲起故事来：

“有一个人，他很富有，拥有许多矿山、船只和工厂。他的办公桌上，放着一枚精美的钻戒。上面镶嵌的钻石有一颗蚕豆那么大！钻石闪烁着万丈光芒，就好像里面可以迸发出火焰。这钻戒至少值几千块钱。不过这个人很有钱，他的衣服都是金子做的。

“钻戒的旁边放着一支普通的铅笔，他身穿一件棕色的杉木大衣，整个上午都在和主人一起写写画画，此刻已经下班休息了。房间里非常安静，只能听到钟摆均匀的声音，嘀——嗒——嘀——嗒……

“铅笔睡眼朦胧，突然听见旁边传来一阵微妙的声音，那声音是从钻石里发出来的。

“‘这里可真无聊啊，’钻石说，‘我热衷于参加光鲜亮丽的奢华派对，出入各种高级场所，听各种有趣的故事。我根本不应该待在这无聊的地方！’

“穿着杉木大衣的铅笔一言不发，他非常累，宁愿闭目养神也不想说话。

“钻石生气了，‘真是个没礼貌的家伙！’他心想，‘我看他压根儿不知道我是多么有身份、有地位！’于是钻石笑得更灿烂了，努力发出更多耀眼的光芒，兴奋地说：‘请允许我介绍一下自己！我是钻石男爵，来自南非。我的妻子是珍珠伯爵夫人，她是古代的贵族，与海洋的主宰尼普顿海神有着非常密切的亲戚关系。’

“‘我是铅笔，只是这里的一个普通员工，平时只喜欢做自己分内的工作。其他的人和事，我都不大关心。’

“‘总是为别人工作，多无聊啊！我就不喜欢这样做。’

“‘一点也不无聊！’铅笔回答道，‘相反，我的工作有趣得很呢！我第一个知道主人有什么新计划，这些计划之后将成为全世界讨论的事情。那些有钱人和媒体朋友早就已经在等着看我们在计划些什么新鲜事物了。只要今天早上我所写的东西发表出去，数百名工程师和数千名工人就将得到工作。你看，那位是我最大的敌人——钢笔先生。他因为不被允许做这些事情，正在那里跟自己怄气呢。对于我来说，工作是最重要的事情；但对于你来说，最重要的事情就是享乐。’

“‘每个人都有自己的地位。’钻石男爵傲慢地说道，‘我还有个敌人，那就是红宝石先生。有时我的主人也会把他戴在手上。但我觉得他并没有我这般优雅和华丽，也没有真正进入贵族的圈子。他的颜色就跟一滴血一样，而我却能发出七彩虹光。大家一看，就知道我的身份和地位有多高贵了！’

“‘是的，您以前就说过了。’铅笔回答道，‘但恕我直言，您真的华而不实，没有什么实际的用处。如若不是我们勤勤恳恳努力工作，给主人赚了很多钱，他是根本买不起您的。’

“‘哦，世界上当然必须要有工人，不可能人人都是绅士。’钻石回答说，‘但是工作不适合我，它太无聊了，只是机械性地重复同样的动作，没什么新鲜的。我已经见识过大千世界了，我知道真正的生活该是什么样的。’

“‘那您能给我讲讲，外面的世界是什么样的吗？’铅笔说，‘我每天光顾着工作，根本没有时间去外面看一看。’

“‘那可就说来话长了。’钻石男爵说，‘但是如果你感兴趣，我可以给你讲讲。像我这样高贵的绅士有时候也是必须为穷人做些什么的。所以你听好——我和我的兄弟们都出生在南非，我们隐藏在岩石深处，依偎在地球的怀抱中。你看，但凡是人们每天都能看见或能轻易得到的东西，他们根本不会欣赏和珍惜。但如果你让自己变得稀缺，人们就会像对待宝贝一样对待你。’

“‘有一天，来了很多黑人工人，他们不停地锄地、挖掘，为了能够找到我们。他们是些可怜的黑人奴隶，只能赚取微薄的收入。为了不让他们把我们偷偷揣进自己的口袋，他们不得不赤身裸体地工作。也有人在印度和巴西寻找钻石，但是他们在任何地方找到的钻石，都不及在我的祖国南非找到的华丽。我的一些兄弟甚至比我更高贵。我们之中最大的为英国国王所有，他的名字叫库里南。他几乎和小孩的拳头一样大，足足有一磅多重，价值 1600 万英镑。为了防止他在运送途中被偷走，英国政府甚至派了一整队的警察来护送他。那位发现他的黑奴，得到了 1000 块钱和一匹鞍马作为报酬。我的另一位兄弟爱克修尔也来自这个地区，他只有库里南的一半大小，价值 1200 万英镑。还有一位著名的兄弟柯伊诺尔，意思是光之山，也归英国国王所有，价值 800 万英镑。听说他来自印度，英国人从被他们击败的印度人手里拿走了他，一分钱都没有支付。以前，他被陈列在印度的一座寺庙里，可是后来被盗，人们为了获得他杀了很多人，做了大量违法的事。是的，这就是人性的贪婪！’

“‘还好，人们不会为了我而杀戮。’铅笔说，‘我很庆幸自己只是一个普通而简单的人，做着分内的工作，过着平静的生活。钻石先生，请您继续讲下去。’

“‘是啊，大千世界，无奇不有。我接着给你讲。有一天，一把锹正在我附近的土地上作业，紧接着又来了一把铲子，于是我莫名其妙就被扔到了一辆装满各种石头的手推车上。我们一起被送去检查。我当时恰巧躺在手推车的一个小角落里，上面还覆盖着一层厚厚的泥土，又脏又丑，他们并没有注意到我。还是那个黑奴发现了我，他把我夹在腋下，想偷偷占有我。可是他的一个同伴目睹了这一切，于是他俩决定一起逃跑，把我卖到开普敦或是欧洲去。’

“‘事实上，他们在一个漆黑的夜晚穿过荒凉的南非灌木丛和茂密的森林逃了出去。那晚浓雾弥漫。但是，贪婪给他们带来的只有毁灭。一个人趁另一个人熟睡时，一刀把他捅死，然后带着我慌忙出逃。但其实钻石矿上的警察早就已经开始追捕这两个人了。谁都能想到，这两人之所以逃跑，肯定是因为他们偷了一颗价值不菲的钻石。所以那位小偷兼凶手不得不夜以继日地走在偏僻的林间小路上，避免被警察抓到处死。最终，他迷失在了荒野之中。食物吃完了，水也喝完了……他倒下，饿死了。过了几个星期，他的尸体都晒干了，可他那黝黑的手仍然紧紧握着我——他偷抢来的宝贝。'

"'由此可见，你这高贵的身份和昂贵的价格，最终一点用处都没有。'铅笔打断了钻石男爵，'我想那位饥饿的黑奴，在他生命中的最后几个小时里，一定十分乐意用你去换取一片干面包。'

"'很可能是这样，我亲爱的朋友！'钻石回答道，但他还是想为自己的高贵身份做一些辩驳，'但是像我这样高贵的人，那个黑奴根本不配拥有，他就应该把他的手从我身上拿开。你听我继续说下去。当时，我回到了我合法的主人那里，后来去了荷兰的首都阿姆斯特丹，那里有最伟大的钻石切割师和钻石经销商。直到那时，我的价值和光彩才被人们真正发掘。因为每一颗钻石在刚出土的时候，都和普通的石头没什么两样，只有经过打磨，才能变得透亮、闪闪发光。再后来，我到了一个金匠家里。他给我配了一条金腰带，把我放在巴黎最著名的珠宝店橱窗里。我躺在蓝色天鹅绒垫子上，几乎所有的路人都停下来凝视我，对我啧啧称赞。这是颗多么漂亮的钻石啊！太太们在我面前徘徊，久久不愿离去。她们的眼睛里藏着对我深深的渴望，结果还是叹一口气，离开了。'

"'后来发生了一件可怕的事。一天晚上，一个男人穿过马路，用锤子砸碎橱窗，将我取了出来。然后他快速逃走，穿过许多小巷和街道。守卫听到玻璃碎裂的声音，急忙追了上去。最终，小偷被捕，我似乎一夜之间名声大振，成了个名人。报纸上都在报道这件事。那位窃贼被关进监狱很多年。我得以从他的脏手中逃脱，再次躺回我的天鹅绒垫子上。路过的人看见我就会说：这就是那枚差点失窃的钻石啊！'

"'后来有一位绅士来到珠宝店，一位肤白貌美的可爱姑娘挽着他的手臂，她正是巴黎大剧院的当红舞者。那位不苟言笑的绅士爱她胜过爱自己的生命和荣誉。姑娘相中了我，几次三番要求她的男朋友将我买走，做她的项链。这位严肃的绅士犹豫了很久，后来还是屈服了。于是，我就归这位艺术家所有了。那天晚上，我第一次被一条新的金链子拴起来，挂在她雪白颀长的脖子上。我在上千盏彩灯的照耀下熠熠生辉，和她一起走上舞台，这对于我来说是值得纪念的一天！多么美妙的音乐啊，多么闪耀的灯光啊！成千上万的人看着我，先生们都笑了，女士们嫉妒得脸都绿了，她们大多又老又丑。这些太太们说这是对她们的侮辱，但我并不理解她们的意思。'

"'后来发生了一件令人难过的事情。当美妙的音乐充斥宽敞的大厅，萦绕在金色的柱子和红色的天鹅绒厢座周围，那些穿着长袍的精致女士像天使般的云朵一样在我周围跳舞时，那严肃的绅士却坐在家里的办公桌前盘算着，接着给他担任董事的银行写了一封信，信里说他挪用了银行大量的钱，现在已经无力偿还了，只能求死。然后他从抽屉里掏出一个锃亮的东西，砰的一声，自杀了。'

"铅笔听完这个故事，想到这高贵的家伙离自己这么近，顿感可怕。他恨不得马上躲得远远的。'我的天哪！'他说，'你的美丽和优雅只会招来不幸，毫无用处。我庆幸自己不像你那般优雅和高贵。'

"'好吧，'钻石男爵笑笑说，'对于这些愚蠢的人，我也是束手无策。后来，这起自杀丑闻被原封不动搬上了报

姑娘相中了我，几次三番要求她的男朋友将我买走，做她的项链

纸，我变得比以前更加出名了！可是那位美丽的舞者，却因为男朋友的死而变得不幸；她不得不离开剧院，并将我变卖。可她依然穷困潦倒，最终在贫穷中死去。后来，我就来到了现在的主人家里。他把我镶嵌在一个戒托上，于是我就变成了一枚戒指。你看，全世界的人都知道我，爱我，钦佩我。我已经成为这世上最优秀的人之一。’

“铅笔没有回答，也不知道该说些什么。钻石男爵的太太是珍珠夫人，她是一位世袭的夫人，可是铅笔并没有在她身上看出真正的光荣与尊贵。突然，铅笔猛地一惊，被吓了一跳，钻石也受到了惊吓，惊恐地听着从别处传来的声响。房间的角落里，发出一阵相当粗鲁的声音：

“‘亲爱的先生，请您不要吹牛了吧，否则的话，牛皮吹得过大，是会爆炸的！你惹了这么多麻烦，虽然算不上不幸，但如果你继续吹牛，可能会惹恼我们的主人！’

“房间的角落里，放着一座漂亮的壁炉，壁炉上有闪闪发亮的绿色瓷砖和镀镍的门。透过壁炉上的玻璃，可以看到壁炉后边的炭火。炉子旁有一个非常好看的容器，里面放着煤块和一把带着镀镍把手的小铲子。钻石和铅笔注意到，刚才说话的是一块很大的煤块，他的表面平整而光亮，像一面镜子。煤块接着说道：‘就是因为你，有三个人丧命，还有两个人，一个进了监狱，另一个也在遭受着不幸。这一切都是因为你这个好吃懒做的人！是的，就是因为你。哪怕你浑身散发出七彩的光，也只不过是个绣花枕头罢了！’

“‘亲爱的，我知道你说这些话只是因为嫉妒我。你羡慕我出身名门，而你，只是一个普普通通的工人。你承担着给房间取暖的重任，无时无刻不穿着那油腻的外套，随随便便一个用人都可以拿铁锹碰你！’

“煤块用低沉的声音冷笑着说道：‘哈哈哈！你可真是个虚荣的坏蛋啊！你还不知道吧，你、我以及我的朋友铅笔，我们仨来自同一个家族，也就是说，咱们三个是亲兄弟。只不过我们俩都成为脚踏实地的老实人，可你却成为一个极度虚荣的大闲人！’

“‘亲兄弟？怎么可能是亲兄弟？’钻石愤愤不平地说道，‘我是钻石男爵，怎么可能和煤炭、铅笔是亲兄弟呢？’

“‘是的，就是这样。’煤炭用低沉的声音回答道，‘即便真相让你感觉不舒服，我也必须说实话。咱们三个来自同一个家庭，我们的父亲都是碳，铅笔的名字叫石墨，也是碳，和我一样，只是我的身体里还有其他杂质。’

“‘我听不懂你在说什么。’钻石说。

"'这个道理很简单。'煤炭回答，'你看，你面前的桌子上有一个花盆，里面有养花的水；窗玻璃上结着冰；刚才外面路过一列火车，从蒸汽机里喷出一团团白雾。他们也和我们一样，是三兄弟。花盆里的是液态的水，窗户上是结成冰的水，蒸汽机里喷出来的是汽化了的水。他们三个都是水的不同形态，正如我们三个都是碳做的一样，所以我们是兄弟！'

"'好吧！'那身份尊贵的钻石男爵说，他的语气虽然已经较刚才温顺了不少，但还是带着些许傲慢，'如果真如你所说的，那我和你一样，也可以放进火里燃烧，而且你也可以成为钻石，对吗？'

"'当然了，我的好大哥！人们不但会尝试，而且已经做到了。你和我一样，可以在炽热的火焰中燃烧。而且也早已有人在煤炭中提取出小小的人造钻石，只是提取的过程非常烦琐罢了，那是因为人们还没有发现大自然的食谱。我们三个都是被大自然创造出来的，你所谓的等级、门第观念不过是表象。如果你仔细观察，就会发现，你是最没用的。你的氏族中，也有勤奋的好人，那就是玻璃工匠用来切割玻璃的那种钻石，他是一个非常沉稳、可信赖的人。虽然他浑身上下散发着窗户腻子的味道，我敢肯定你一定

不想承认他是你的兄弟，但说实话，和你相比，我更喜欢他！’

“‘好吧，’感觉到有些被冒犯的钻石男爵回答道，‘也许你比我更了解我的家庭关系，不过即使我们之间有某种亲戚关系，你也不能否认，无论如何，我都是咱们家族里最尊贵的成员！’

“‘我亲爱的先生，’黑煤炭咆哮着抱怨道，‘别以为和你有亲戚关系是什么好事！诚然，你比我和铅笔兄弟都华丽，但你是一个声名狼藉的人，你参与过令人发指的谋杀和抢劫，我才不希望和你产生什么联系呢！我可以自信地说，虽然我全身黝黑，但我比你更有用，因为如果没有了煤炭，这个世界将会发生翻天覆地的变化，直到毁灭。哪怕我们只罢工一天，我们的主人所蒙受的损失，也要比你和你的珍珠夫人合起来的价值多十倍。我们凭借自己的力量驱动了上千家工厂，在大都市中给人们照明、取暖，我们驱动着无数的铁路列车从一个国家驶向另一个国家，我们让轮船驶过海洋。无论帝王还是臣子，富翁或是乞丐，都要倚靠我们的力量。如果我们请一天假，这个世界就会停滞不前。可是假如我们把世界上所有的钻石都扔进海里，世界上也没什么事情会受到影响……嘘，我听到我们的主

人进来了，他最不喜欢八卦。再见了，你这个虚荣的小子，请代我向你的妻子珍珠夫人问好！'

"煤炭发出'哈哈哈'的笑声，声音十分洪亮，铅笔也发出'咯咯咯'的偷笑声，带着些许讽刺。钻石男爵气得一句话也说不出来。大家都保持着沉默。

"门被突然推开，主人走进了房间，他叫来了仆人，吩咐道：'多加点煤，天冷了，我还要工作很长时间呢！'然后他坐在办公桌前，拿起铅笔写着什么。

"主人不经意地将钻石戒指推到一边，他现在并不需要它！"

"孩子们，看到了吧，"老乌拉波拉说道，"世上的事就是这样，所以请你们牢记这句话：'人不可貌相！'"

5.老树

“孩子们，现在我要给你们讲一个故事，这个故事是关于一棵老树的。它在寂静的森林里屹立了一个世纪，却落得一个意想不到的结局。

“它的树干笔挺，这对于云杉树来说，是非常值得骄傲的一件事。它身上穿着的墨绿色针裙饱满厚实，每当风吹过森林时，它就沙沙作响，那声音就像是啄木鸟用喙啄树干一样。鸟儿们栖息在散发着树脂香气的宽大针扇上唱着歌，小松鼠们在浓密的树枝中来回奔跑，玩着捉迷藏的游戏。

“冬天来临，大雪堆积在云杉宽阔的臂膀上，当积雪冻结时，树枝上缀着晶莹剔透的小冰块，像钻石一样熠熠生辉。小鹿和狍子跑过来，闻闻树皮，寻找食物。狐狸莱尼克竖起耳朵，在宽大的树干后面等待着小兔子兰佩的光临。到了夜晚，猫头鹰坐在树梢上，发出呜呜的叫声，好像婴儿一样。

“那是夏天最美丽的时候，艳阳高照，天气温暖，鸟儿们快乐地哼着歌。有一天，一位老先生和一位老夫人手挽着手来到树前，停下脚步。

“‘就是这一棵。’老人一边说，一边擦拭着眼镜。

“然后他用眼神巡视着整个树干，摸了摸已经龟裂的树皮。

“‘是的，就是它！’他突然高兴地叫喊起来，‘那可真是好久之前啊，那时的我们多年轻啊！’

“是的，那棵老树的树皮上刻着一颗爱心，爱心的下面还有两个字母，但是因为时间的侵蚀，它们几乎已经无法辨认。是啊，四十年是一段很长的时间。这位老先生在树皮上刻下这些标志的时候，还是个年轻人呢！这一对爱人在树前站了许久，一言不发，像是在回忆什么东西，然后他们手挽着手，慢慢地离开了。

“是的，这棵老树就像一位忠实的朋友。每当正午时分，炎热笼罩大地时，年轻的猎人总是在树荫下休息，因此他爱这棵老树。

“但是突然有一天，这一切都结束了。伐木工人带着锋利的锯子和尖锐的斧头来了，许多树木不得不被砍伐而死去。树林看护员也来了，他用粉笔在这棵老云杉树的树干

一位老先生和一位老夫人手挽着手来到树前，停下脚步

上画了三个十字架，仿佛宣告了老树的死刑。

"'对不起，我的老朋友。'看护员说，'这也是没有办法的事，因为这个世界需要木材。'

"这毫无办法。后来工人们来了，他们锯开了树干。鸟儿听见老树的呻吟，吓得飞远了。在树顶筑巢的小鸟也只好赶快搬走，它飞到其他树上，喋喋不休地咒骂着那些破坏森林环境与和平的人。

"工人们在树干上绑了一根绳子，一边拉，一边喊着整齐的口号：'嗨哟！嗨哟！'没一会儿，这棵云杉就翻倒在长满苔藓的地面上。

"他们先把树枝和嫩芽砍下，再把棕色的树皮剥落，只剩下一个光秃秃的树干躺在森林里，像一具尸体。几天后，一辆由四匹马驾着的巨大马车驶来。于是这棵老树干被迫离开了它那绿色的森林家园，来到了城市里，来到了锯木厂。

"锯子从早到晚都在发出刺耳的叫声，它把树干切断，锯成许多木片。切木机又把木片切成成千上万块小木块。是的，锯木厂真的是个糟糕的地方，它似乎已经吃下整片森林。那些热爱大自然和绿色森林的人，都不喜欢长满掠食性牙齿的锋利的锯子。

“几个月后，那对老夫妻在春日的阳光中再次穿过森林，却找不到那棵老树了。只剩一个宽大的树墩矗立在地面上。他们在那里站了许久，离去时，老夫人的眼里闪过一丝泪光。

“年轻的猎人发现，他再也找不到那棵他心爱的树了，他咒骂着这一切，然后扛着枪回家去了。

“与此同时，那些用老树切成的小木条，越跑越远。它们来到一家造纸厂，被扔进一个巨大的锅里，锅里滚烫的液体沸腾着。这棵老云杉树的树干被熬成了浓稠的纸浆。纸浆经过漂白，又通过过滤让其中的水分蒸发，变成了薄薄的毛毡。经过许多次的碾压和熨平，它最终变成了美丽且光滑的纸张。

“这是一个很棒的故事，人们可以用这样一棵老树做成许多事情！可人们也对自己说，如果不是需要书写或打印，漂亮的纸张也无法发挥作用。那位住在大城市里的留着长长卷发的诗人也是这么说的。于是他拿了几张漂亮的白纸，用笔蘸了墨水，在纸上写下了诗歌。他的诗歌歌颂着绿树成荫的森林和在树枝上栖息的鸟儿，他说在这广袤的世界里，没有什么比那片风一吹过树梢就沙沙作响的森林更美丽的地方了。可是他完全想不到，如果不牺牲老树的生命，就不会有漂亮的纸张让他写下那些关于森林的美丽诗歌。

“用这棵云杉树做成的纸张，大部分被送到了一个大印刷厂里，那首关于森林的诗歌被印刷了上万次。也就是说，这棵老树变成了一万册书，畅销于全世界。

“其中的一本，来到了年轻的猎人手里。他带着书走进冷杉和山毛榉的绿荫中，坐在一棵高大的树下，读了起来。

“‘这简直是一派胡言！’年轻的猎人火冒三丈，‘就是城里的人来把这棵老树砍了去，用它做成纸，再把纸变成了书。他们在书上鼓励人们进入绿色的森林，并且要保持森林的圣洁——这简直是鬼话连篇！可惜我们这棵老树因此而死，真是太可惜了。’

“然后他拿起书，远远地向森林深处扔去。

“这本书在地上躺了很久，蚂蚁在书页之间穿行；狐狸莱尼克狐疑地嗅了嗅，不知道这是什么奇怪的东西；鸟儿在书上面叽叽喳喳地叫着，它对诗歌一无所知。太阳把书的纸张晒黄了；雨水浸湿了它；冰霜冻结了它；老鼠啃咬了它。冬天的雪又把它溶解成纸浆，纸浆慢慢渗入地下，碰巧，就在那里长出了一根很小的松枝，松枝的细根吸收着营养。于是，这本被毁坏的书，本来是从老云杉树里变来的，现在又要化为小树了。”

6.“钢铁侠”约翰

一天晚上，老乌拉波拉说：“多年前，巴塞尔[①]住着一位非常著名的制表师傅，他是世界上前所未有的艺术大师。他能够做出各种小玩偶形状的精美时钟。每个整点，那小玩偶就会从表壳中出来，鞠个躬，用小锤子敲出‘叮’的一声来报时，然后再鞠一躬，返回到表壳里。

“人们从世界各地赶来参观大师制作的艺术钟表。王公贵族斥巨资定制那些伟大的作品，而大师一直在创造更多的艺术品。一个钟表的外形是纯金的骑士，每到中午 12 点，骑士就会把喇叭举到嘴边，吹起欢快的小曲。后来，他还制造了一只可以在水上游泳的小鸭子形状的钟表，小鸭子可以发出非常自然和逼真的嘎嘎声，全世界都为之惊叹。如果你把小鸭子钟表放在地面上，它就会蹒跚着向前移动，偶尔拍打翅膀。这些艺术品钟表得以在世界各地展示，作为人类创造艺术品的证明。后来，一个大富翁以极

① 瑞士第三大城市。——译注

高的价格买下了它们。

“这位大师逐渐被世人的夸奖声淹没，总是希望能够取得更好的成就。他想创造一些能够让他声名远播的艺术品。他日思夜想，终于找到了灵感：他决定创造一个‘人类’形状的钟，一个用铁做的人，和真人大小一致，这样就可以让他模仿人类的一举一动。

“他把自己独自关在工作室里，不停地计算着数据，画着草图。当他终于在纸上完成了这项工作，便着手投入制作。他准备独自完成所有的工作，因为他不希望有第二个人来和他一起分享这项成就并因此得到好的名声。他用铁和青铜来铸造模型，经过无数次的锻造、锤击、锉削和钻孔，他造出了数千个轮子、杠杆、轴承、曲柄和弹簧。这项工作不仅辛苦，而且进展十分缓慢，再加之他为了一心一意完成这个创作，没有接其他的工作，所以他之前赚的钱很快就花光了，他的家庭陷入了经济上的困境。

“‘我的丈夫啊！’他的妻子说，‘咱们家很快就要一分钱都没有了！这么多年来，你一直窝在自己的工作室里，做着神秘的工作，所有人，甚至你的妻子我，都不知道你在打造什么样的艺术品。而且由于你把所有的老顾客拒之门外，很快就没有人上门找你定制艺术品了，我都不知道

我们接下来该以什么为生了。’

“‘让他们见鬼去吧！’大师生气地说，‘对自己的工作一无所知的制表师已经足够多了。我希望创造一些东西，让世界上所有的艺术家都羡慕不已！我相信我创造出的艺术品，会吸引世界各地的权贵来到巴塞尔，然后我将在全世界声名鹊起，人们会任命我为世界顶级的宫廷机械师，我将会名利双收！’

“‘你离那一天还需要很长时间，’大师的妻子回答说，‘你知道吗？现在那些修理黑森林钟表的技术最差的钟表匠都比你挣得多。咱们家已经没有面包了，孩子们也没有肉吃了。’

“‘那你去把小海因里希玩的那些鸽子拿过来，’大师说，‘将来总有一天会派上用场的！’

“‘对不起，我做不到！那些鸽子是他最亲密的伙伴，它们经常停在海因里希的肩膀上，从他的嘴里抢豌豆吃，依偎着他的脸颊。海因里希多爱它们啊！而且从小儿子手中夺走两只无辜的白鸽，是一件非常残忍的事。你吃了它们，只能管一天的饱，这有什么用！’

“‘你就让我静一静！不要每天对着我抱怨！再给我一些时间，我将创作出一件能给咱们家带来亿万财富的伟大

艺术品！我会像一个伟大的人一样受到所有人的爱戴！’

“‘你简直就是被猪油蒙了心，不可理喻！’

“‘见鬼去吧！’大师怒吼一声，然后气冲冲地冲进工作室，砰的一声关上了门。他把自己关在里面，一直没有出来。他的妻子和孩子们也看不见他了，因为他吃喝拉撒都在工作室里，不踏出半步。

“时间过得飞快，又是一年半过去了。大师的妻子四处借钱，把家里能卖的东西都卖掉了。很快，大师家负债累累，再也没有人愿意借一分钱给他们。艺术家的妻子和孩子们变得苍白消瘦，整日以泪洗面，可我们的艺术家却视而不见。他的眼神中闪烁着骄傲，那是对荣耀的极度渴望，可有时他看起来又好像头脑很混乱，不知道在想些什么。

“终于有一天，他完成了这件伟大的艺术品。深夜，等到大家都睡着了，他决定试一试。他蹑手蹑脚地起身打开灯，然后掀下罩在艺术品外面的黑色毯子。

“哇！那可真是一件伟大的艺术品！那艺术品宛若一个真实的人，一个高大强壮的男人。它身穿蓝色制服，制服上缀着闪闪发光的精致纽扣。由于外壳是用最好的珐琅材质制成的，所以男人的脸非常自然，乍一看还以为是个活生生的人呢！它的胡须黝黑，顺着下巴垂下来；眼睛是玻璃做的，明亮有神；它的手指纤长匀称，只有脚因为踩着平底高筒靴，显得有一些笨拙。因为这件艺术品全身都是用铁做的，非常沉，所以他能够稳稳地站在底座上。

“大师解开了制服的扣子，这件艺术品的胸膛上有一个小铁门，打开后，里面真是令人眼花缭乱！杠杆、轮子、电线、磁铁和线圈充斥着他的胸膛，世界上没有第二个机械师可以拆卸和重新组装这个复杂的装置。它的胳膊和腿里也满是驱动器、电池、弹簧等零件，使他可以像上了发条一样移动。

“但最厉害的，是这位‘钢铁侠’的脑袋！大师摘下钢铁侠的假发，露出它的头盖骨，再次检查所有螺丝是否都在正确的位置。它的那双玻璃眼睛真的可以看到一切！它的身上还装着照相装置，随着发条缓缓地移动，玻璃眼睛看到的一切都被记录在那卷滚动的胶卷上。‘钢铁侠’也能听见声音，它的耳朵里装有声音胶囊，还有内置留声机，按下隐藏的按钮，就可以重复播放它听到的一切声音。‘钢铁侠’还可以说话呢！它嘴唇动起来的时候，非常逼真，甚至让人以为这是个真人。它内置了一个圆柱体形状的机器，里面早已提前录好各种日常用语，例如，‘您好’‘晚安’‘睡个好觉’‘你好吗’‘谢谢’‘我是来自奇妙世界的约翰，我来自巴塞尔’‘我的父亲是著名的制表师科尼利厄斯先生’‘太冷了，请关上窗户’等。

“‘钢铁侠’转过身来，点了点头，举起胳膊，像士兵一样敬了个礼。它竟然会走路！虽然它走路的姿势略显笨拙，步频也十分缓慢，但整体看上去还是非常自然和协调的。通过调整发条和杠杆，可以使‘钢铁侠’向前走一定的步数，再向左转或向右转，然后再走一定的距离，最终停下来。

“它还可以成为一名忠实的保镖。如果一个入侵者踩到了从它身上延伸出的电线，那么‘钢铁侠’就会朝着那个方向开枪。当然了，前提是‘钢铁侠’必须提前把枪握在手里。

“是的，这的确是一件精彩绝伦的艺术品。

“‘钢铁侠’向广大市民亮相的重要日子就这么到来了。街上张贴的海报宣布着这一重要喜讯，所有的报纸都争相报道。科尼利厄斯大师即将向大家展示一件史无前例的艺术品—— 一个人造人，名叫‘来自奇妙世界的约翰’。成千上万的市民涌向它，穷人小步快跑，富人和贵族乘坐马车。大师家门前真是门庭若市，好不热闹！警察们在那里维持着秩序，戴着白手套的手在空中猛烈挥舞着。

“报道说，这位来自奇妙世界的约翰将独自从它诞生的房间走到展览厅，并在那里向世人展示自己。它独自走过去的过程很顺利，拐了两次弯就到达了展厅。

“大师的妻子和孩子们在展览前一天就已经看到了‘钢铁侠’的真面目，原来面前这个大家伙就是让他们忍受了两年痛苦的东西。来自奇妙世界的约翰的表情带着一丝邪恶，额头上有一条很深很深的皱纹，再加上它那长长的垂落下去的黑色胡子。是的，它虽然看上去很‘艺术’，却并不美观。在大师妻子的眼里，它就像一个恶魔，就连孩子们也都害怕这个人造钢铁侠，尤其是大师最小的儿子——海因里希。他讨厌这个让妈妈伤心哭泣的大铁人。‘它看上去真的很糟糕，’海因里希对妈妈说，‘就像一个没有心脏的人。’妈妈回答道：‘你说对了我的孩子，它真的没有心脏，所以它并不是一个真实的人。可我们不能破坏你爸爸在工作上取得的成就和自豪。老天会保佑他给我们带来更好的生活和更多的钱。’

“听完妈妈的一番话，小海因里希放心了。他又出门去跟他的两只鸽子玩耍了，那是他在这个世界上最大的乐趣所在，他非常爱他的小鸽子。

“展厅门前的人越来越多。在市长和贵族们的陪同下，最高贵的贵宾终于到了，那就是我们的制表大师——科尼利厄斯。

“见证奇迹的时刻到了。科尼利厄斯大师露面了，他的身后就是他创造的伟大艺术品——来自奇妙世界的约翰。约翰跟着大师缓缓移动，小心翼翼地迈着步伐。人们看到它，都发出了欢呼声。它不时地将手放在帽子上，以示致敬。它径直从展厅走到马路上，它的制造者科尼利厄斯大师走在它前面，大师的妻子和孩子们跟在它的后面。

“约翰的胡子随风飘扬，它时不时地将头转向左右，有时还举起手来跟周围的市民打招呼。

“看着这位‘钢铁侠’，市民们齐齐惊叹，振声高呼。当约翰左转拐入一条小街时，大家的惊讶有增无减；当它在下一个转角右转，直奔展厅时，大家的惊奇达到了高潮。

“‘我的天哪！它真的跟大活人一模一样！’人们惊奇地感叹道，‘我希望科尼利厄斯没有欺骗我们，这不是一个真正的活人，只是创造得太逼真了！’

“那些贵族说约翰是一个顶伟大的艺术品，可学者们认为这个评价过高了，有点不切实际。普通老百姓并不明白这意味着什么，但那些贵族做出如此罕见的极高评价，使得他们对来自奇妙世界的约翰更加敬佩。

“宽敞的展厅中间铺着一块地毯，约翰走进展厅后，在地毯上停了下来。贵族们都坐在展厅里有扶手的椅子上，前来看热闹的人挤满了宽敞的展厅，现场座无虚席。

“科尼利厄斯大师朝大家挥手致意，现场瞬间安静了下来。

“‘各位尊敬的来宾，女士们，先生们，大家好！’他一边说一边鞠躬，‘今天，在这里，我想向大家展示我创造的最新艺术品，创作周期持续了两年半，我可以自豪地说，这是一件前所未有的伟大艺术品，它是一个人造的人！我敢说，我是这个世界上第一个成功创造出如此逼真的机器人的大师。我创造出的钢铁机器人约翰，它的行为和动作都十分流畅，有些人甚至以为它是个真人。所以现在，我将把约翰的头部取下来，打开它的身体，让大家来参观一下，它是一台怎样的机器。’

“大师照做了，他打开了约翰的身体，大家都亲眼看到这是一件艺术品，而不是真实的人。然后大师又将约翰复原。当他再次举手示意大家保持安静时，约翰开始了它的表演。它首先对大家鞠了一躬，把手搭在帽檐上，用清脆响亮的声音对大家说道：‘你们好！我是来自奇妙世界的约翰，我出生于巴塞尔，我的父亲是著名的制表师科尼利厄斯先生！阿嚏！风有点大，麻烦把窗户关上！’

“人们再次震惊了。大家没想到约翰竟然如此神奇，还会说话，还真有人听它的话，把窗户关上了。不可否认，这确实是一件伟大的发明。贵族们都认为这是前所未有的，有学问的先生们连连摇头，认为这件伟大的发明太不切实际。

“紧接着，来自奇妙世界的约翰为大家唱了一首歌，人们听完后纷纷鼓掌，它鞠着躬对大家说：‘谢谢你们。我感觉很好。’

“‘现在，’大师说，‘约翰将为大家表演，它还可以听到声音，可以理解别人说的话。等一下有人会大声对它说话，它将重复它听到的话。’

“一位非常博学的绅士，著名的康弗斯马修斯教授走到约翰面前，大声询问约翰：‘请问你能否告诉我，是谁发现了新大陆？’

“站在约翰身旁的科尼利厄斯大师按下启动复读机的按钮，将教授说的话录了下来。‘约翰，’大师说道，‘刚才著名的康弗斯马修斯教授对你说了什么呀？’约翰清晰地重复：‘请问你能否告诉我，是谁发现了新大陆？’

“人们为约翰鼓掌，欢呼雀跃。就在这时，趁所有人不注意，大师对着约翰的耳朵悄悄说：‘克里斯托弗·哥伦布。’当约翰说出新大陆发现者的名字时，所有人都赞不绝口。

“‘现在，’科尼利厄斯大师喊道，‘约翰将为大家表演，它的双眼也可以看见东西。接下来它会走到窗前，你们可以给它看一些东西，但为了防止作弊，我会蒙上自己的双眼，这样我就看不到了。然后约翰将会向我展示它看见了什么，最终由我来说出答案。’

“就这样，大师的双眼被蒙上了，人们把他带到一个黑暗的角落。来自奇妙世界的约翰站在窗户边，面对着大广场。广场上有两匹白马，每匹马上都坐着一位青年骑士。人们将白马牵到窗边给约翰看了看，然后又牵到远处去了。大师眼睛上蒙的布被解开，他走到约翰身边，把手伸到它脑后，拿出胶卷，然后走去一个黑暗的角落，在胶卷上倒了一种液体，不一会儿，照片就清晰可见了。大师看了看照片，心中有数，然后走回展厅。

“‘你们向约翰展示了两匹白马，每一匹上都坐着一位骑士，手里拿着旗帜。约翰看得清清楚楚，并且告诉了我。’

“人群中传来一阵骚动。大家都说这实在是太诡异了，好似一种巫术。还有些妇女说，这个留着黑胡子的铁人实在是太恐怖了。

“但是科尼利厄斯大师仿佛魔怔了，每当他看到大家面对约翰所表现出的惊讶，他就倍感自豪，并且想尽可能多地把约翰的技能展示给大家。

“‘各位接下来请注意啦！’大师喊道，他的脸因为激动而涨得通红，‘现在，约翰将向大家展示他神枪手的一面。大家看到窗户前面立了一根竹竿，上面拴着一只鸽子。它会把鸽子射下来，它可是个不折不扣的神枪手呢！’

“说完，大师把手枪放到约翰手里，让它面对着窗户。窗外有一根竹竿，竿子上落着一只可爱的白鸽，脚被丝带绑着。它闷闷不乐，发出咕噜咕噜的声音，因为它习惯了和它的姐姐一起玩耍，它们姐儿俩喜欢停在海因里希肩膀上，他的口袋里有豌豆和小甜饼。它们爱这个小男孩，就像小男孩也深深爱着它们一样。每当海因里希读童话书的时候，小鸽子们就停在他的肩膀上，用粉红色的小嘴去啄他手里的豌豆，一玩就是几个小时。

“可是今天，当一个硬汉出现并把小鸽子一把抓走的时候，海因里希没能出现把它救下。硬汉把鸽子装进一个麻袋，带到了展厅外。现在它无助地停在竹竿上，因为害怕而发出咕咕的叫声，它渴望见到它的姐姐和那个小男孩，它渴望豌豆，渴望水。

“约翰皱着眉头站在原地。它的嘴角露出一抹不易察觉的笑容，表情中仿佛带着一丝邪恶。它缓缓抬起手臂，用枪瞄准了竹竿上的鸽子。

“人群中传来一阵骚动，一些妇女和孩子说，射杀那只可爱的小鸽子实在是太残忍，‘钢铁侠’不应当将它作为靶子。突然，一个小男孩拼命往前冲，那正是大师的小儿子海因里希。他本来和他的妈妈及兄弟姐妹一起站在人群后面，那些关于射击和鸽子的话传到了他的耳朵里，他隐隐有一种预感，觉得也许约翰表演射击用的鸽子就是自己养的小鸽子。他穿过拥挤的人群，看到了窗前的竹竿，竿子上的鸽子正是他心爱的宝贝，小鸽子白色的脖子上系着蓝丝带。海因里希怒火中烧，他毫不犹豫扑了上去，冲向了试图伤害小鸽子的‘钢铁侠’。他没注意到他的父亲就站在约翰的旁边，成千上万的市民惊讶地看着他们。

“‘钢铁侠，你要干什么？’小海因里希喊道，‘你为什么要杀我的小鸽子？你这个大坏蛋！你没有心！你真是个残忍无情的人！’

“可是那时他的父亲已经按下了发射子弹的装置，当爆炸声消失，小鸽子倒在了地上。是的，约翰击中了目标，他的射击技术很棒，真不错啊，它可真是个多才多艺的艺术品。

“人群中又一次传来一阵骚动。

“海因里希却泪流满面，他气到发疯，愤怒地扑向了那个令他讨厌的人。‘你就是一个没心没肺的坏人！你简直就是凶手！凶手！’他冲着约翰大喊大叫，声嘶力竭，然后用尽全身的力气向它扑了过去。约翰失去了平衡，踉踉跄跄差点被推倒在地。两人撕扯在一起，摔倒了。

“这一切以迅雷不及掩耳之势发生，以致站在一旁的大师都来不及插手。

“众人吓坏了，等他们反应过来后一拥而上，将海因里希从‘钢铁侠’身下拉了出来。还好他没受什么重伤，只是额头上划破了一点点。人群中的窃窃私语慢慢变为狂野的尖叫声。

“‘它没有心！不，它没有心！’这样的呼喊声从人群的四面八方传来。‘它今天可以杀害小动物，明天就可能杀人！如果它得到了这样的指令，它会毫不犹豫地杀了我们，它是一个恶棍，一个杀人犯！’

“‘凶手，无情的怪物！’人们咆哮着，他们把海因里希抱在怀里，带回他的母亲那里，并答应给他买一只新的鸽子。人们带着愤怒，离开了展厅。

“‘是的，’那些绅士和学者说道，‘它虽然是一件史无前例的伟大艺术品，是一个非常逼真的人造人，可是它却连心脏都没有！’……‘的确，这对它来说评价过高。’学者们摇摇头，说道，‘实话实说，这个钢铁侠，真是冷酷无情。’说完，他们也离开了。

“‘它真的可以做任何事！’人群中还有人激动地咆哮着，‘它和我们一样，可以走路，可以看见所有东西，可以听见声音，它会说话，会唱歌，可是它还会杀人！因为它没有心！’

“怒吼声渐渐散去，人们都走了，展厅又恢复了安静。

“科尼利厄斯大师独自站在宽敞的大厅里，脸色惨白，眼中闪烁着诡异的光芒。他几年来的工作成果就在他的身边，可他的心里却升上来一股无名的怒火。突然，他从角落里捡起一根大铁棍子，俯身向约翰身上砸去。约翰无法反抗，只是瞪着眼睛，张着大嘴，轻蔑地看着这个把它创造出来的人。大师用尽全身力气，把‘钢铁侠’砸了个稀巴烂，那些错综复杂的轮子和杠杆，电线和弹簧，全都被砸碎了。最终，它变成了一堆废铜烂铁。

“然后他把自己裹在黑色的大衣里。当夜幕降临，他仓皇出逃，离开城市，穿过森林和田野，去向未知的远方。

“人们再也没有见过他。”

7.短命火柴和“长寿”蜡烛

从前，一场瘟疫席卷了整个小镇。瘟疫偷偷溜进了每一个家庭，无论你贫穷或富有，都不能幸免于难。老霍恩医生的马车嘎嘎作响，从早到晚行驶在蜿蜒曲折的街道上，他走进了一座座歪歪扭扭的小房子。但这一次，无论是苦口的良药，还是医生讲的笑话，都无济于事。死神在全国横行霸道，他这次想去山城哥斯拉一展雄风，任何人都没法阻挡。

有一天，一位见证了八十多个春夏秋冬的老矿工克劳斯与他的孙子弗里德尔，先后死去。弗里德尔是我们的同学，也是去老乌拉波拉博士家听故事的孩子之一。

到了晚上，祖孙俩被埋葬的时候，我们和乌拉波拉博士坐在一起，感到十分悲伤。他给我们讲述了一个关于短命和长寿的故事，故事的主人公是火柴和蜡烛。

“孩子们，”乌拉波拉博士说道，“无论短，还是长，都是人类智慧的发明。它们的比较结果，也是相对而言的。

对于浩瀚的宇宙来说，长和短的差别并不是很大，大象和金龟子的寿命放在宇宙中是一样的，都很短。因为相对于宇宙的永恒来说，一百年和一分钟没什么区别。看，一个年轻人的桌上放了一支蜡烛，蜡烛旁有一根火柴。蜡烛全身都是纯白色的，显得既高贵又漂亮，她还从来没有被点燃过，早上女仆才刚把她从杂货店里买来。火柴长着一颗红色的头，这是用来引火的，他家族里的每个人都一样，随时随地做好了被点燃的准备。蜡烛看上去很优雅又很严肃，她对自己的身份和地位感到非常骄傲。她头上扎着小辫子，下面穿着纸花边的连衣裙，脚踩着一双瓷拖鞋。在她旁边的小木抽屉里，火柴孤零零地躺着，他是他们家族里的最后一位成员了。

“一缕阳光透过百叶窗，洒在两人的身上。火柴醒了，看了看身边的蜡烛，缓缓说道：‘请允许我做个自我介绍吧！我叫火柴，来自瑞典。我的妈妈是一棵冷杉树，她最初和硫黄先生结了婚，然后又改嫁给磷先生。请原谅我只能躺着和你说话，因为我只有一条木腿。我是我们家族里的最后一位成员。我们这个家族啊，可真是短命！’

“蜡烛沉默了一会儿，不知道该不该回答这个红发家伙。片刻后，她油腔滑调地说道：‘我叫蜡烛，但请注意，我无法平等地和你成为朋友，因为在这里，你是我的仆人。我的父亲是牛脂男爵，我的母亲来自一个富裕的棉商家庭。我的一个亲戚是一支十分华丽的教堂蜡烛。我的哥哥和圣诞天使一起，站在圣诞树顶，他们的关系十分亲密，美丽的圣诞天使爱上了我的哥哥，并希望用爱将他融化，因为他也是蜡质的。'

"'这听上去太有趣了！'火柴说，'可我并不是你的仆人。'

"'你当然是我的仆人了，我亲爱的火柴。你是因为我，才被放在这里的。今晚，他们就将用你把我点亮！你想想看，我在这个家里扮演着何等重要的角色！我为整个家庭带来光明，我将代替太阳发光，我是它在这个地球上的代表！没有了我，家里的小主人将无法把他创作的美丽诗歌写在纸上，因为他只在晚上写诗，一边写一边叹气，因为他爱上了一位美丽的姑娘。'

"'你这个人讲话很有趣，'长着一条木腿的小火柴说，'但如果没有我，你根本就无法发光。因为我必须先用火来把你点燃，所以你不要这么嚣张！即使我身材矮小，而且只长着一条木腿，可我也是个勤劳能干的人！我的脑子里也是有些东西的！'

“‘我的朋友，请你不要和我争辩了。我是不能生气的，你知道的，人一生气，体温就会升高，这会损坏我的身体，我还有很长的寿命呢！当然了，不像你，你的木腿很快就会化为灰烬，可我会靠着我的脂肪过活，寿命比你和你的兄弟姐妹们长多了！’

“这间屋子里，有一张歪腿老桌子，它已经在这里服务了一个多世纪了。它突然发出一声巨响，把蜡烛和火柴吓了一跳。老桌子里的木虫也吓得停止了钻探。老桌子好像在生谁的气，可谁也听不到这老家伙在说些什么。

“‘你和所有暴发户一样，既傲慢又自大！’火柴说，‘虽然你能比我活得久一点，可那又怎样呢？总有一天你也会死去。等到你寿命终了的那天，你能不能像我一样勇敢还不一定呢。在生命的最后一刻，我像一个老士兵一样，大胆点燃我的火药，让它嘶嘶作响，最后一切都结束了，我完成了我的使命，我的灵魂也得以宁静。我们这一盒子里的60个瑞典同伴，各司其职，各尽其责，发过光后就倒下了。只有两个人放弃了，还没有来得及发光身体就被折断了，被主人愤怒地扔进水里，并说它们是没有用的东西。’

“‘好吧，’蜡烛说，‘一切都会好起来的。只要你今晚别掉链子，给我一把猛烈的火就行，这就是你被放在我身边的目的。你看我的辫子，梳得整整齐齐，油光锃亮。它是白色的，但随着我年龄的增长，我发光的时间越长，我的头发就会变得越黑。这和人类是完全相反的，人类年轻的时候，头发是黑色的，等到老了才长出白头发。可惜的是你看不到我发光的样子。那个时候，我的心里会变得很炽热，我会流下大颗的眼泪，落在裙子上。是的，生活总是很艰难的。’

“小火柴一言不发。在他看来，蜡烛是一个太傲慢、太自负的人，让他觉得很讨厌。他躺在自己的小木抽屉里，做着白日梦。

“夕阳西下，夜幕降临，暮色笼罩了大地。在屋子前那棵高大的树上叽叽喳喳了一天的雀鸟已经入睡，老鼠们躲在旧瓷砖炉子后面窃窃私语。钟塔上那只脾气暴躁的老钟敲了九下，门开了，一个少年走进了房间。

“‘此时此刻，’蜡烛想了想，她非常兴奋，假如她也拥有心脏的话，终有一天会因过度兴奋而死，‘太阳睡着了，月亮跑到美国去了，现在轮到我来表演了！只有我在黑暗中闪耀着光芒。’

“少年拿起了盛有火柴的小木盒，‘只剩一根了，’他说，

‘你可一定要履行职责啊！’

“我们的小火柴站得笔直，就像古代骁勇善战的勇士一般，为了使命而英勇就义。

“‘再见了！’少年将他裹满火药的头颅在盒边上摩擦，然后发出嘶嘶的声音，点燃了火，这就是他的职责。很快，他便化为灰烬，可是蜡烛却看不到这一切，因为现在才轮到她来履职。少年用火柴点燃了她的白发，这是她一生中最庄严的时刻，现在的她散发着耀眼的光芒，她认为自己可以和太阳相匹敌。

“少年爱上了一位美丽的姑娘，他写诗写到深夜，叹了口气。蜡烛要发出更亮的光，她的小辫子越来越长，火焰闪烁。可是随后那把大烛剪张着大嘴向她靠近，说道：‘小姐，请不要激动。’然后他把蜡烛小姐的辫子咬去一段。蜡烛感觉受到了侮辱，委屈地大哭一场。可是烛剪并不在意，他就像是屠夫的一条哈巴狗，对蜡烛没有丝毫同情。他张开双腿，张着大嘴，躺在蜡烛小姐旁边，等着再去咬她的辫子。

“‘你真的很讨厌，不懂得该怎样与淑女打交道，’蜡烛哭着说，‘曾经有一个老兵，也躺在我的脚下，他为了我，冒着烈火牺牲，为我献出了生命。可你呢，你简直连个骑

士都不算。’

“‘我有我的规矩！’烛剪说，‘我在这里，只要完成我的使命就可以了，其他的我不管。这间屋子里不允许女士留长辫子，我不喜欢长长的火焰，我的主人也不喜欢。女人本来是不应该抽烟的，可你刚才却在抽烟，把整间屋子弄得烟雾缭绕。我的大小姐，现在请你停止哭泣吧，否则你会变得越来越憔悴，活不了多久的。’

“‘我的亲戚是一支十分华丽的蜡烛，在教堂里工作，我的哥哥是……’

“‘你的哥哥要把圣诞天使都融化了！对吧？我早就听你说过了，我的大小姐！你当心你的纸花边的连衣裙吧，你大颗大颗的眼泪已经滴上去了。你哭得越频繁，寿命就越短。’

“‘我还能活很久呢！’蜡烛说，‘生活是很有趣的，我们总是能在生活里学到新的东西。’

“‘那是老掉牙那一套了。我已经在这个房间里躺了一个世纪，每天都在清理蜡烛的长辫子，来阻止她们发出的烟雾在整个房间里萦绕。年轻的小姑娘们总以为自己会永远年轻，永远漂亮，她们志存高远，认为一定会有王子出现并向她们求爱。可结果呢？她们渐渐失望，并在失望中老去。她们开始怨天尤人，整日以泪洗面，把身体糟蹋得不成样子。她们的眼泪挂在白色的裙子上，辫子凌乱地散落在头上，不停地冒着烟，用不了多久就跟老古斯塔夫一样开始打喷嚏。最后，她们干瘪得像个李子干似的，又小又难看。于是没有人再需要她们，她们的一生就这样结束了。’

“‘恕我直言，对于我来说，生活才刚刚开始，我认为一切都是有趣的，我相信我会找到一个好的另一半，当然，我对于第一个来求爱的人，是万万不会答应的。’

“突然周围传来一阵嗡嗡嗡的声音，一只肥大的甲虫被烛光吸引，从窗户飞了进来，躺在了蜡烛小姐的脚边。他的腿上有把大刷子，他用刷子整了整他的小胡子和燕尾服，因为他知道拜访一位女士是需要懂礼貌的。他的身材胖得可爱，头圆圆的，腿又很短。他绕着烛台转圈，鞠了一躬，似乎在等候蜡烛小姐的差遣。

“‘第一个求婚者来了，’烛剪说，‘你要快点处理一下，不然他等一下又要发出嗡嗡嗡的声音了。’

“‘哼！’蜡烛发出轻蔑的嘲笑，‘他又矮又胖，不是我喜欢的类型。我有的是时间，我的人生才刚刚开始，一定还会有更多人来跟我求爱的。’

“甲虫爬上了蜡烛，当他靠近蜡烛小姐满是火焰的脸庞时，蜡烛非常生气，发出剧烈的噼啪声。甲虫吓了一跳，吓得摔倒在桌子上，四肢朝上，仰天躺着。他笨拙地向四周踢着腿，可是怎么也翻不过身来，还好烛剪扶了他一把，他才重新站了起来。

“‘亲爱的，你看看，我简直太倒霉了。我还是去找另一个火焰吧。这家伙的标准太高了，对付她最好的方法就是去咬她的小辫子！’

“甲虫非常沮丧，他发出嗡嗡嗡的声音，又飞进窗帘里去了。

“很快，新的追求者就出现了！那是一只长着大长腿的蜘蛛。他身体瘦弱，腿却格外长，头上还长着一对红肿的眼睛。他总是围着蜡烛小姐转，还时不时地发出一阵咕噜咕噜的声音。有时他偷偷瞟几眼蜡烛小姐，眼睛里散发出热情的光芒。

“‘天哪！’蜡烛小姐说，‘这个人举止轻薄，长得还丑，哪怕白送我，我都不要。他最好还是去追求别人吧！’

“蜘蛛被火焰一闪，就掉进了墨水瓶里。他的大长腿被染黑了，他爬过诗人写诗的纸，留下一道长长的墨水线。诗人生气了，抓起蜘蛛扔出了窗外。

“‘现在你变成老处女了，’烛剪厉声说，‘这两个求爱者，一个你觉得太胖，另一个你又觉得太瘦了。你是不是认为，应该有位王子来求爱，才配得上你？’

“令人意想不到的是，有一天真的来了一位王子！那是一只漂亮的蝴蝶，身着蓝色丝绸外套，戴着黑色丝绒质地的围巾。他的触角很柔软，围绕着蜡烛小姐翩翩起舞，呢喃细语，没有人能听得懂他说的是什么，况且他说的还是门外语。那色彩斑斓的陌生人向闪闪发光的蜡烛小姐深深鞠了一躬，也许他真的认为蜡烛小姐是太阳吧，她浑身上下散发出的光芒和温暖吸引着蝴蝶，他被她的光辉所迷惑，用呼呼作响的五彩羽翼爱抚着她。

“蜡烛小姐沾沾自喜，她骄傲地挺立着。‘终于，’她心想，‘终于来了一位年轻优雅的绅士。’于是她比平时更加努力地发光发热。

“‘年轻人，’烛剪说道，‘有句话说得好：不听老人言，吃亏在眼前。你听我的，赶快离开吧，否则你将遭遇不幸。我曾经见到过太多像你一样的人，他们的燕尾服在火焰上烧着了，不得不赤身回家。有的像是半夜出门喝酒的醉汉一样，不顾后果，一头扎到蜡烛身上，最后落得个烧焦的下场。’

“可惜这五颜六色的小彩蝶并没有听进去，依然围绕着蜡烛小姐跳舞，显然是被她灿烂的笑容吸引而来。

“‘生活多么美好啊！’蜡烛小姐说，‘现在有人爱上我了，就像坐在那里写诗的少年爱上了那位年轻漂亮的姑娘一样。’

“突然，她吓了一跳。那只漂亮的蝴蝶，已经摔在桌子上了，就掉落在烛剪旁边。他靠得太近，把自己的翅膀烧焦了。他躺在桌上笨拙地旋转着身体，发出咕噜咕噜的叫声，可是无济于事，一切都像一场梦一样，过去了。

“‘唉，年轻人！我之前是怎么和你说的！’烛剪生气地说道，‘做任何事情都要适可而止。不听老人言，吃亏在眼前啊！’

“‘真是太可惜了，’蜡烛小姐说，‘不过应该还会有其他人来向我求爱吧。’

“‘你可真是个狠心的女人啊！而且你又在抽烟！’说完，烛剪跳了起来，张开大嘴，狠狠将蜡烛正在燃烧的小辫子咬断。他敢这么做，因为他是铁做的，他无所畏惧。

“老钟又在报时了，十点、十一点、十二点，时光流逝，蜡烛越来越小，她在屋里的影子越来越长。一切都陷入黑暗之中，世界变得异常寂静。桌子里的木虫已经睡着了，小蝴蝶伤心地爬到了书本后面，烛剪也昏昏欲睡。老钟敲响十二点的钟声后，自言自语了一阵子，它一天的工作已经结束，当它接下来敲响一点的钟声时，就又是新的一天。大家都入睡了，没有人能听到它敲响的声音。

“后来，那位爱上美丽姑娘的少年站了起来，叹了口气，安静地走回他的卧室。虽然他放慢了脚步，但是他的贴身男仆古斯塔夫还是听见了动静。他整理好拖鞋，然后走进小主人的书房，想整理一下书桌。他看到蜡烛站在桌子上，还在燃烧，可是她原本是什么样子？已经看不出来了。她现在完全变了，变得又老又丑，她的身材变得十分矮小，火焰在急速闪烁，她的纸花边的连衣裙也烧焦了。她痛哭流涕，一遍遍地大声呼喊：‘一切都结束了！生命怎么如此短暂！’

“老古斯塔夫用烛剪将燃烧过后剩余的小蜡烛头从烛台上取下来，然后用颤抖的手指压碎了她。

“‘哎呀！’还没说完，蜡烛就熄灭了。在这个漆黑的夜里，小小的蜡烛头滚到炉子旁边的角落里。当老古斯塔夫趿拉着毛毡拖鞋走出书房后，小老鼠从炉子后面钻了出来，抚摩着胡须，四处张望。它把蜡烛头啃光了，就只留下了那条小辫子。

老古斯塔夫用烛剪将燃烧过后剩余的小蜡烛头从烛台上取下来

“早上，烛剪醒了过来，张开大嘴打了个哈欠。‘蜡烛小姐也许已经去世了吧！’他想，‘生命真的很短暂，世界也是很狭隘的。总有一天，我也会被埋葬在坟墓里，通过关节我已经感到自己上了年纪，我知道这是足痛风。’

“旧桌子嘎吱作响，烛剪沉默不语。因为他知道桌子是个脾气暴躁的老人，不喜欢多说话。”

“孩子们，看到了吧！”老乌拉波拉博士一边说，一边把烟斗灌满，“这就是火柴和蜡烛的故事。蜡烛的耐用性令人惊叹，但对于烛剪和旧桌子这些已经为这个家服务一个世纪的人来说，蜡烛的寿命就像火柴一样转瞬即逝。所以我们生活在这个世界上，要认真奋斗，好好生活，尽自己的责任，这样烛剪就不会总是来剪我们的辫子了。”

这位古怪的老头子讲完这个故事之后，打了个喷嚏，然后拿着蜡烛，在我们面前拖着沉重的步伐，缓缓走下了陡峭的旧楼梯。

8.微生物的世界末日

“大家看这里，”老乌拉波拉一边擦着他那副牛角框眼镜，一边跟孩子们说，“这个东西比放大镜还要厉害，人们管它叫显微镜。现在请大家都过来站到我旁边，我们来看看透过显微镜都能看到什么东西。这是一杯混浊的水，是我的女仆克立斯蒂娜从小花园的小池塘里舀的；现在我们要取几滴水，放在显微镜下，把它放大几百倍来看一看。

“好的，现在我已经弄好了，你们来看看。

“这么一点水，里面也有着奇异的世界呢！你们看，里面有几千种微生物在来回穿梭，有的浮上来，有的沉下去，互相追赶着，就像大城市里忙忙碌碌的人一样穿梭着。它们有的像箭矢般划过，仿佛要去办什么着急的事。有的在寻找猎物，互相追逐。它们的行为和人类一样，也许在它们的小世界里，它们也是绝顶聪明的。

“又有一种微生物游了过来，这些是轮虫，它们头上顶着一圈滑稽的小花环，每个齿都在动，看起来就像小钟表上精致的小齿轮。当它转动的时候，水里就会出现一个小漩涡，各种各样的微生物就顺着漩涡过来了，落进齿轮那张开的嘴里。是的，就是这样，小齿轮总要勤快地运转，否则就要饿肚子啦。

“看，水滴的中间有一个小岛，那其实是一片腐烂的树叶的微屑，人类用肉眼是看不到的，但在这个微观世界里，它已经算是个大岛了。这里所有的微生物都很小，几百只聚在一起也没有一个针眼大。它们从四面八方涌到这个大岛上，因为这个岛上有足够多的食物，可以供它们享用。它们推搡着簇拥而来，就像我们人类在集市上一样。再看这里，它们互相追逐，像警察追强盗一样，从北到南，横跨整个水域。现在，它们已经消失在显微镜玻璃切片的边缘了，也许有的已经淹没在广阔的海洋中了。

“谁能想到，这么小的一滴水，还不如半粒豌豆大，却像地球一样，上面住满了居民，过着和我们差不多的生活。如果没有这台显微镜，我们永远都不会知道它们的存在。所以啊，孩子们，如果居住在遥远星星上的人没有巨大的显微镜，他们也会对地球一无所知。我们赖以生存的地球，和千千万万颗星星比起来，也只是像一个小水滴罢了。

“这些微生物，甚至不知道我们已经完全掌握了它们的命运，我们对于它们来说就像上帝之于整个世界。如果我用手指在玻璃切片上滑动，把这滴水抹去，那么它们也就全部被消灭了。如果水滴上的这些微生物居民能够看到我们，并且知道是我们在主宰着它们的命运，我想它们一定会以为咱们就是上帝呢！

“现在再来看显微镜下，这小世界发生了变化！快看，它缩小了，因为房间里比较温热，水滴中的一部分已经被缓缓蒸发掉了。这对于微生物来说可是天灾。现在这水世界里的居民们不得不挤在一个越来越小的地方，生存空间狭窄，于是互殴和残杀时有发生。这也可以理解。如果地球上的空间现在突然缩小了一半，那么地球上的人可能也会发生类似的事情。现在这些可怜的微生物挤在小岛上。你们看，它们在战斗，互相追逐，所有微生物都尽可能地靠近水滴的中心，因为谁也不愿意死于干涸。这可真是糟糕啊，既有天灾，同时也酿成了人祸，战争和革命就在这个水世界里爆发了。

“可是大自然并不太关心这水世界中发生的苦难。房间的温热继续蒸发着水分。现在，小水滴只剩下很小一点了。微生物们疯狂打转，纽缠在一起。有几个已经一动不动了，就像躺在干涸边缘上的微小灰尘，其他的仍然在挣扎着，为自己的生命而战。可这终究是白费力气，哪怕它们还能在这个小池塘里多挣扎片刻，也无济于事。死神全权控制着这个小世界，无论是敏捷的小船，还是精致的轮虫，都在死神的操纵中。

“孩子们快看，这一切已经结束了。现在这个小水滴因蒸发彻底干涸了，通过显微镜，我们只能看到灰色的尘埃。当初生活在那里的所有活泼的小生物都被埋葬了。我们看不到小船穿行过水滴的海洋，也看不到转动着获取食物的小齿轮了。一切都是如此短暂。

“是的，我们看到了真正的世界末日。

“当然，这只是一个小小的世界，只是一个小水滴而已。但对于它的居民来说，这就是整个世界。我们之中没有人会把这个水世界的灭亡放在心上，同样的道理，如果地球即将灭亡，其他星球上的人也不会在意，因为地球对于他们来说也只是个小小世界罢了。太阳比地球大几百万倍，到了夜晚，你们会看到成千上万的星在天空中闪烁，那数量多得哟，简直比花园池塘里的水还要多。”

传说中，诸神只要用手指随便一点，就能创造出一个新的星球。如果老乌拉波拉愿意的话，他把手指放进水里一蘸，就可以在放大镜下创造一个新的世界。但他没有这么做，因为一天毁灭一个世界已经足够了！

9.死里逃生的潜水员

老乌拉波拉博士的房子坐落在哥斯拉镇的弗兰肯伯格平原上，有着百年历史。房子里的石板屋顶、五颜六色的木制品和小窗户，看起来十分古老但又十分可爱，就像一个博物馆。这房子从地下室到屋顶，都塞满了书籍、仪器和各种收藏品。到处都是带锁的铜箱子，用女仆克立斯蒂娜的话说，里面装的净是些“没用的玩意儿”。不过她也确实不知道，那些在她看来“没用的玩意儿”到底有什么用处。箱子里装的是不常见的贝壳、甲虫、动物化石、死人的骸骨，还有旧钟表、航海仪器、硬币和邮票、印第安人的鸟蛋、弓箭，以及原始人使用过的刀具。

这个古怪的老年人的书房里有一个特别的橱柜，橱柜玻璃后面罩着一块绿色的窗帘。人们看不到里面有什么东西，但有时候，来听故事的孩子们来找乌拉波拉博士，他就会从这个橱柜里翻出一些新奇玩意儿，我们看到了各式各样的东西：几个造型别致的烟斗、一把巨大的钥匙、一把生锈的军刀、一个有裂痕的彩色杯子、一个漂亮的鼻烟盒、一支曾经用作钢笔的旧鹅毛笔、一件绿色的背心、一个棕色的空瓶，还有骨骼、棺材盖上的金属零件、泛黄的信件、月桂花环等。

“那是乌拉波拉博士的纪念博物馆，”当我们问起时，他的女仆老克立斯蒂娜说，“他在这里翻找这些老古董时，你们可千万不要打扰他。这里的每一件物品，都见证过一些奇特的经历，有些东西是去世好久的名人的遗物。”

有一天，当孩子们再次去拜访乌拉波拉博士时，他正站在他的博物馆门前，戴着大大的牛角框眼镜，对着一根生锈的铁螺栓发呆。我们静静地站在一旁，以免打扰到他。我们也不知道一块旧铁片有什么好看的。突然，乌拉波拉博士转过身来，对我们说：

“小朋友们，你们看！这块铁片来到我们这里，可是走了很远的路呢！它曾经在海底，还救过一个人的命哩！那个人是我父亲的朋友，名叫约翰·多兰德，他是一名潜水员。你们一直在为我从山上采集草药，我要好好感谢你们，今天就给你们讲讲关于这个生锈的铁螺栓的故事吧，就像约翰·多兰德给我讲的那样。”

老乌拉波拉走到他的高背椅旁，坐下。按照他的老习惯，吸了一口鼻烟，打了两个喷嚏，然后开始讲述。

“当我第一次见到潜水员多兰德的时候，我还是个小孩子。我父亲在一次漫长的航海旅行中认识了他，当时我父亲是驶向南非的船上的医生。那个时候还没有火车、轮船等现代化交通工具，国际来往只能依靠大型帆船。多兰德是一位优秀的船员，他身材高大、肩膀宽厚，蓝色的眼睛镶嵌在棕色的面庞上，左耳戴着一只金耳环，那是一种古老的习俗。

“他在我们家住了整整三天三夜，给我父亲讲述了早年间他在海上航行的故事。有一天晚上，外边下着雨，风呼啸而过，母亲和我们坐在一起织毛衣，父亲同多兰德喝着热乎乎的格罗格酒[①]，他掏出这个旧旧的铁螺栓，给我们讲了这个有趣的故事。”

“医师先生，”他说，“我昨天答应过你，要给你讲讲我在伊莎贝拉号上的经历，我觉得今天就是一个合适的时机，所以不妨展开讲给你听听。那是1822年，我在直布罗陀和佛得角群岛之间做生意。这是一条繁

① 由陈年朗姆酒、热水和蜂蜜组成，适合在寒冷的天气里饮用。——译注

忙的航道，许多船只在亚速尔群岛、马德拉岛、加纳利群岛或是佛得角群岛附近沉没了。一个优秀的潜水员在那里总能赚到一袋银币。那时，我在美丽的马德拉岛上的丰沙尔港口工作，因为那里需要很多水下作业。一天晚上，非常有名的老潜水员库克差人来找我，他说一艘从葡萄牙首都里斯本开往这里的大型帆船，头天晚上在圣港东北部沉没了，他想和我商量一下这件事。

“当时我正和同伴在一家名叫巴洛玛的小酒馆里喝着波尔图葡萄酒，我们一边打牌一边抽烟，天花板上旧油灯的光都无法穿透浓密的烟雾。‘各位朋友，’我对同伴说，‘我们辛辛苦苦干了一天活，只能挣得一口酒和一支烟。如果那老家伙认为我会和他一起去圣港捞那艘沉船，他就大错特错了。老弟，你回去就把我这番话原原本本告诉老库克。现在你去找店老板，让他给你一品脱[①]红酒，记我账上就行。’

“使者照办，喝得醉醺醺地回去了。

“我们打了一个多小时纸牌，门突然开了，奥尔·库克从浓密的烟雾中走进来，他的身材圆滚滚的，

① 量词，计算容量的单位，一品脱合0.4732升。——译注

一艘从葡萄牙首都里斯本开往这里的大型帆船，头天晚上在圣港东北部沉没了

好像个大酒桶。

“‘年轻人们，’他说，‘我派人来邀请多兰德，可他不肯接受邀请，所以我只好亲自来了。’说罢，他气喘吁吁地坐在宽厚的橡木桌子旁。

“‘老板！’我喊道，‘请给我来一大杯最好的酒，献给奥尔·库克先生，他可是我们这儿最勇敢、最有本事的水手呢！’

“我们坐在那里吞云吐雾，烟雾缭绕，都看不清对方的脸。到了后半夜，老水手平静地说：‘好吧，明天一早我们就要乘潜水船出去，多兰德要去探寻一下沉没的伊莎贝拉号。它沉在54米处，如果多兰德下不去，那就没人能下去了。虽然尼尔斯·尼尔森也能勉强潜下去，可他已经病了好几天了，他说他的胃还需要再养养。’

“‘54米？’我说，‘那会很危险的！这项工作我可是一点都没有兴趣。那艘伊莎贝拉号到底是怎么回事？你为什么这么不遗余力地帮助它，是上面装满了金条吗？’

“‘年轻人，’老水手回答，‘你不知道，要叫老库克雇年轻人来做事，是很难的，除非这项工作能够挣

一大笔钱！除此之外，还能获得一笔葡萄牙政府提供的额外奖励！’

“‘这么看来，这件事倒也不错。’

“‘那是自然！现在你闭嘴，来听我讲讲来龙去脉。事情是这样的：伊莎贝拉号是从里斯本开过来的，船上载着的可是个大人物，估计是政府的特使之类，他带着非常重要的文件，要送给岛上的政府。船上还载了武器和火药。我推测夜间一定是发生了什么不幸，比如爆炸，否则这艘船不会突然在平静无风的夜晚迅速下沉。圣港的灯塔看守者也注意到了那天夜里海上发出的刺眼亮光和巨响，一定和这个事故有关。葡萄牙政府愿意出重金来取回那些文件，政府代表今天来找我，说让我找一个可靠的潜水员。我告诉他，54 米的深度可不是闹着玩的，除非一个人的心脏和肺都是牛皮做的，否则很难完成任务。但我知道有个叫约翰·多兰德的潜水员很不错，也许上帝最初是想把他造成一头牛，只可惜用错了骨骼。’

“‘这一杯敬奥尔·库克！’听完后，我的朋友们笑着说，‘他这最后一句一定是大实话。’

“我正在犹豫是否要承担这项艰巨的工作，狡猾的老狐狸却趁我犹豫之时，又讲了一个新的故事。

“‘伙计，你不知道吧，我年轻的时候做过许多类似的事情。那时的潜水服和气泵都不如现在的好；现在虽然设备更完善了，可是我也老了，不敢再潜水。但这一次，我想试试。因为伊莎贝拉号上有一位年轻女子，她想把她的两个孩子带回西班牙。孩子们平时和爸爸住在一起，他是一位军人，可最近去世了，她也和船一起沉入海底。可怜她的两个孩子就这么变成了孤儿，每天都站在灯塔旁哭泣，任凭大海夺走他们的母亲。那个女人身上带着一笔现金，如果我们能够找到，也是功德无量的一件好事。受到大海打击的孩子，不由水手来救，还能由谁来救呢？’

“‘哦，奥尔·库克！’我说，‘您讲起话来就像律师一样，能把死人说活。那好吧！我也要叫孩子们看看，谁说水手就只会喝酒的？我答应你，我愿意潜到水下去看看伊莎贝拉号，但前提是您得来安排和管理所有的工作。您也知道，哪怕一件极小的事情没有安排好，都可能会有生命危险。’

“‘那是当然，我的朋友！’老库克高兴极了，在我肩膀上重重拍了一下，‘今晚早点休息吧！明天早上

日出时，咱们就出发！’

“酒喝完了，大家纷纷散去。外面的天色已经完全黑了，有点雾。但是老库克那铜色的鼻子，却像港口的灯塔一样，在黑暗中闪闪发光。”

乌拉波拉博士说到这里，停了一下，给他的烟斗装满烟丝，老克立斯蒂娜给孩子们拿了些饮料来，又给她的主人斟上一杯饮料，再把壁炉的火拨了拨，使之燃烧得更旺，就回屋了。

“潜水员的工作十分危险，孩子们。”老乌拉波拉又开口说道，“潜到海底并不是一件小事，潜水深度相对较浅，还比较容易。可是在那个年代，对于约翰·多兰德来说，潜水仍然存在很大的风险。所以他一开始不愿意潜到54米的海底去寻找大船，也是可以理解的。

“水底工作困难在什么地方呢？主要是海水对人体产生的压力！其实咱们也都生活在‘海底’，这个海是‘空气的海’，空气的高度有数十公里，它也会压在我们身上。假如四周没有空气的话，我们可能就像生活在月球上一样，不受阻力，行动轻快得不得了。

“但是水比空气重800倍，如果你带着只有空气的空桶出去，然后装满水再拎回来，你就会发现这是个事实。如果潜水员潜到海底，巨量的水会压在他身上，潜得越深，水的压力就越大。这种压力对人体有害，因为人体的构造决定了人类更适合生活在地球表面，而不是海底。在海底，人的心肺功能会受到很大的干扰。老潜水员失明、失聪，患上心脏病等十分常见。

“如果你把一个空的易拉罐投到海底，再将它拉起来，会发现这个罐子已经被压扁；假如投入的是一个软木球，它也会在压力的作用下变得和硬币一样扁。但这些现象在海底几千米处才可能发生。孩子们，大海就是如此深邃。日本群岛附近的海深达 1 万多米。如果你把世界上最高的山峰——亚洲喜马拉雅山脉的珠穆朗玛峰放到海底，那也够不到海面，因为这山峰才只有 8848 米高。

“你们再想想看，潜水员至今还不能下到一百米的深度，在这种深度的水下有多少沉船上的人能生还呢？没有！沉没的船和人，将永久地留在水下，留在黑暗中。他们再也看不到阳光，感受不到海浪，只能永远沉默地生活在水下的寂静中。

“现在我会把当年约翰·多兰德给我讲的这个故事，原封不动地说给你们听。”

“第二天早上日出时，我们都聚集在潜水船上。船上有老库克、尼尔斯·尼尔森、葡萄牙政府的官员，以及所有参与此次潜水的工作人员。我们正要开船去圣港时，来了一位修女，带着那两个刚失去母亲的孩子。他们的母亲应该是已经和伊莎贝拉号一起沉入海底了。一直没有救生艇来过，我们推测事故发生在夜晚，而且发生得很突然，因此没有一个人能够逃离那场意外。

“‘孩子们，你们看，’老库克对那两个小朋友说，‘这位叔叔马上就会去找你们的母亲，他会把母亲给你们的衣服带上来，还给你们。让我们祝福他，他是一个勇敢的人，一个敢于潜水的勇者。’

“两个小朋友默默祈祷，他们的声音低得几乎已经听不见了。修女在胸前画着十字，乞求好运，我们开船离开了丰沙尔湾。

“我们一路向北航行，水面上空飘着淡淡的雾霭，远处时不时出现一对对风帆，像白色的蝴蝶，微弱的风拂过蔚蓝色的平滑海面。这可真是潜水的好天气！

“到了圣港，灯塔管理员向我们指明伊莎贝拉号沉没的大致方位。很快，我们就找到了，那是个近陆地区。我们将锚直接抛向海底，缓慢地在周围航行。经过大约一小时的搜索之后，锚定住了。我们把它拉起来，环绕着障碍物行驶着，用锚一次又一次地探测准确位置。毫无疑问，这里有一艘沉船。有一次，锚被牢牢卡住，我们用尽全力将它吊起后，看到它的爪子上钩着一个帆具。这就是我们搜寻伊莎贝拉号的方式，搜寻速度远比我们预期的快。停下潜水船，抛了几个锚将其固定，我们准备开始救援工作。经验丰富的老水手奥尔·库克认真地指挥着我们。

“我们潜入海底的水手，必须依赖从海面的软管上方的泵输入的空气。如果软管或气泵损坏，水手没能立刻浮到水面，生命就会在那一刻画上句号。但是谢天谢地，软管或气泵损坏这样的事情很少发生。这次为我提供空气的压力泵，是经过周密检查的，有很可靠的人来操作它。我在老库克的指导和协助下，穿上了潜水服。这套衣服是新的，完全防水，手腕和脚踝处有橡胶松紧带将其紧紧锁住。紧接着我穿上了带有厚铅底的笨重潜水鞋，这样做是为了确保我在水中有个稳固的立足点，可以在海里稳稳站住，不会像个轻飘飘的木头人一样翻倒。最后我戴上了一顶铜制的潜水头盔，它和潜水服上的铜制颈环拧在一起，还有防水的橡胶条。除此之外我又带上了一把匕首，以防鲨鱼和其他危险动物的袭击。我的潜水装备这样就准备妥当了。

“奥尔·库克已经把空气软管拧在了我的潜水头盔上，尼尔森正准备把我的头盔面罩关上，将我与外界完全隔绝。这时候我迅速拿出烟斗，猛抽几口。‘尼尔森，’我说，‘我这次潜下去，不知道会是什么结果，你永远不知道死神会对你做什么，我也不知道我今后是否还能像现在这样吸上一斗烟，所以我要及时行乐。’

“‘没错，’老库克说，‘我一直都是这么干的。孩子，我还得嘱咐你一件事：只要你拿到船上的账本和文件，我们就可以获得很大一笔钱，足够我们每个人买一桶朗姆酒和一箱荷兰烟草！一定要记得把这些东西带上来！’

“那个葡萄牙人走到我的身边，好奇地打量着我穿的潜水服。他戴着方形眼镜和一顶高顶礼帽，在我们看来这打扮十分有趣。‘多兰德先生，’他对我说，‘请您再看看卡布雷拉先生的照片吧！只要能找到他随身

携带的文件，我们政府将支付价值1000比塞塔[①]的金币。去工作吧，祝您平安！’

“我点了点头，答应他将会尽我所能去寻找。1000比塞塔！我听见奥尔·库克自言自语，我猜他脑子里一定在盘算着这笔钱可以买多少桶朗姆酒，因为我看到他那红铜色的鼻子正嗅着周围的空气。

“‘准备好了！’我大声喊道。

“潜水头盔上的面罩被拧紧了，气泵旁的人也开始工作。库克将救生绳固定在我的腰带上，水手在水下可以通过拉救生绳来传递信号。我拖着笨重的潜水鞋，准备从挂在船外的绳梯滑下去。

“我下水前看到的最后一个人，就是那个戴着大眼镜和高礼帽的葡萄牙人。然后我就下水了。水里可真冷啊！我抓住了绳梯的末端，被小心翼翼地缓慢放入水中。我周围是绿色的清澈的水，上面有个黑影，是潜水船的龙骨。

“慢慢地，我越沉越深，时不时在同一个地方停留一小段时间，因为潜水员在潜入深水之前，需要让心

---

① 西班牙与安道尔在2002年欧元流通前所使用的法定货币，由西班牙中央银行——西班牙银行发行。——译注

和肺来适应水压的变化，这一点非常重要。海水清澈透明，我能看到远处的小鱼一闪而过。不久我就看到下方有一个模糊的黑色物体，显然就是那艘沉船，但它离我还有一定的距离，我并不能看清更多的细节。

“我渐渐沉下去，周围变得越来越黑。即使是在非常清澈的水中，到了 30 米深的地方，白天也不会很明亮，就和陆地上的黄昏差不多。到了 54 米深的地方时，已经看不清任何东西了。因为只有在天气条件极佳的情况下，阳光才能穿透到这么深的地方。海底铺满了浅色的沙子，上面覆盖着成千上万的闪着银光的贝壳和碎片，我并不觉得有多么黑暗。而且我们潜水员早已习惯在这样的光线下工作，我们就像鼹鼠，可以在黑暗中看清周围。

“海底并不是一马平川，我曾经去过几个地方潜水，那些地方都覆盖着烂泥。当然了，那是在英国的海岸，靠近一条大河的入海口，囤积了大量的沙子和泥浆；还有一些地方，海底就像荒野的森林，长满了缠结的水草，潜水者平均每隔几分钟就会被缠住一次；也有一些地方有很多山，起起落落、高低不平，有的像峡谷峭壁一般矗立，有的从黑暗的深处升起。

“老库克十分认真。8分钟后，我的脚踩在了海底，我拉了拉救生绳，把这个消息告诉了船上的朋友。

“伊莎贝拉的黑色船身就在离我20步远的地方。它斜躺在沙滩上，高高耸立的桅杆像个幽灵，帆布和绳索都以不规则的形状悬挂着。‘你终于到海底了，我的朋友！’我对自己说，‘请你振作起来，如果想要安全地回到陆地上，那么记住：欲速则不达。’在这么深的海底，水手不能过度劳累，否则用不了5分钟就会筋疲力尽。如果不想出现什么闪失，就要马上发送上升的信号。我抓着船边垂下来的绳子，慢慢地爬上甲板。我两次看到海员横躺在甲板上，但没有停下来，因为海下作业的时间十分宝贵。我在海底最多只能停留15分钟，可这15分钟我要做好多事呢！

“甲板上根本没看到船长的踪迹，也没有看到大使和那两个孤儿的母亲。他们一定在甲板下面。我小心翼翼地保护着我的空气软管和救生绳，不让它们和帆船的绳索缠结。我转向通往船内的楼梯，试图去船舱，可是没有成功。伊莎贝拉号是一艘过时的陈旧帆船，楼梯底部的通道门在下沉时被船上的木桶和横梁挡住了，它们在船下沉的那一刻就开始滚动，堵在门前。

但很快我就发现了第二个入口，那是一个装着活动板门的小舱口。我顺着一段陡峭的楼梯向下爬行，小心翼翼地爬了进去。

“下面一片漆黑，没过多久我的眼睛就习惯了。一缕微弱的光线从盖着厚厚玻璃板的天窗射进来。这条狭窄的走廊尽头是船长室，可船长并不在里面。小桌子下面有个铁柜子，里面一定放着船上的文件和钱箱，我决定先把这个铁柜子带上去。在陆地上，需要两个壮汉才能搬动这个柜子；但在水下，所有物体都变轻了，好像水试图把这些入侵者推回陆地上。这种压力使得我能更容易地抬起大铁柜子。我把它拖到船舱口，试图将它拖上陡峭的楼梯。等它到了船舱顶部，我发出了放下绳索的信号。一分钟后，绳索放了下来，我把绳子和铁柜子系牢，然后拉了拉绳子，船上的同事便把这珍贵的柜子拉了上去。我眼睁睁地看着它消失在我头顶的绿色亮光中。

“这时候我已经完全适应了昏暗的光线，可以清楚地看到周围的海洋生物。各种奇怪的生物以奇妙的姿势从我的身边游过，有的在沉船的绳索之中一动不动，仿佛在倾听着什么。有一只奇怪的生物悄悄游到我身边，它长相奇特，大概半米长，像个大勺子，一张巨大的嘴就几乎占据了它的全部身体。它浑身黝黑，比黑猫还要黑，对我这个不速之客也很惊讶，呆呆地望着我的潜水头盔，直至慢慢消失在远方。可爱的水母闪着五彩斑斓的光，游了过来。它们娇嫩的身躯几乎是透明的，纤细的手臂来回摆动，像是抓着什么看不见的东西。它们看起来像玻璃玩具，色彩缤纷，但是易碎。长着五条长长的胳膊的大海星，静静地从我身边划过。可怕的深海螃蟹，瞪着大眼珠子，挥舞着胳膊和腿，跟随着大海星。一只蜘蛛蟹笨拙地从我身边走过。一群闪闪发光的银色小鱼在我身边嬉戏，就像小河边柳树上的蚊虫。还有一个可怕的家伙，一只生活在泥土中的黑角鮟鱇鱼，看起来像个形状不规则的皮袋子。它头上顶着一根又长又细的触须，就像马戏团的小丑顶在头上的孔雀羽毛，大嘴里长满了锋利的牙齿，正在追逐一群小螃蟹。小螃蟹们则试图逃离即将吞下它们的贪婪大嘴。还能不时看到一些发光的海洋生物，它们像荧光棒一样闪烁着暗淡的黄绿光。我周围都是些匍匐前进的爬行动物，它们像幻灯片一样，一幅幅从我眼前掠过，奇妙的形态看起来就像五颜六

各种奇怪的生物以奇妙的姿势从我的身边游过

色的鲜花。

“尽管水下世界奇妙无比，我也不能花费太多时间在欣赏美景上，因为留给我的时间很短。我从舱口爬回去，但是在陡峭的梯子上滑了一下，拉动了绳子。突然，我的头顶传来一声巨响。我抬头一看，活动板门砰的一声关上了。我的心吓得突突直跳，身体直冒冷气，我觉得空气供应随时都可能被切断，因为关闭的板门显然把软管夹住了。我冲上楼梯，用尽全力推舱门，但它岿然不动，仿佛被魔鬼压住了。这时候空气的供给还是通畅的，我走近一看，看到板门的缝里夹着一个铁螺栓，因此没有完全关闭，还留着拇指宽的一条缝隙，才没有完全压扁空气软管。否则的话，我可能会痛苦地窒息而死。尽管如此，我也感觉仿佛住在海底的监狱里，希望尽快得到救援。救生绳完全被卡住了，我已经不能再向水面上发送信号，寻求同事的帮助了。那时候我的身体已经非常不适，因为我无法忍受在水下逗留过长的时间。太阳穴突突地跳动着，耳朵里嗡嗡作响，种种迹象都表明，我的身体已经快承受不住水里的压力了。”

“孩子们，”老乌拉波拉说，“每当回忆起这些危险情况时，水手们就觉得有必要给自己调一杯混合酒，以纪念他们的冒险经历。多兰德也一样，他给自己调制了一杯非常有北方特色的酒，加了少量的糖和水，以及大量的朗姆酒。那个时候，我还是个像你们这样的小朋友，坐在那里，满脸期待地听着故事，仿佛坐在那里的汉斯一样。潜水员把烟斗装满，陷入了沉思，但他惊觉自己并不在船上，于是就继续讲故事了。”

“在那之前，我也经历过一些危险的事情，在那之后也一样。可那一次是我人生中最痛苦的时刻。当时，我久久地盯着那个铁螺栓，它仿佛我的救命稻草。我心想，如果能够摆脱这种糟糕的处境，一定要把它拧下来，随身携带。岸上的人过了好长时间，才意识到不对劲。最终的问题是，唯一敢潜入这么深的尼尔斯·尼尔森能否解救我呢？曾经的各种悲惨画面，在我脑海中一一浮现。我有许多同事在类似的事故中丧生。其中一个人的头被卷入绳索中，同事将他拉起时，他已经因为绳子阻断呼吸，窒息而死。过了很长时间，岸上的人才知道水下的人出了意外，才让另一个潜水员将他的尸体带上来。

“我慢慢冷静下来，一切都是老天的安排。为了能够有效利用为数不多的时间，我决定继续工作。我切断了把我束缚在活动板门上的信号绳，冲进船舱。在第三个房间里，我找到了那个来领孩子回家的母亲。她衣着完好，躺在门口，表情像是被湍急的水流吓了一跳。她手里抓着一个袋子，显然里面装着她最珍贵的东西。虽然她已经失去了生命，但面孔并不可怕，只是带着无限的悲伤。我在她的桌子上看到一本日记本，这位母亲记下了她对这次旅行的印象，以及她对孩子们的观察。最后打开的页面上，有一首小诗，应该是她在去世的几个小时之前，看到陆地的时候写的：

夕阳的最后一缕光芒已经燃烧殆尽，
聆听海浪在遥远的岸边放声歌唱，
柔和而温暖的南方依偎在风帆中，
宁静的傍晚从暮色中掠过。

当朝气蓬勃的早上来临，
面前是森林瑰宝，

那里隐藏着我们的奋斗目标，

明亮的白帆啊，随风飘扬吧！

抛下了锚，感谢上帝的厚爱！

“读到这几行诗歌的时候，我的心里异常难过，我更加意识到自己的处境是多么的绝望。那位母亲当时已经离港口非常近了，可是终究没有抵达。谁能知道我是否还会再次见到这个港口呢？

“突然，我吓了一跳！这是怎么一回事？我的耳边响起一阵响亮的钟声，然后刺耳的音乐充斥着整个房间。我吓坏了，忘记了周围的一切，像着了魔似的冲向通道的楼梯。渐渐地，我恢复了意识，但那欢快的舞曲依然萦绕在耳边。等到声音停止，船舱又恢复了寂静。我跑了回去。‘老伙计，’我对自己说，‘这个世界上的一切事情都要顺其自然，这里除了你之外，没有别的活人，这不可能是一场幽灵演奏会。’我环顾四周，看到了女客的舱门，很快就发现了我被吓到的原因。那里挂着一个大音乐盒，仍然在工作，每个整点都会播放一段音乐。你要知道，声音在水中传播时，远比在空气中传播的音色和效果好很多倍。整艘船因为灌满了水，声音的效果在这无声的寂静中就显得更加震撼，当时差点把我吓坏。直到今天我想起这个疯狂的故事仍然心有余悸，当时我真的以为见鬼了。镇定下来后，我拿起那位溺水的母亲的日记本，提起她的书包，心里难受极了。我走回楼梯，清楚地感受到体力不支，我明白我在水下的时间已经所剩无几了，我清晰地感到头像低音提琴一样嗡嗡作响，鼻子开始流血，四肢变得沉重。我在楼梯上坐下，几乎要昏倒了。环顾四周，一切仿佛处在一片模糊的绿光中，就像一片绿色森林。我的耳边似乎响起哀伤的旋律，其实那只是我呼出的空气从潜水头盔的排气阀排出时冒出的气泡声而已，可当时我的思绪一片混乱，根本无法清楚地辨别这一切。

“猛然间，我好像从沉睡中醒来。我的头顶发出‘砰’的一声，紧接着就是震耳欲聋的噪声，好像房屋倒塌一样的撞击声。后来我才意识到发生了什么。是尼尔斯·尼尔森来救我了！他看到了舱口的空气软管和救生绳的一端，又看到已经关闭的舱门上横着一块不知道什么时候落下来的大铁片，便瞬间明白为什么我没有再向上发出任何信号了。他用力推开障碍物，清理掉挡在路上的垃圾，用撬棍插进舱口，设法打开舱门。所有的声音，经过水这个传播介质的放大，音量仿佛提高了一百倍，对于我这个已经处在半昏迷状态的人来说，就好像炸雷。

“同伴把我拉起来，将电机上的绳子系在我的腰带上，发送了上升的信号。我僵硬的手紧紧抓着那装着孩子们东西的袋子，生怕有人将它从我手中夺走。我的行为都是下意识的，疲惫的大脑里最后一个念头是，无论如何都要保住孩子们的东西……我被缓慢地拉上去，仰面漂浮在水中，就像一个没有感情的麻袋。

“将我缓慢地拉上去，是老水手库克的明智举措。与一个人潜水，不能够太快进入深水区是一个道理，人也不能快速地从深水区离开，因为人长时间在水底，他的器官已经与周围的压力相适应了。许多深海潜水员就为这种疏忽大意付出过惨痛的代价！首先是器官衰竭，紧接着是空气炮穿透心脏和静脉，导致死亡。

“最终我升上了水面。同事把我拉上船，摘下我的潜水头盔，让我躺在甲板上晒太阳。虚弱的感觉渐渐消失。我又重新看见了太阳！一阵温暖的微风拂过，清新的空气重新流入我的肺中，海鸥唱着歌，环绕在我的身旁。奥尔·库克蹲在我边上，戴着眼镜和大礼帽的葡萄牙人站在一边若有所思，似乎也意识到深海潜水并非易事。

“‘孩子！’奥尔·库克喊道，‘你在下面到底遇到了什么麻烦？我们都以为约翰·多兰德成了鲨鱼的早餐呢！’

“‘有没有把我要的文件带上来？’葡萄牙人迟疑地问。

“我摇了摇头，简单地陈述了我在水下的经过。船上的钱箱和年轻母亲的财产都保存下来了，可是棘手的文件还在水下。老库克连忙在石板上写下‘尼尔森，寻找葡萄牙人的文件’，将石板吊到水下。

“信号绳被拉动了，表示正在沉船里搜寻物品的同事接到了这个指令。

“我仍然穿着潜水服蹲在甲板上晒着太阳，重新抽起了烟。

“‘孩子，这是一份非常辛苦的工作。’老库克对我说，‘大部分的工作任务都是由你完成的。如果那扇该死的机门没有关上，文件现在肯定已经到我们手中了，可真像是见了鬼了。不过，要不是因为那个铁螺栓，你可能早就登天了。如果真出事了，老库克也不能买足够的朗姆酒来为你在天堂的幸福举杯庆祝了。’老库克以他认为的快乐方式喋喋不休地聊了一会儿，但我开始对着气泵发出的单调乏味的声音打瞌睡了。尼尔斯·尼尔森还在海底，为了维持他的呼吸，打气的工作不能间断。

“我大概做了一刻钟的梦，突然被一阵匆忙的奔跑和兴奋的叫声吵醒。我听到潜水员头子的声音。‘今天真是活见鬼！’他叫喊着，‘尼尔森在水下坚持了这么久，没有发出任何信号，我拉了三次信号绳，也毫无回应。我一遍又一遍地发送信号，可始终没反应。尼尔森在那棘手的船上一定不太顺利。伙计们！在这次搜救中，两个最好的水手都遇到了困难，老库克不能眼睁睁看着他的同伴被困住。如果你们相信我，请把最后一件潜水衣拿来，让我这把老骨头穿上下去看看，快点！要来不及了！’

“听完后我立刻跳了起来。‘库克！’我说，‘可别冲动啊！你岁数大了，不应该再冒这样的险。如果一定要派个人下去的话，那么我是义不容辞的。因为刚才尼尔斯·尼尔森先生跳下去救了我，作为一名水手，

我有责任给予他同样的回报。幸亏我还没有脱下潜水服。快把潜水头盔给我，我立刻下去。’

“其他人都同意我的看法。奥尔·库克年龄大了，他不应当冒着生命危险下水作业。如果多兰德觉得自己的体力恢复了，还不如让他再去冒一次险……他们把我的潜水头盔拿来了，我努力振作起来。两分钟后，我已经下水了，我比第一次更加缓慢地潜到深处，爬上沉船，从舱口的梯子爬下去，发现尼尔森倒在机舱过道的一个角落里。我摇了摇他，他却纹丝不动，不知道他是暂时昏迷，还是已经死去。我用尽全身力气将他拖上甲板，就像他半小时前对我所做的那样，现在只有新鲜的空气能够帮助他。尼尔斯·尼尔森本是下水救我的，现在反倒要让他失去性命吗？这个想法不停地在我的脑海萦绕，让我难过不已。我知道能待在水下的时间很短，于是匆匆穿过船舱，打定主意，无论能否找到文件，我只待十分钟。在小屋里，我发现了那位要人卡布雷拉先生，他躺在扶手椅和其他物品中间，一切东西都东倒西歪，一片混乱。这是因为船出事的时候，正好是深夜，大家从睡梦中惊醒，惊慌失措。我能够认出卡布雷拉先生，是因为葡萄牙官员给我看过他的照片。他的胸前佩戴着一枚勋章……搜寻许久，我终于在他的衣服里找到一个厚厚的密封袋。我觉得文件一定在这个袋子里。实际上也确实如此。

“耳朵又在嗡嗡作响了，我多一分钟都不敢停留。我爬出舱门，抓起一个沉重的铁块，用它把机门上的铁螺栓敲了下来。因为这个铁螺栓救过我的命，我要留着它做个纪念，然后我发出了上升的信号……慢慢地，我漂得越来越高，直到我那锃亮的潜水头盔再一次在海面的阳光下闪闪发光。

“我爬上船，脱掉衣服。可怜的尼尔森躺在潮湿的甲板上，已经死了。他沐浴在清晨的阳光下，周围的同伴们都试图让他起死回生，可全部都是徒劳。

“那也是没有办法的事！水手们经常眼睁睁地看着死神从身边经过。当死神手中的镰刀击中同伴，我们只能脱下帽子，为死者的灵魂祈祷。每当我们聚在一起抽着烟，喝着酒，谈着过去发生的故事时，总是会回忆起这些已经逝去的伙伴。

“大海是残酷的。如果我们不及时上岸，就会成为它的牺牲品。我们真诚地为我们的朋友哀悼。当时我们每个人都得到了丰厚的回报，我花了一大笔钱为尼尔森立了一块墓碑，以此来纪念他。尼尔斯·尼尔森在丰沙尔的墓地里长眠了，高大的柏树在海浪声中沙沙作响，白色的墓碑在耀眼的阳光下闪闪发光。此外，我还从葡萄牙政府给的奖励中拿出一大笔钱给了那两个可怜的孤儿。他们现在都已经长大成人，十分懂事。在伊莎贝拉号沉没的每个周年纪念日里，他们仍然会去尼尔森的坟墓前祭奠，当然，他们也记得我。他们住在太阳更热、酒更甜的热带，时不时地会给我寄来一箱又一箱美酒。我住在德国的一个寒冷多雾的小镇上，每当收到这些酒时，我的心就暖暖的。我常常会斟满两杯酒，在房间的小桌子旁拉出两张扶手椅，想象着老尼尔森就坐在我的对面，我们把酒言欢。”

“潜水员的故事讲完了。父亲和他碰了碰杯，聊起了过去的青葱岁月。后来多兰德把那个铁螺栓留在了我家，关于它的故事你们已经听过了，所以你们也明白乌拉波拉博士为什么要把它放在他的古董柜里了。多兰德的命运取决于它，有些东西就是这样，它没有生命，却干预人类的生活，为人们带来好运或是噩运，就像这生锈的铁块。”

10.以怨报德的心脏和怀表

“孩子们，你们看！”老乌拉波拉说，“一个富人正躺在沙发上睡午觉。他的嘴张得大大的，发出巨大的呼噜声，跟锯木厂似的。房间里本来十分安静，甚至可以听到苍蝇发出的嗡嗡声。它们用小嘴喝着杯子里剩下的酒，还侵占了放在精致小瓷盘上的蛋糕屑。是的，这里可真好啊！有吃有喝，还能在男主人的鼻子尖上跳舞！怪不得人们常说，以怨报德乃人间常事。

“那个睡熟的人的胸膛里和胸膛上，都传出了声音。如果你仔细听，就能听到‘嘀嗒—嘀嗒—嘀嗒’，同时胸膛里也传来‘怦—怦—怦—怦’，这两种声音分别来自怀表和心脏，它们靠得很近，都在各自做着自己的工作。

“‘我们的主人睡着了，’心脏说，‘我可不能睡！我从来不睡觉，如果我想睡觉，我们的主人就永远无法醒来。’

“‘您一般都做些什么呢？’怀表问道。

“‘我支持着身体的正常运转。我是一个十分有用的泵站，通过主人的静脉来输送血液。这可不是一件小事！哪怕我开一分钟的小差儿，我的主人就可能没命了。这50年来，我一直在工作，却没有得到任何感谢。你看，50年，就是18260天，438000多个小时。从主人出生到现在，已经超过2600万分钟了，我一直在将血液泵入他的身体。如果你留心观察，很容易就能算出，我一分钟大约跳动70次。这50年来，我一共跳动了18.4亿次，从没有休息过！'

"'可真是一项艰巨的任务啊！'怀表说，'你这么多年来一直在忠诚地为主人工作，他应当奖励你。'

"'哦，天哪！'心脏小声嘟囔着，'可他对我还是不满意！前段时间，十分炎热的一天，他和我一起爬上一座高山。那真是个可怕的故事，很难相信我已经筋疲力尽了，他却越跑越快，对我的要求也越来越高。我仿佛被打了一拳。然后主人非常激动，不停地咒骂他的心脏不好。你看看，他是不是个忘恩负义的人！'

"'您也是用金属制成的吗？'怀表又问道。

"'不是，'心脏回答道，'非常幸运，我是由肌肉和软组织构成的，比钢铁制品更加坚韧。'

"'如果你需要修理，'怀表说，'主人也会把你带去钟

表匠那里，拆去坏掉的齿轮，装上一个新的吗？’

“‘不需要！’心脏嘟囔着，‘我的身体里没有齿轮或者弹簧那一类东西，只能靠自我修复。有一次，主人陪我去了一个可以修理人的地方。那里有个人，鼻子上架着一副大大的眼镜，用拉丁语告诉主人我有什么问题。他用听诊器听了听我敲击的频率，然后主人喝了一大瓶苦药水。主人的胃感到非常不舒服，说这件事从头到尾与他无关，可他不得不忍受这些。’

“‘您可太幸运了！’怀表说，‘还好您不用和钟表匠打交道，那可真是太可怕了！在钟表匠那里，你的四肢都要被他撕开，一个大刷子不停在你身上扫过。他会用铁钩四处搅动你的内脏，拿一把锋利的器具在你身上刮擦，许多碎屑从你的身上掉下，四处乱飞。主人要支付给钟表匠三块塔勒①，却还要不停咒骂，说我是个不中用的旧东西。’

“‘您也会造血吗？’心脏问道。

“‘老天保佑！’怀表被这个问题吓了一跳，低声说道，‘我是纯金做的，但这并不是最重要的，毕竟那只是外表。我有着丰富的内心，感觉自己的内心就像一座磨坊，一个齿轮的转动带动另一个齿轮，这造就了我的准时。准时是

① 18世纪德国通用的银币。——译注

最重要的品质。主人曾经说过，如果我迟到，他会非常生气。于是第二天，我比平时稍微快了一点，可是主人也生气了。他可真是个怪人，一点也不知道自己要的究竟是什么。'

"'您内心的磨坊通常都磨些什么呢？'心脏又问道。

"'什么都不磨，我只与时间打交道。'怀表回答。

"'时间？时间？'心脏问道，'时间又是什么呢？'

"怀表低声说：'我也不太清楚时间到底是什么，但我知道时间是非常宝贵的东西。因为主人常说：时间就是金钱，金钱可以使整个世界运转——我在生活中扮演着重要的角色。皇帝和国王都将我作为衡量事物的标杆，所有重要的事情都要向我咨询。尽管如此，我还是感觉人们对我并不如对你那般感激。你看，我已经为我们的主人服务 20 年了。每一秒钟嘀嗒 5 次，每小时就是 1.8 万次，一天就是43.2万次，一年就是1.58亿次[①]。我没日没夜地工作，齿轮还没有主人的指甲盖大，可这么多年来都以闪电般的速度运转着，快到你几乎看不见它。如果它一直往前走，一天可以走 36 公里，三年就可以绕地球一圈！我身上的一切都非常精密，我有一根细如头发丝的转轴和一个非常非常

① 准确地说是1.5768亿次。——编注

小的发条。我不吃不喝，只需要每隔几年往我的身体里滴一滴油。可人类还是不懂得感恩，我多年的辛勤劳作并不能取悦他们。如果可以的话，我想去一个很远很远的世界。可事与愿违，我像只斗牛犬一样被锁在这里。’

“‘每个人都有烦恼！’心脏说，‘我掌管着主人身体的所有事情。主人的血管里有 14 升血液，我一天要抽动 600 多次。这看上去似乎是个好工作，可主人却没有让我工作得更轻松，他经常抽烟喝酒，让我觉得恶心。身体的其他部位还会出毛病，有时头上的血太多，主人会头痛；有时坐姿不对，可能压迫到了一些毛细血管，血液无法流到腿部，腿就会出现一定的损伤；有时手又抱怨，因为血液太少而麻木了。这一切看上去好像永远都是我的错。’

“‘而我呢？’怀表说，‘我长期生活在与指针兄弟们的战争中。他们认为自己是最重要的，因为主人只关注他们，可事实是，如果齿轮不转动的话，他们也就毫无用处了。他们也永远生活在互相争斗中。最胖的那根指针非常恼火，因为有个小瘦子老想追上他，最糟糕的是最小的针，他总是像马戏团的马一样，在那个狭窄的圆圈里摆动。他想避开最胖的针，于是就一直紧紧地抓着瘦高的指针，又或者是愤怒地趴在表盘上，一动不动。主人就生气了，一下又一下地在桌边上敲打我，我都快吓破胆了。他还说出很多可怕的话，什么我是个没用的家伙啦，要不是看在我是用金子做的分儿上，早就把我扔出窗外了。'

"'嘘！'心脏说，'小点声，主人醒了。'

"是的，他醒了，伸了个懒腰，从沙发上站起身。他掏出怀表看了看。'五点半了！'他说，'希望这个老物件走得准！'

"'是的，是的。'怀表叹了口气，说道，'以怨报德乃人间常事啊！'"

11.月亮上的一天

“孩子们！”一个美丽的夏夜，月亮像号角一般出现在高大的冷杉树头顶。乌拉波拉博士对孩子们说，“你们这些小家伙，都只知道淘气，不懂得学习，这样下去你们终会一事无成。但既然我答应过你们，就要信守诺言，所以今天我想通过我的大望远镜来向你们展示月球！”

“哦，乌拉波拉，可真是太好啦！如果您真的这样做了，我们将继续在山林中为您采集草药和苔藓，来帮您喂甲虫！”

“好的，成交！”老乌拉波拉一边说，一边从他的钥匙串上解下一把大钥匙，带着孩子们走进前厅。这里的楼梯直通石板屋顶的塔楼，大望远镜就放在那里。

楼梯上漆黑一片，乌拉波拉点亮了他的油灯，钥匙在锁中发出“咔嗒”一声，门开了。我们进入了神秘的房间。屋子中间的圆柱上立着一个庞然大物，像个大炮，我们当中最瘦的小朋友甚至可以爬进它的“炮筒”。“炮筒”上有各式各样的螺丝和把手，都是用钢铁或者黄铜做的，闪闪发光。“炮筒”的顶部有一块巨大的玻璃，像个盘子，底部镶嵌着一块小玻璃，要从小玻璃看出去。房间里还有一个罩在玻璃罩子里的大挂钟，钟摆缓慢而有节奏地来回摆动，不停说着“嘀嗒——嘀嗒”。屋子的墙角和墙壁上也摆满了各式各样的仪器，墙上挂着月亮和星星的图画，书架上陈列着厚厚的书本。当我们向乌拉波拉询问这一切时，他大声咆哮道：“不要动手，也不要问东问西，你们还不懂这些呢！”

塔楼的顶端装着几扇可以打开的天窗。我们把天窗打开，就可以透过望远镜看到星星。房间里一片漆黑，连街上的路灯都照不进来。乌拉波拉打开天窗，一道银白色的月光在仪器上闪烁，我们的身体在地板上投射出长长的影子。

现在，博学的老人将大望远镜对准了银光闪闪的夜星。他转动着螺丝和杠杆，向这仰天的大炮里看了好一会儿，我们这些孩子才被允许一个接一个地走上去。透过这个大望远镜，我们看到的是放大了一百倍的宁静而遥远的月亮世界，以及那个世界的山川平原。

真是一个奇妙的世界啊！我们只能看到月亮的一部分，

可也已经相当大了。起初，我们注意到那东西就像一块巨大的石膏板，一块被灯火照亮的石膏板，上面有灰色的斑块，乌拉波拉说那是月球上的大平原，也许曾经被海洋覆盖。特别有趣的是山脉，从望远镜里可以看到各种各样的山峰，它们闪烁着光芒。乌拉波拉向我们解释，月球不发光，它和地球一样，需要有太阳的照射才能变得明亮。山脉在平原上投出长长的锐影，阳光无法照射到的山谷里漆黑一片。那里有数以千计的圆形陨石坑和连绵不断的山脉，山上有一些岩石和裂缝，透过望远镜来看，它就像是一块被老鼠啃出个大洞的蛋糕。

我们看着月亮，老乌拉波拉给我们讲了很多相关的知识。可当我们一再追问时，他又生气了。他用五彩手帕擦了擦鼻子，又扶了一下牛角框眼镜，用老套的方式咆哮着：

“小家伙们，请你们保持安静！安静！不要每次一遇到问题就大喊大叫！你们现在已经看到月亮了，知道它和地球一样，是一个球体，月球上并没有生命。如果你们想知道得更多，我就给你们讲个小男孩在月球上度过一天的故事。现在请你们围成一圈坐好，仔细听！”

乌拉波拉从那涂得鲜艳的锡制鼻烟壶里猛地一吸，打了两个喷嚏，把他的小辫子从衣领里震了出来。他开口说道：

“从前，有一个小男孩，他的名字叫费朗茨。有一天晚上，他躺在床上睡不着觉，月光照在他的脸上。月亮站在山后面，就像一个孤独的夜行者，它的光芒与落在地上的冰冻的雪毯上的水晶星星交相辉映。小男孩抬头看了看闪闪发光的银色圆盘，上面的灰色斑点看起来像一张和蔼可亲的笑脸，于是他想起了有个晚上他听到的话。那天，有一位朋友来拜访他的父母，是一位非常博学的教授，一生都在研究和探索太阳、月亮和星星。吃晚餐的时候，他讲了各种关于天空的故事。月亮刚刚升起，月光透过窗户照进屋，小费朗茨就问起关于月亮的故事。戴着金边眼镜的教授告诉他，那些在孩子们中很流行的关于‘月球上的人’的故事都是假的，都是童话故事。月亮是一个离我们很远很远的星球，上面到处都是山脉和山谷、宽阔的平原，以及深邃的陨石坑。那里十分寂静，月球上找不到任何生物，也从未有人类踏上过那奇特的世界[①]。

“‘如果有一天，人类可以去月球上看看，那可就太好了！’妈妈说。爸爸说，人类已经发明了很多奇怪的东西，

① 本书于1920年首次在德国柏林印刷出版，而人类首次登上月球是在1969年，因此书中说未曾有人登上过月球。——译注

总有一天可以飞到月球上去。教授隔着金边眼镜，露出笑容，对小费朗茨说：‘好吧，我的孩子。那到时我们就一起踏上我们的第一次月球之旅吧！’

“说着说着，妈妈就带费朗茨上床睡觉了，因为天色已晚。小孩子想要保持健康，就要早睡早起。可是费朗茨听完教授讲的月球的故事，想到月球就在远处静静地移动着，非常兴奋。他躺在床上，思绪却已经飞到了月球上，想象着在月球上游览参观的种种情形。他慢慢地闭上眼睛，月光透过白色窗帘，温柔地从他眼前滑过，眼皮越来越重，慢慢进入了梦乡。

“突然，小费朗茨看到卧室的门开了。教授的头探了进来，他对着费朗茨友好地点了点头。教授看上去苍老了许多，头发花白，好像自从他们上次见面已经过去了很多年。‘孩子，’他说，‘你还记得我吗？我是你的老朋友，就是那个喜欢探索月亮和星星的人！你还记得你想去月球的时候我答应过你什么吗？现在我已经在一个非常伟大的太空飞行器上工作了好长时间。曾经我答应过要带你去月球旅行，我必须要遵守诺言。快来吧！你爸爸已经在外面等着了。’

“我们的小朋友像只小兔子一样跳下床，穿上衣服。妈妈来了，为了让他保暖，还给他穿了外套，戴了围脖。他们一同走到了屋外。

“门外的大广场上停着一架非常奇怪的机器，一半像飞机，一半像飞艇，上面有机翼和螺旋桨，还有一个带着厚厚玻璃壁的大吊舱。许多看热闹的人围聚着，都惊叹不已。有个邻居名叫菲利浦，总认为自己比别人懂得多些，是个百事通。他在广场对面远远地喊道：‘飞船上坐着的是我们的总统，他要去北极啦！听说那里的铲雪工人罢工了，他要去训话了！’莱姆克警官涨红了脸，小胡子都翘起来了，不停地跑来跑去，对围观的群众喊道：‘请大家让开点，让开点！’

“费朗茨的父亲和教授从人群中挤出来，都穿着厚厚的皮衣，向他招手。妈妈也在，把他们送上飞船，再次向大家招手，又一次抱起她的儿子，无精打采地看了眼飞船，眼里充满了悲伤和泪水，因为妈妈根本不想让费朗茨去月球旅行！费朗茨也有些忐忑不安，教授却欣喜若狂，说这次旅行不会有任何危险。随后他们都爬上了大玻璃吊船，教授操作着那些杠杆和螺旋桨，大飞船轰轰地离开地面，径直向天空飞去。

“下面的人高声呼喊着‘飞上去啦’‘太好啦’，他们挥舞着手帕和帽子，你甚至都能看到他们当中有多少人没有头发，你还可以看到费朗茨的妈妈站在一边抹眼泪。

“随着飞船的上升，城市变得越来越小，房子看上去就像小玩具，花园也像一片片的苔藓，到后来城市里的一切变成了一个个鲜艳的油漆斑点。他们越飞越高，看到的景色也更加奇特了！森林变成了一块深绿色的大毛巾，山脉看上去和平原没什么区别，河流变成了薄薄的会发光的锡箔条。突然间，一切都消失了！一种无法穿透的白色物质笼罩着，就像牛奶的海洋，水顺着玻璃罩往下流。小费朗茨害怕极了，焦灼地跑向大人，两位大人却笑着要他平静。

“‘鼓起勇气，我的孩子，’教授说，‘刚刚那个让你害怕的场景，其实是我们在穿越一朵云彩，一朵盘旋在地球上空大约七千米的云彩，我们马上就要穿过它啦！’

“果然，蓝色的天空和金色的太阳很快又出现在费朗茨的头顶。云彩在他的下面，大概有一千米长，像一座巨大的奶油山，在风的带动下，飞快地飘动着。透过云层变化莫测的孔隙，还可以不时地瞥见下面遥远的地球。‘为什么一切东西都变得潮湿了呢？’小费朗茨恢复平静，又开始提问了。

“‘哦，道理很简单。’教授回答道，‘云就是水蒸气，跟热水壶口升起的白色雾气是同一种东西。这些微小的颗

粒遇到冰冷的玻璃，便会凝聚成水滴，玻璃上就会起雾，水也会顺着玻璃往下流。’

“‘穿越云层的旅行，真的很奇妙呀。我在地球上的朋友们，恐怕不会有这样的机会吧。’

“‘孩子，你的想法不对！他们和你一样，也经常在云层中旅行。他们经常走在雾中，雾其实是接近地面的一种云。’

“过了一会儿，他们又看到了一些有趣的东西！地球现在像一个巨大的圆盘，躺在他们脚下。从上面看下去，圆盘一块深一块浅，浅色的部分是陆地，深色的区域是海洋。云层也低得像地面上的雪。飞船以极快的速度冲上天空，欧洲的轮廓看上去和地图上绘制的一样。意大利像一只靴子伸入地中海。欧洲西边的深灰色部分，一望无际，那是大西洋。从高空俯瞰地球，根本看不到正在劳作的人类，在这里才能真正认识到人类世界是多么渺小。如此想来，地球上的居民在可怕的战争中为了多争一个土地的角落而将彼此置于死地，是一件多么愚蠢的事啊！

“又有更奇妙的事情发生了！到目前为止，飞船一直与地球垂直飞行，向上朝太阳飞去。但这次旅行的目的地是月球，月球的位置和太阳完全相反。当时是满月，他们只能绕着地球飞，去地球的另一边。那边此刻是夜晚，月亮高高地挂在天空。教授把奇异的飞船掉了个头，小费朗茨看到了一些奇特的现象。在此之前，他们看到的地球是一个巨大的明亮圆盘，可到了这个时候，圆盘的一侧开始被侵蚀，最后变成了半月状。这样的景象连孩子父亲都感到惊奇，他站起来看着面前这诡异的景象，惊讶的叹息声把博学的教授从深思中惊醒。'是的，'他说，'这种景象让你感到惊奇，但也很容易解释。你想啊，地球不会发光，它只是一个巨大的黑色球体。太阳照射，只有一部分会被太阳照亮，其他地方就是黑暗的，那里的国家就在黑夜里。正如在暗室里放一个网球，再点燃一支蜡烛，网球的一部分被照亮，另一部分就是暗的。到目前为止，我们已经飞越了地球被太阳照亮的那边，要进入地球夜晚的一边了。现在我们正巧处在分界线的位置，左边是白天，右边是夜晚。太阳的光线还没有到达夜晚的一侧，我们看到的地球就好像缺了一块。这么说，是不是很简单？小费朗茨都能听懂，对吧？'

"是的，我们的小小月球旅行家当然听得懂。他在学校听过这样的故事，可现在亲眼所见，反倒觉得有些奇怪了。突然，他们被漆黑笼罩，太阳仿佛被施了魔法一样消失了！消失在地球的背后。他们头顶是闪烁的星星和圆月，眼睛需要一段时间才能适应它们发出的微弱光芒。

“‘看！’教授说，‘地球正在我们和太阳之间，阳光无法照射到我们身上。我们在地球投下的阴影中，和发生月食时月球的位置一样。那个时刻，月亮也站在地球的影子里，被遮住了。这些道理都非常简单，并不是什么魔法。’

“‘在这样一场旅行中，人可以学到多少知识啊！’费朗茨的父亲说，‘我们也慢慢变成天文学家了呢！我的孩子！’

“现在几乎看不到地球了。外面一片漆黑，只有微弱的月光。它像一个淡灰色的圆盘，越来越远、越来越黯淡。它的周围环绕着点点繁星。大家觉得异常寒冷，尽管飞船里有可以取暖的电炉，但旅行者仍然在厚厚的外套里冻得瑟瑟发抖。费朗茨的父亲询问天气变冷的原因，教授又乐此不疲地解释起来。‘在外太空里，温度大约是 -200℃。当然，这个数字并不十分精确，但大概就是这样。我无法给你解释得更详细，因为小费朗茨肯定不能理解。我们来设想一下，地球上有几个太阳常年照不到的地方，例如北极和南极。那些地方总是结着冰，去极地探险的人测量出

那里的气温是 –65℃，这还是在地面上，不时有来自陆地的暖气流，传递过去一部分热量。而在太空里，不太可能有暖气流，因为任何物质只有在被太阳或其他物体加热后，才是温暖的。可是太空里连空气都没有，而且……’教授的话突然被打断，所有人都吓得叫出声。一阵巨大的轰鸣声响起，然后飞船的船壁上发出一阵撞击声，人们生怕船壁被撞得粉碎。小费朗茨害怕极了，急忙从窗户边后退，拳头大小的石块飞来飞去，四处撞击，溅出火花来。

“‘月亮上有人！月亮上有人！’小男孩叫道，‘他们发现了我们！他们在向我们开枪！’

“爸爸也惊恐地后退几步。教授脸色苍白，手足无措，无助地踱来踱去。

“这个危险的时刻只持续了几分钟，可教授仍心有余悸，他没有回答同伴们接二连三的提问，只顾仔细检查机器的每一个部件，直到确信它们没有任何问题后，才松了一口气。

“‘真是活见鬼！’教授一边说，一边捋了捋自己的白发，‘真糟糕！我早该做好万全准备的，可总是百密一疏。’

“‘刚才那是什么东西？’爸爸问道。

“‘那是陨石。它们在太空中穿行，在地球上，我们有时会看到一颗小小的陨石像火花一样快速划过，我们称之为流星。它们像火箭一样闪着光掉落到地上，但体积庞大的陨石并不多见。通常在博物馆中，我们才可以看到。如果刚才这些陨石砸碎了飞船的玻璃，那就完蛋了，我们会因窒息而被闷死。’

“‘被闷死？为什么啊？’

“‘你想呀，太空中没有空气，地上的这个大钢瓶子，里面装着我们为这次旅行专程准备的氧气。这个钢瓶在缓慢地释放着我们赖以生存的氧气。如果刚才船壁被陨石击碎，氧气会泄漏出船舱，我们就会在太空里窒息而死。’

“这时候，教授的两位同伴才意识到，此次行程并非毫无危险，虽然危险已经过去了，但他们仍然心有余悸。

“他们已经离月球相当近了。月亮好像一个大圆盘，在他们头顶盘旋着。他们的飞船正在以极快的速度向月亮驶去。

“‘月亮距离地球到底有多远？我们到那里旅行需要花多长时间呢？’爸爸问道。

“‘我的朋友，从地球到月亮大约有 38.4 万公里。’教授回答，‘是柏林到纽约往返路程的三十倍，许多船长经历过比这更长的旅行。一个炮弹从地球射到月球，需要花费十天；如果有一条从地球通往月球的铁轨，特快列车需要不间断行驶六个月才能到达月球。但是我们发明的这艘飞船，速度远远超过炮弹和特快列车，我们很快就可以到达月球。现在，我们要为在月球上着陆做准备了！最重要的一件事就是戴上氧气盔，因为月球没有空气，这也是月球不适宜人类生存的原因。现在，我要调节一下飞船的刹车，否则速度太快，我们的飞船又太重，就会狠狠撞到月球表面，到时候我们会和飞船一起撞个粉碎。'

"三人开始忙碌起来。很快，他们就打扮得像是戴着潜水头盔的潜水员，整个头部与外界隔绝，脖子上还套着橡胶密封圈。他们背着储存氧气的钢筒，氧气通过软管进入头盔。头盔上有个小玻璃窗，可以透过窗户看到外面的一切。但小费朗茨想知道，怎样能够听见外面的声音。

"巨大的光芒再次笼罩在四周，这是从离他们很近的月球表面上发出的。教授研究了各种各样的杠杆和螺丝，旋转了各个把手和轮子，费朗茨的父亲也在一旁帮忙。这位教授急得原本不多的黑发全白了，但准备工作总算是做得差不多了。

"'现在！'教授说，'是一个值得庆祝的时刻！靠着我的伟大发明，第一批人类即将踏上月球！但大家要小心，即使飞船的刹车可以正常工作，颠簸也不可避免，甚至会受伤。现在，我们要赶快坐上悬空的吊椅，这是用橡胶和羽毛制成的，有一定的缓冲作用，可以避免撞击，减少震动。'

“大家都很紧张，心怦怦直跳。费朗茨一想到自己可能因撞击而散架，骨头碎块散落在月球周围，不禁颤抖起来。但留给他胡思乱想的时间已经不多了，三人刚在橡胶吊椅上坐定，飞船就已抵达月球！‘坐好！抓紧！’教授大喊道。只听到一记巨大的撞击声，仿佛周围的一切都被震碎了。费朗茨的耳朵嗡嗡作响，每一根骨头都隐隐作痛。黑暗笼罩，一切慢慢趋于平静。”

说到这里，老乌拉波拉暂停了这个故事，狠狠地吸了一大口烟。我们这些孩子听得一个比一个兴奋，张着嘴巴，暗暗思考着月球旅行者的命运。

“孩子们啊！”乌拉波拉说，“你们安静一会儿吧，行不行？如果你们一直不停说话，蝙蝠都要飞到你们嘴里去了！你们得让我歇一歇，喘口气。我是个老人，说起话来不像你们年轻人这么利索。”说着他又吸了两口烟斗，打了几个喷嚏，继续讲述。

“飞船损坏严重，几位旅客躺在飞船里，如果有人能看到，一定会以为他们已经一命呜呼了。其实他们只是因坠落暂时失去知觉。费朗茨的父亲身体最强壮，没有受任何伤，且意识到其他两人也还活着，于是赶紧扶起他们。等到三个人都回过神，他们发现，只是受了一些皮外伤。教授之前准备的急救箱很快就解决了这个小问题。虽然费朗茨呜咽了几声，但总体来说他相当勇敢。

"'我们现在在月球上了吗？'费朗茨问，他有些惶恐，还没定下神来，'这里的石头、沙子和地球上的一模一样，为什么呢？天上有太阳，也有很多星星，我觉得现在是白天，可天空又是黑的。'

"孩子不停地发问，却没有人回答他，仿佛没人能够听到他的声音。他发现，自己也听不清楚自己的话。'嗯？这是为什么呢？'费朗茨自言自语，'大概是我们头上戴着厚厚的头盔，因此听不见彼此的声音。'这时候，教授摸出了枪，叫大家注意，接着开了三枪。他们可以看到火光和烟雾，却听不到枪声。教授看到这对父子惊讶的表情，微笑着拿出便签本，写道：

"'月球上没有空气，无法把声音传播到耳朵里，所以我们在这里听不到任何声音。在地球上，如果把一个电铃放进玻璃柜里，再用气泵把玻璃柜里的空气抽出，我们也会听不见电铃的响声。在月球上，哪怕身边的人在放炮，我们也都听不见。接下来你们有什么问题，都要写在纸上，我也只能用同样的方式回答你们。’

“他们点点头，表示同意。费朗茨的父亲指了指诡异的天空。太阳就像一个明亮的火球悬在空中，跟在地球上看到的没什么两样，只不过在月球上看到的天空是黑色的，像是黑夜，可以清楚地看见所有的星星。

“教授也点了点头，找了一块大石头坐下，写道：‘这是由于月球上没有大气层！在地球上之所以能看到蓝色天空，是因为太阳光照射到空气层，光线太亮，就看不到星星了。但在月球上，在这个没有空气的地方，哪怕是在白天，也可以随时看到星星。’

“‘这里可真是奇怪啊！’费朗茨想，‘这里没有人可以发出任何声音，没有音乐和歌声。如果一整队士兵和马车向前行进，我们什么都听不见。如果这里有学校，老师就只能留书面作业，人们吵架也必须要写信。’

“教授站起身，示意他的两位同伴跟他一起走。他们面前矗立着一座高高的山峰，它位于广阔平原的边缘。教授想要带领他们爬上去，开阔一下眼界。四周十分荒凉，看不到一点绿色，甚至一棵树、一株灌木都没有，就更别提鸟和昆虫了。目光所及之处，只有一些碎石块、深邃的峡谷和宽阔的缝隙。到处都是干热的沙土，再加上死一般的寂静漆黑的天空，真是令人毛骨悚然。相比之下，地球是何等美丽啊！有蓝天、草原、森林、河流和海洋，还有成千上万种动物、飘浮的云、吹动的风、动听的歌声和热闹的生活。

"走了一小段路后，他们站在了山顶。这时他们才辨认出山脉的形状。他们面前是一片广阔的平原。教授告诉他们，在地球上，用大望远镜就可以看清这一切。月球探险家们拍摄了非常清晰的月球照片，并绘制成地图，给月球上的各个山脉和平原取了名字，正如地理学家们在地球上做的那样。

"'这片大平原，'他一边写，一边指给同伴们看，'天文学家称之为雨海，虽然被称为海，可一滴水也没有。远处平原边缘银光闪闪的大山脉，天文学家命名为亚平宁山脉。平原的中间，是一个形状奇特的陨石坑，这个星球上有成千上万的陨石坑。你们看，他们都是巨大的岩石围成的圆环，圆环的中心还有一个锥形的小山。'

"小费朗茨接过笔记本，在上面写道：'月球上这些火山口，看上去就像被蛀空了的牙齿！'教授笑着在下面写

道：‘我的孩子，你说得对！只不过这些牙齿有五十公里宽呢！’

“旅行者们走到了月球的另一面，那里因为照不到太阳而被黑暗笼罩。费朗茨觉得，和在地球上相比，他在月球上走路的速度更快，步伐也更加轻盈。他开始玩耍，捡起一块石头向空中扔去。令人惊讶的是，石头飞得很高，落在了很远很远的地方，他惊呆了！教授看到了他惊讶的表情，连忙向前跑了几步，示意费朗茨注意。教授助跑了几步，在一座小丘前纵身一跃，就越过一座和房子一样高的小山，落在了山的对面。在跳跃过程中，教授的衣服飘了起来，头发也飘了起来，双臂垂悬，双腿怪异地摆动着，十分滑稽。父子俩笑得停不下来。对于这样的表演，他俩也充满了好奇心，因此也迫不及待地开始尝试。爸爸跳得比教授还高，他还投掷了小石子，自然也比教授扔得远，甚至不见踪迹。后来他们去找教授，让他解释为什么最强壮的人在地球上都无法做到的事，他们在月球上却可以轻易做到，比如举起一些巨大的石块。若是在地球上，身体强壮的费朗茨爸爸根本也无法举起。可在月球上，小费朗茨都可以轻松举起。这些现象虽然奇特，不过教授一解释，他们就明白了。

教授助跑了几步，在一座小丘前纵身一跃，就越过一座和房子一样高的小山，落在了山的对面

“教授坐下，写道：‘月球比地球小得多。地球的体积是月球的49倍呢！小小月球上的引力远不如地球引力大。这样一来，月球上的所有物体对我们来说就更轻了，我们只需要消耗极少的体力就可以举起它们，或者说我们可以轻松举起更重的物体，并将它们投掷得更远。据估计，所有物体在月球上的重量，约为它们在地球上的重量的六分之一。这些科学道理都很简单，一点儿也不神秘，也不是什么巫术。当你懂得的知识越多，可以解释的现象也就越多！’

“‘真是一个奇妙的世界啊！’小费朗茨想，‘假如我从地球上带了一磅的巧克力来，哪怕我一口也没有吃，到这里一称，也就只剩六分之一磅了！’

“旅行者们迈着轻快的步伐，大步向前，越走越远，进入了月球上的黑夜。他们的身体轻盈，行进速度很快，丝毫没有感到疲倦。太阳在月球的地平线上越降越低，不久他们就步入了黑暗世界。月球上不存在地球上的白天和黑夜之间的分界线，没有晚霞黄昏，也没有苍茫暮色。四周一片漆黑，费朗茨的父亲想点燃一支火柴，可火柴头一闪便灭；他忘记了在没有空气的地方，是没有东西可以燃烧的。教授也注意到了这一点，他的腰带上别着一个很大的手电筒，足以照亮前方的道路。他们走了很长一段路，突然远处地平线上出现了一道明亮的光和一个发着光的圆形物体。他们向前走去，那个东西越来越大，就像在地球上看到的初升的月亮。亮光越来越圆，高高地悬挂在山顶，最终在顶端与所有的星光交相辉映。它发出的光足够明亮，周围的一切都可以看得一清二楚，因此教授关掉了他的手电筒。

“几位旅行者停下脚步，惊讶地抬头看着这轮奇怪的月亮。这个发着光的圆盘，比在地球上看到的月亮至少要大十二倍！费朗茨和爸爸看到它表面上的明暗斑点，觉得非常熟悉，好像以前在什么地方见过。教授拿过笔记本，写下了短短一句话，让父子俩十分惊讶：

“‘月球天空中的那个大圆盘就是地球！’没错，费朗茨在学校的地球仪上认识了各个大洲和各个大洋的轮廓，他知道那个三角形是南美洲，旁边就是大西洋。现在对于这几位旅行者来说，地球变成了月亮，月亮变成了地球。博学的教授又给他们解释，这一切都是自然现象。从地球上看月亮，它和其他星星一起挂在天空；从月亮上看地球，地球也像一颗星星悬挂在天上，只是比其他星星更大些。

“三人借着地球之光四处游览，就像在地球上时行走在月光下那样。遥远的地球上，有森林和田野、大海和河流，还有忙碌的人们。这些美丽的景象，让费朗茨和爸爸想念故乡了。妈妈一定每天都在盼望着这艘飞船回归。费朗茨走近父亲，握了握他的手，指向地球。爸爸瞬间明白了他的意思。他们走到教授面前，拍拍教授的肩膀，示意他，是时候返程了。

“可是，教授摇了摇头。‘飞船已经损坏了，’他写道，‘我们必须留在这里。’

“‘我们可以修好它。’父亲写道。

“‘不！我们要待在这里。这里很有趣，我还要做很多研究，因为我要写一本关于月球的书！’教授回答道。

“爸爸气急败坏地抗议着，责备顽固的教授不应当在没有做好返程准备的时候就将他们带到这里来。教授只是跺了跺脚，反复说着同样的话：‘我们要留在这里！’

“突然间，教授仿佛变成了恶魔，双眼在眼镜后面狡黠地转着，发出冷笑，双手在空中狂暴而凶狠地挥舞着。小费朗茨吓坏了。

“费朗茨的父亲和教授突然扭打在一起，互相扼住对方的喉咙，不停拉扯着，不知不觉走到了岩石的裂缝处。那条裂缝黑漆漆的，非常深。费朗茨哭了，生怕爸爸掉进去，于是一把抓住爸爸的衣服，想将他从黑暗的深渊旁拖开。可为时已晚。他们摔倒了，掉进了裂缝，越掉越深，掉入那深不可测、无穷无尽的黑暗中……

“突然，费朗茨感觉到一只手抓住了他，好像是白天，有光线透了进来。妈妈站在床边，笑着对他说：

“‘早上好呀！我的小懒虫。快醒醒吧，太阳已经晒屁股啦！我听见你在尖叫，你是不是做梦啦？你昨晚听了关于月亮的故事，睡得太晚啦！’”

12.小燕子和电线杆

“今天，”老乌拉波拉博士说，“我要给大家讲小燕子和电线杆的故事。这个故事既不是很有趣，也不是很悲伤。所以如果谁不想听，那就乖乖待着，不要捣乱。就这么说定了！

“光秃秃的电线杆远离喧嚣的都市，矗立在田野和森林里。它们沿着铁路站得整整齐齐。当鸟儿落在上面休息时，它们看起来就像是带有半永久音符的五线谱。它们穿过安静的村庄，孩子们总是把耳朵贴在粗壮的柱子上听，听着从柱子里传来的美妙旋律。当然了，电线杆不会唱歌，只是每当风儿吹过，它们就在风的作用下演奏出美妙的乐曲，那声音好像是用竖琴弹奏出来的。

“电线杆沿着铁轨来到乡村，那里的玉米在阳光下显得黄澄澄的。接着它穿过寂静的山毛榉森林，森林里绿意盎然。它继续前行，来到一个新的城市，那里满是灰尘、烟雾和嘈杂的人。

“村子的另一边，田野渐渐过渡成了绿色的森林，一根电线杆就立在那里。电线杆强壮的手臂握住电线，紧紧地贴在绿色的树枝下。一只身穿蓝黑色裙子和白色背心的燕子飞来，栖息在电线杆上，惬意地摇着尾巴。

“‘皮特，跟我来！’她说着，优雅地晃了晃身体，小嘴啄着电线杆。

“‘你们这些到处旅行的音乐家都是散漫的鸟儿！’电线杆咆哮道，不过他并没有生气，因为他喜欢这些从远方赶来和他打招呼的活泼小歌手。

“‘皮特，跟我来嘛！’燕子又说。这是她的习惯，她的妈妈和外婆也是这样说话的。

“‘我在这里已经站了 20 年！’电线杆说，‘我不能离开，因为我是一个忠心耿耿的老公务员。’不过电线杆想了想，要是他能像有羽毛的鸟儿一样在空中自由地飞来飞去，也未必是件坏事。

“‘我是从很远的地方来的，’燕子说，‘那里气候温暖，天空像矢车菊一样，是亮蓝色的。海边阳光明媚，岸边有漂亮的月桂树丛，黑色的树枝上挂着金黄色的柠檬和橘子。人们生活惬意，在海边放声歌唱。那里真的很好，跟我去看看吧，皮特。’

“‘是的，’电线杆说，‘那里一定很美！可我们并不了解。作为这里的老公务员，必须要坚守岗位，完成自己的工作。如果我们不照顾好电线，而是让它们随心所欲地乱飘，所有的秩序就乱套了。这些电线十分固执散漫，我必须要让它们保持秩序，我是一个忠诚的公务员，我必须恪尽职守！’

“‘但这很无聊，’小燕子啁啾着，扯了扯她的白色背心，继续说，‘我周游世界，听到过很多消息，如果你愿意，我可以给你讲。’

“‘哦，我的老天爷，’电线杆说，‘那就不必了！你听到的这些消息，都是通过我身上的电线传播的，我才是最先听到这些消息的人。’

“‘可我今天在旅途中亲眼所见的种种，你还是不知道。我是从南方飞来的，你根本不知道我在路上发生了什么！你这个老榆木脑袋！’

“‘你迎着风，飞得再快，也不能像电线里传递的那些人类的想法一样快。来自世界各地的新鲜事以闪电般的速度从我身边掠过。如果你不像猎狗那样眼明手快，也许还没完全理解这件事情的含义，它就继续往下传播，离你一百里远了。人类都很聪明，你不需要身处事发地点，更不需要长途旅行，就能够跨越国家和海洋，及时听到远方发生的一切新闻，这一切都要归功于这些细细的电线。它们发送消息的方式，人们称之为电报。在遥远的大城市里，有专门的人来发电报。在那里，电线的始端放在一所房子里，那房子就是电报局。人们创造出一种奇怪的无形的东西，它比最微弱的风还要微小，力量却无比强大。如果你将手指放在发电报的机器上，就会发出嘟嘟声，人们把这种奇怪的力量称为电。最厉害的是电的速度，它比暴风还快，比飞得最快的鸟儿还快，像闪电一样。凭借神奇的力量和速度，人们可以通过电线发送他们想说的话，电线另一端的人可以清楚地获取这些信息。就是这样，人们的思想从电机上发出，通过我身上这些电线飞行。来吧，现在讲讲你旅途中的经历吧。'

"'我在南方的时候，去了一个阳光明媚的花园。花园里有罕见的漂亮花儿，它们散发着芬芳。一座城堡矗立在古树丛中，它金碧辉煌，墙壁上镶嵌着水晶。城堡里面住着一位国王，他生病了，脸色苍白。仆人站在他旁边，沉默不语。阳光如此温暖，花香如此沁人心脾，鸟儿在树枝上唱着甜美的歌，可是一滴眼泪从国王无比苍白的脸颊上滑落，因为他知道自己病得很重，是时候离开尘世了。看到这一幕，我很伤心，我落在他身上，我想他看到了，因为他微微一笑，抬起头看了我一眼……但后来我飞走了，我也不知道故事的结局是什么。’

“‘但我知道，’电线杆说，‘这个消息是通过电线传到这里的。电报仅用了短短的几秒钟便将这消息从温暖的南方传到寒冷的北方来了。善良的国王在太阳落山时，不幸离世了。’

“‘那可真是太奇妙了，’小燕子说，‘我用最快的速度从那里向北飞来，你却比我先知道那里发生了什么。’

“‘是呀，多亏了电和电报。’电线杆回答。你甚至能看到他作为一名电报行业的公务员，脸上洋溢着无比的自豪。

“‘我飞过阿尔卑斯山，’小燕子说，‘哦，冷冽的山峰、大片的雪原在阳光下闪闪发光，石峰高耸入云，一列火车在山脚下爬行，然后奇怪的事情发生了！大块的雪团从高处滚落，途中扫走了岩石瓦砾，折断了下面山林中高大的杉树。真是太危险了。你可以听到火车里传来的尖叫声。是的，从山上滚落的雪很快盖住了火车，所有人都被困在白色海洋中，埋在高高的悬崖之间。我很想停下看看他们后来怎么样了，可我不得不继续向北赶路。’

“‘你看，’电线杆说，‘你讲的这些故事，我都知道。

整个故事早已经通过光秃秃的电线传过来了。今晚，大城市的人穿着睡袍和拖鞋，舒服地坐在沙发上，喝着茶，在报纸上读到这个消息。报纸说，刚刚发生了一场大雪崩，还要再过几个小时，铁轨才能重新恢复正常，火车才可以继续行驶。周围各个村子里的人都拿着铁锹和锄头去铲雪，军队的士兵们也在和积雪做斗争。’

“‘是的，是的，’小燕子叽叽喳喳地说，‘自从这些光秃秃的电线杆穿过世界以来，我们这些飞行的信使就再也派不上用场了。我们必须移民到最原始的森林里去了，因为那里还没有电报这回事，也没有电线杆，新闻在那里并不像在大城市传播得这样快。’

“‘听着！’电线杆说，‘一件事，不论好与坏、悲伤或有趣，都可以用闪电般的速度发出去。一位名人去世了，一分钟后，又有一位母亲在某个地方生了孩子；一艘船在海上沉没；一个穷到几乎连面包都买不起的穷人突然中了大奖。这些悲喜交加的新闻在幽静的林间小路上通过电线传递着。你只能看到光秃秃的电线，却看不到电线承载着重要的信息。但现在你可以继续给我讲讲你看到的故事，也许你真的知道一些电报不知道的事呢！’

“‘我飞过一片黑暗的森林，里面矗立着一座孤零零的房子。也许是旅途劳累，我坐在山墙上小憩。那时一个坏人从漆黑的森林里爬了出来，他看起来很吓人，衣服下面藏着一把枪。他爬到了一扇窗户前，房间里有一位妇人，坐在孩子的床边，她在等着丈夫回家，她丈夫是一位护林员。我听到坏人开枪，听到妇人发出害怕的尖叫声，然后又恢复了寂静。'

"'过了一会儿，坏人带着一捆赃物爬出窗外。他小心翼翼地环顾四周，没人看到他。很快，他就消失在森林里。只有我看到了这个坏人，我从他的身旁飞过，不停地对他喊叫。可他还是从我的视线中消失，逃走了。'

"'不，他并不能顺利逃走，'电线杆说，'如果传递电报的电线没有将世界连通的话，他有可能会成功逃跑。护林员在不远处听到了枪声，他急忙跑回家，他的妻子还活着，用微弱的声音讲述了事情的来龙去脉，以及坏人的样子。她描述了坏人的长相和穿着。护林员驾驶着他的三轮车，如闪电般来到镇政府，报告了这一切。现在轮到电报员来表演真正的技术了！他通过电线发出信号和文字，讲述了事情的经过，并且精准描述了坏人的样貌特征和偷了什么东西。电线将这些信息以闪电般的速度从一个火车站传递到另一个火车站，从一个城镇传递到另一个城镇。很

快，每个乡村警察都知道刚才发生了什么事。’

“‘夜深人静，坏人沿着林间小路匆匆逃跑，想在一个小火车站上车，跑到大城市去躲一躲，因为那里没有人认识他。火车站的进站口有一个工作人员，他戴着头盔，留着浓密的胡子。他敏锐的目光将周围所有人都打量了一遍，并对比了电报里的描述。于是，坏人还没来得及逃走，就被警察抓住了。由此可见，如果不是因为电报，他早就逃跑了！如果没有电报，人类怎么能如此迅速地向任何地方发送重要消息呢？’

“‘老伙计，’燕子说，‘我不用给你讲别的故事了，看来你似乎什么都知道。我很高兴那个坏人被抓住。再见了，我的老伙计！以后我要坐在老杉树上面，它对这些裸露的电线一无所知，我正好可以给它讲一讲。’

“说完，小燕子便叽叽喳喳地飞走了，还能听到她在远处喊：‘皮特，跟我来！’

“电线杆嗡嗡作响，好像在自言自语，一个戴着用树枝做的帽子、背着背包的流浪汉路过听到了，可他也不知道电线杆为什么发出嗡嗡的声音。”

13. 海洋上的城堡——冰山

一个春日的早上，老乌拉波拉舒舒服服地坐在躺椅上。辫子在高高的椅背上晃来晃去，牛角框眼镜像自行车一样架在鼻子上，浓浓的烟雾从他的大烟斗里升起。

我们进去的时候，他正坐在烟雾缭绕的书房里看报纸。

“孩子们，”他说，“你们也许听说过，有一艘美国的船在大洋上沉没了。船上的数百人都沉入了海底。报纸报道了这则新闻，是一座冰山引发了这起事故。如果你们愿意，我现在就给你们讲讲关于冰山的故事。这件事发生在很多年以前，和报纸上报道的差不多。这个话题让人感到十分寒冷，配上一杯热茶来听是极好的。我这就给克立斯蒂娜打电话，让她弄点热茶来，然后我们围坐在火炉旁，来一次北上去寒冷的格陵兰岛的旅行吧。

“格陵兰岛是地球上一片很荒凉的地方，那里主要居住着因纽特人和一些捕捉海豹和鲸鱼的人，驯鹿从雪下挖食物——灰绿色的苔藓。是的，那里是冰山的故乡，今天我就给你们好好讲讲。格陵兰岛非常寒冷，在冬季，没几个星期能够见到太阳，冰冷的北风席卷那里，气温能降至 -50℃。那里是北极的客厅，冰和雪不断堆积，近两千米高的冰层覆盖着那个国家，只有山峰才能探出头。冰越来越多，陆地上已经快要容不下了，它们被缓慢地推向温暖的海岸，这些巨大的冰流有数千米宽，被称为冰川——那就是我们所说的冰山的母亲。几个星期以来那里一直是夜晚，太阳躲在地平线以下，只有星星在闪闪发光的冰墙上闪烁着。北极圈的上空，奇妙的绿光闪耀在北方这寒冷的世界。

“冰流到达陡峭的海岸后，立刻与湍急的海水交汇。陆地的尽头便是海洋开始的地方。冰川层中噼啪作响，咆哮着显出巨大的裂痕。突然，悬浮着的部分断裂了，一块本可以用来建造十座房屋的冰块从它的母亲冰川上挣脱，‘轰隆隆’地落入汹涌的大海。海面掀起巨浪，朝着天空的方向伸出一条白色的水柱。

“这就是冰山诞生的时刻！

“它在海上就像一座漂浮的城堡，躺在冰冷的海水中，上面有塔楼、碉堡和尖塔。海流慢慢地将它从海岸带走，一路向南，经过巴芬兰岛，沿着拉布拉多海岸，直达北美，最后流入大西洋。

“瞧，冰山一路向南漂，远离了北欧故乡，它变得越来越轻、越来越暖。终于，太阳又出来了，它像一个深红色的圆球，刚刚越过地平线，就像一个在水平面上滚动的火轮。现在我们的冰山是什么样呢？真是一幅美妙的景象！它变成了一座魔法城堡，从远处看，它就像一座燃烧的堡垒。炽热的太阳倒映在晶莹剔透的冰墙上，仿佛里面能喷射出熊熊火焰，巨大的裂痕遍布水晶城堡，折射出五彩的光芒，如同钻石一般璀璨夺目。

“太阳越升越高，冰山一路向南方漂移，阳光也变得越来越暖。在太阳的照射下，冰山上的冰开始融化，水从每一个角落和缝隙滴落，形成了成千上万的冰柱，粗如橡树，比电线杆还要长，从两侧垂下。温暖的阳光将这座冰山雕刻成了水晶宫，里面有各式各样的亭台楼阁。正午时分，它在蔚蓝的海浪上宛如一座洁白的精灵城堡；傍晚，太阳闪烁着炽热的火红色的光，落到地平线下；夜幕来临，月光照耀，冰城堡发出碧绿色的光芒。

“冰山像一座教堂高耸在水面上，我们肉眼可见的是它在海平面之上的部分，可它在水下的部分是水上的十倍。它在水下更深、更大，我们肉眼看不到。因为体积庞大且重量可观，大部分都淹没在水下。

“但是有一天，一阵大风吹过海面，灾难降临了！冰山的南边一侧已经被太阳融化，还被温暖的水流猛烈地侵蚀着，冰山失去了平衡。它的墙壁开始渐渐倾斜，北侧的底部慢慢上升，一阵狂风猛烈地吹过，整个城堡翻了个身。

“冰山的这次翻身，也带动着海水一起翻了个身，掀起的巨浪距离海面有好几公里，向空中喷射着白色的水沫，周围的海水形成一排排海浪，咆哮着。随后，这座水晶宫顺着海流，缓慢而平静地继续沿着纽芬兰海岸前行。

“栖息在水晶宫屋顶上的成群海鸥，尖叫着飞来飞去，挥动着与黑夜同样颜色的翅膀，锋利的喙衔着小鱼匆匆飞走。

“冰山继续向前漂，越漂越远，慢慢地漂到了纽芬兰至英国的航线上。

“一艘名为‘北极星’的大型轮船在漆黑的夜色中缓缓航行。船顶上星辰闪烁，船下面波涛汹涌。老舵手艾本哈德头戴雨帽，羊毛开衫外面套着油布外套，双眼透过黑暗锐利地凝视着周围。嘴里嚼着烟草，两条腿在厚厚的防水靴里，一左一右有节奏地顿着。

“船长走过来，嘴里叼着一支短短的烟斗。他那长长的灰色胡须在空中飘扬。‘艾本哈德，’他说，‘该死的冰山正从北向南漂流，而我们刚好在这条航道上。现在你要睁大眼睛，闭上嘴，我们要被那家伙撞上，就都完蛋了！我又派了两个人和你一起在黑暗中侦察，因为一个人难免有开小差的时候。’

“‘我对这种冰冷的野兽有着敏锐的嗅觉，船长。’老舵手把口香糖吐在几米之外的甲板上，‘我总是能在航海时遇到这烦人的家伙，当它们在黑暗中靠近我们的时候，我就会有强烈的预感。当然了，最靠得住的还是温度计。’

“‘是的，温度计是最重要的东西。我们有四支温度计，船的左右两侧挂了两支，是伸入水里的；另外两支悬在驾驶室旁，暴露在空气里。通过这种方式，可以准确地跟踪水温和气温是否正在下降，巨大的冰山会释放出大量的冷空气，当它们漂流到我们附近时，我们从温度计的数字上就可以有所察觉。’

“‘我会留意水中的那两支温度计，艾本哈德，你去观察空气里的温度计。’船长说完，摆出海员的架势，摇摇晃晃地走开了。

“海浪轻轻拍打着，红绿交替的信号灯和白色的航行灯倒映在海面上。猎户座出现在地平线上，银河好像一条耀眼的丝带。许多双眼睛透过黑暗凝视着周围，生怕那致命的冰山突然出现在旁边。

“慢慢地，星星像戴上了面罩，船上的导航灯像探照灯一样在前方投射出小束光线，夜雾即将来临。起初雾只有轻薄的一层，但厚度不断增加，不到一个小时，他们就被包围在一片厚厚的雾霭中，什么也看不清了。

“低沉的雾笛声回荡在海面上，警告着迎面而来的船只，因为它们现在也看不到‘北极星’号的光芒了。水手们都很紧张，仔细聆听着是否有声音从远处传来。

“艾本哈德气急败坏，咒骂着各种脏话。雾气凝结的小水珠从他的油布衣上滴落，他的胡子也变得湿漉漉了。这时，船长走回来。

“‘艾本哈德，事情变得有点麻烦了。’他气愤地说，‘雾在这里往往是不祥的预兆，因为冰山可以将周围的空气冷却凝结，形成雾气。我敢打赌，附近一定有冰山。可我们的视线受阻，根本看不清，只能依赖上帝和温度计了。’

“‘是啊！’老舵手回答说，‘纽芬兰海岸附近，简直就是被上帝遗忘的地方！据说这里总有恶魔出没，不过还好我有野兽般灵敏的嗅觉，目前我还没嗅到什么异样。’

“‘只要今晚能够平安度过，我的朋友，’船长说，‘明

天早上我们就能够脱离危险地带，白天总是要比夜晚强一些！现在我去看看温度计。’

“他的背影消失在浓雾里。

“半小时后，黑暗中突然响起了艾本哈德的声音：‘船长，我嗅到了！有大量冷空气正顺风靠近我们，一定是冰山！’

“‘老天保佑！’船长说，‘一定不会的！我看温度计的指针只下降了半条线，才半度而已，不会有什么大问题吧。’

“‘可是船长，我真的已经闻到了强烈的冰山的气息，我真的在行，那一定是冰山！’

“船长又去看温度计，片刻后，他匆忙跑回来。‘艾本哈德！天哪！温度真的在下降！’

“‘是啊船长，我负责的这两支温度计显示，气温也在下降。真该死，那个可恶的家伙已经近在眼前了！’

“‘是的！可是它在哪里呢？在我们前面还是后面？是从左舷过来的吗？我们是不是正在靠近它？我不知道接下来该怎么办了！’

“船长的脸上写满了担忧。这艘船上的货物、乘客、船员都托付给他了，他要负责。一个危险的敌人正在靠近

‘北极星’号，世界上目前还没有任何航海技术可以抵御它，冰山的位置是不确定的，任何的防备都是多余。无论他们做什么，都不能避免遇到这庞大的冰山。

“‘船长，’老舵手说，‘我们必须顺其自然，因为我们无法与之抗争。或许当冰山进入我们的视线范围内，我们还能来得及采取一些措施避免灾难。’

“船长匆匆离去，他召集了所有的船员，告诉大家在发生危险时如何自救，又命令舵手减慢航行速度，以降低碰撞的剧烈程度。此外他也想不出其他的办法了，所有人都凝视着黑暗。

“船上出奇安静，可以隐约听见远处的雾笛声。海浪在船的两侧轻轻拍打着，航行速度渐渐慢了，以提防那位冰冷的敌人。敌人仍然隐藏在未知中。

“突然，前方隐约出现了一道灰色的墙壁。它像幽灵一样，站在不远处，身上悬挂着冰花环，耸立着高塔。就是它！一个在滚滚浓雾中矗立着的巨大怪物——大冰山！

“一阵冷风吹过，所有人都开始发抖。

“但这一切都只持续了片刻，每个人就开始工作。舵手把方向盘转向远离冰山的一侧，船的螺旋桨全功率向后运转，一切都是为了避免即将发生的碰撞。船还在向前移动，

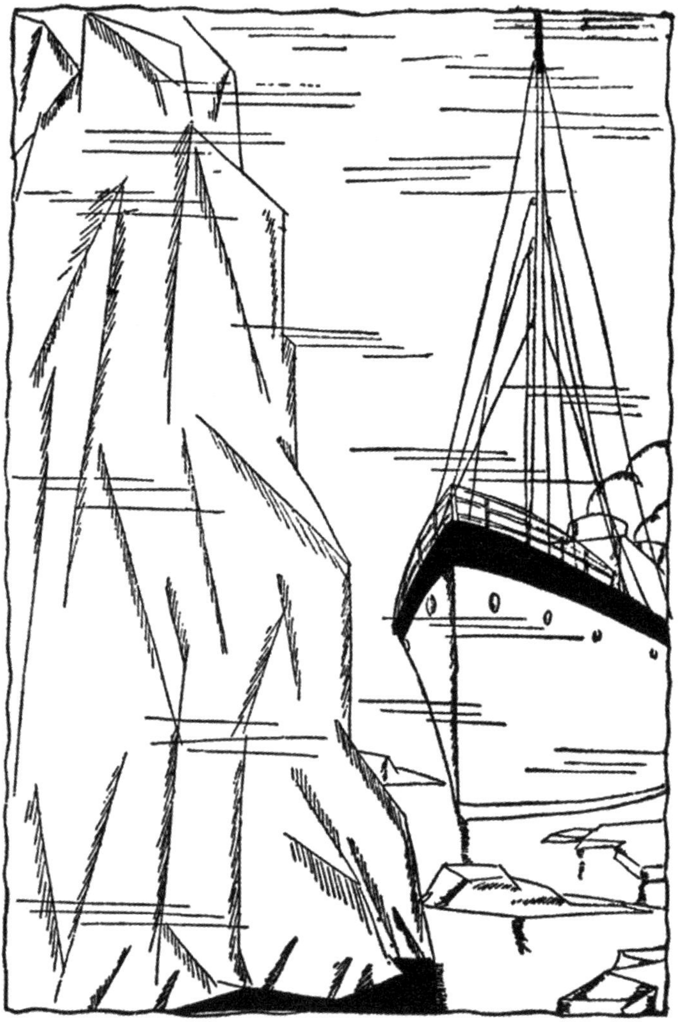

突然，前方隐约出现了一道灰色的墙壁

只是放缓了速度。船与冰山仿佛两条斗犬对峙着。甲板上发出噼里啪啦的声音，原来‘北极星’号的龙骨已经触碰到了冰山隐没的基座，但好在船的移动速度已经慢到足以防止冰山对船产生严重损坏。冰山的上部与船的距离太近，船上红色的灯光倒映在冰山上，好像火焰在冰的裂缝中跳舞。由于和冰山的基座相触，船身微微倾斜。现在，舵手转变了航行方向。引擎驱动船前后移动，龙骨发出刺耳的声音，从碎冰上划过，缓慢地离开冰山，然后船的速度逐渐加快，终于渐渐地脱离了冰山。

“在航灯的照耀下，那座闪闪发光的城堡在‘北极星’号的面前悄无声息地掠过，它晶莹剔透的表面在右舷灯的照耀下泛着绿光。终于，那个危险的家伙消失，漂向了南方，就像浓雾中渐渐消失的一个苍白身影。

“‘刚才的经历真像是同时去了天堂和地狱啊！’艾本哈德说，‘也太可怕了！以后就是给我万两黄金，我也不愿意再经历一次！’

“然后他发现，他的烟也抽完了。他摇了摇双鬓斑白的头，想起最近的20年里，这样的危险还是第一次发生。他觉得这次脱险不全是凭借运气，他能及时嗅到空气中冰山的味道也功不可没。

“‘是的，艾本哈德。’船长说，‘老天保佑，我们脱离了危险。我们的船差点就要被冰山撞个粉碎。还好一切都过去了！伙计们，我们应该去好好喝上一杯，庆祝一下，我请客！’

“说完，船长就离开了。‘北极星’号继续按照原定的航线，一路向东，朝着欧洲前进。

“冰山慢慢地漂移着，向着越来越温暖的地方移动。太阳的热力越来越强，这热力吞噬着它，不断变暖的大海抚摩着它、侵蚀着它。它融化得越来越多，渐渐失去平衡，翻滚着。它的高塔融化了，柱子倒塌了，像烛泪那样滴落，变得渺小而丑陋。

“这个从北方来的冰儿子漂到了非洲海岸附近，当远处摩洛哥的棕榈树林倒映在海中时，它的最后一层薄冰融化在了温暖的海浪中，冰山不复存在了！”

14.彗星胸针

无论冬天还是夏天，老乌拉波拉那瘦小的脖子上总是围着一条色彩鲜艳的小手帕，手帕上还别着一个大胸针。那是一枚奇妙的胸针，既不是用金子做的，也不是用银子做的，上面没有镶嵌宝石，也没有镶嵌珍珠。可它一定珍贵无比！因为有一次，乌拉波拉找不到它，都要急坏了。这个胸针的主体是一块不起眼的粗糙黑石头，大小如同樱桃核。我们这些小朋友经常看着它，猜测它一定有什么特别之处。我们相信，这石头背后一定有一些有趣的故事。总有一天，老乌拉波拉会对我们讲出来！

有一天，我们去拜访他，找到了他那枚丢失的胸针。“乌拉波拉！”我们齐声喊道，“你的胸针找到啦！它就在你花园的窗户前面，如果不是一只青蛙恰好从那里跳过去，我们还看不见呢！但现在你也必须给我们讲讲，为什么这个不起眼的胸针对你来说如此重要，一定是个很有趣的故事！”

老乌拉波拉会心一笑，吸了一大口烟，对我们说：“你们这些小坏蛋！我几乎都要以为，你们是为了听故事，故意把我的胸针藏起来了。但既然我可爱的胸针失而复得，你们也应该得到奖励。这胸针上的石头，虽然看上去不太起眼，可实际上比许多海盗的故事都要传奇。它从很远的地方来，但不是地下矿层，也不是海底世界；它不生长在山顶上，也不是人造石。总之，它根本就不是在地球上创造出来的，它曾经比月亮和星星离我们更远。经过数千年的迁徙，才从遥远的太空来到我们身边。你们不知道这不起眼的东西有什么来历，现在你们好好听，我要把和它相关的一切故事都告诉你们。”

老乌拉波拉在椅子上坐定，点了烟，开始讲故事：

“那是在 1690 年，小镇还在沉睡中，只有坐在高高的教堂塔楼上的老守塔人醒着，凝视着冬夜，他要时刻关注周围有没有火灾或其他危险。宽阔的天穹之中，闪烁着万千星辰。塔中的老人几乎能够辨认每一颗星星。多年来，他一直坐在塔顶，惦记着这个世界和人类。

“有一天，他看到一片淡淡的云彩挂在天边。那样的云他以前从来没见过。第二天，那片小云彩又出现了。一周后，它变得越来越亮，越来越大，形状也慢慢有了变化。

这位守塔的老人知道，那是一颗彗星，正在慢慢接近地球。

“遥远的天空中，有一颗奇妙的明亮星星，比其他所有的星星更亮。它光芒四射，从发光的云层中缓缓升起；身后有条闪闪发光的尾巴。彗星越来越大，因为它离地球越来越近。它的身上散发着耀眼的光芒，尾巴长得几乎横跨整片天空，那奇异的光影就像一根悬在苍穹之上的大手杖。

“天色暗下来，成千上万的人走到街上，或者在城门外游荡，就为了一睹那颗奇妙的星星。从没有人在星空中见到过如此奇妙的东西，它好像群星之王。其他的星星和它相比，都显得黯淡无光。巨大的彗星占据了整个天空。

“每个小巷的角落里，人们都在窃窃私语，他们一脸神秘，都在讨论天父在天空中放出这样一根火棒是什么意思。

“可怕的彗星越来越亮，它闪闪发光的尾巴越来越长。人们站在街上，十分忧虑，以为这是因为上帝愤怒而引发的颤抖。

“这时，一位陌生的修道士从很远的地方来到小镇。他的脸色苍白而严肃，两只乌黑的眼睛里闪烁着阴郁的光芒。他身穿一件灰色长袍，腰间束着一根麻绳，光着脑袋从街上走过。傍晚时分，人们又跑出去看那颗奇妙的彗星。修道士站在大门入口的石块上，举起双手望向天空，指着那闪烁着神奇光芒的彗星。

“‘城市里的善男信女们啊，’他说，‘你们看到天父派来的那颗闪耀着可怕光芒的星星了吗？你们看到上帝因愤怒而高举的火棒了吗？你们的每一个不端行为，都将面临上帝公正的责罚。你们有没有偷过别人的东西？商人有没有欺骗过顾客？这城里安静的街道上有没有发生过谋杀和骚乱？有谁曾经按照耶稣的命令帮助了邻居？谁按照法律的规定对父母表示了尊敬？你们渐渐远离了救世的道路，教堂越来越荒凉了，由于你们的妥协和骄傲，旧神被废黜了。现在，他将带着天火来找你们，他差遣了世界上最可怕的彗星，会带来瘟疫和饥饿、战争与屠杀。他将要毁灭这个世界！在这最后的日子里，凡是邪恶的人都将会受到惩罚。再过几天，彗星就会拖着长长的尾巴降落到地球上，带来大火和死亡！’

“修道士说着，脸色苍白，仿佛一个来自遥远国度的无名复仇者。彗星的光芒映在他脸上，闪烁着幽灵般的光芒。他将双臂伸向天空，右手拿着的十字架闪闪发光，灰色的长袍在风中飘动。众人见状都跪下默默祈祷。修道士悄无声息地消失了，但他那严肃挺拔的身姿，苍白的脸庞，责备的神色，在人们的记忆中久久留存。甚至过了几十年，他的话也仍然被人们铭记于心。

“接下来的几天里，人们庄严地来到教堂，虔诚地祈祷天父召回那颗即将带来世界末日的可怕彗星。教堂的钟声从来没有像现在这样频繁响起，虔诚的歌声和管风琴的演奏声响彻了圣殿。

“更多的人是完全失去了理智。‘马上就到世界末日了！’他们说，‘现在忏悔已经太迟，我们能面对的只有死亡！那我们为什么还要辛勤劳作？彗星会把我们都带走！无论善恶，我们的下场都一样。不如让我们快乐地度过最后几天吧！我们为什么还要努力呢？世界末日来了！’

“人们扔下锤子和镰刀、针线和尺子、斧头和铁锹，夜以继日地大吃大喝。到处都是长笛声、风笛声和小提琴声。人们唱歌跳舞，好不热闹。虔诚的人想要阻止他们，于是狭窄的街道上爆发了血腥的冲突。守塔人也加入了战斗，寂静的夜中，舞曲和风琴声，祷告声和战斗者的呼喊声交织在一起。在那混乱的时刻，彗星在天空闪耀着奇妙的光辉。

“是的，那真是一段疯狂的时光，没有人知道它会如何结束。于是在选帝侯[①]召开的高级委员会上，人们讨论了这

① 德国历史上的一种特殊现象，指代那些拥有选举“罗马人的皇帝”权力的诸侯。——译注

选帝侯召集了睿智的大师和教授聚集在一起，指示他们想方设法避免灾难，让人民平静

一次的大混乱，以及公民的疾苦和恐惧。选帝侯召集了睿智的大师和教授聚集在一起，指示他们想方设法避免灾难，让人民平静。

“国内最著名的天文学家也被召集来参加此次会议，只有他们能够发表与彗星有关的专业意见，以及推断彗星是否真的会降临地球，摧毁一切。

“‘不会的，’天文学家说，‘绝对不会。那个修道士之所以这么说，只是为了吓唬一下犯罪的人，把他们带回到虔诚和正确的道路上罢了。’

“‘但明天彗星就可能会与地球相撞，地球上所有的一切就会被焚毁！’一些人说。

“‘不会的！’天文学家厉声说，‘彗星到地球的距离是月球到地球的十倍，而且它现在正在慢慢离开，很快就会变得黯淡。它会越变越渺小，越走越远，直到消失在星空之中。’

“‘这颗奇妙的星星是从哪里来的？又将到哪里去呢？’选帝侯的顾问官员问。

“‘各位朋友！’天文学家说，‘这颗彗星绕着太阳转了好几个世纪。每隔150年，它就会绕回来拜访太阳，同时也一定会经过地球。150年前，它就来过地球一次了。那

时候，人们也相信世界末日就要到了。可直到今天，世界依然存在。各位只要去翻翻旧史书，就能找到我刚才讲过的话。’

“选帝侯差人把所有的旧编年史书和历史书送过来，他意识到天文家说的是对的。‘但请您告诉我们！’选帝侯命令道，‘这彗星对我们人类到底有没有伤害！’

“‘尊敬的选帝侯大人！’天文学家说，‘彗星不过是一团数千米厚的石头云罢了。其中的大多数石子还不如豌豆大，但也有一些和车轮一样大。当这团石子云接近太阳的时候，因温度太高，云里的水分和冰块变成了发光的气态，拖在大群石子的后面，就像煤火后面的烟雾。当彗星远离太阳，水分又会因温度变低而不再发光，于是那条美丽的尾巴就消失了！’

“‘这些话听上去很有道理！’选帝侯说，‘但现在最重要的事是安抚我们的人民。至于你说的话是真是假，我们很快就能知道。我每年支付你那么多薪水，让你研究天文，这也是考验你的时刻。如果你说了谎，一定会受到惩罚。现在就去吧！’

“天文学家深深地鞠了一躬，离开了宫廷。选帝侯差遣手下把天文学家对彗星的报告印成告示，贴在城市各个角落，并嘱咐大家按部就班生活，努力工作。凡是跳舞的人、吹笛子的人、闲人和暴动者，全部抓来用西班牙芦苇打一顿！

“因为那颗闪亮的彗星，不少人挨了西班牙芦苇的打，这也是那颗彗星造成的唯一伤害。渐渐地，它变得越来越小，越来越暗，最后消失在星空中，化作一朵小云，就像老守塔人初次见到它时的样子。

“于是选帝侯、顾问官员以及所有人都承认天文学家说的是对的。‘很好！’选帝侯说，‘作为奖励，我会让人为你建造一架更大的望远镜，这样你就可以比以前更清楚地看到星星了！’

“他说到做到，因为他是一名严格而公正的领袖。

“至于那颗彗星，它当然是继续在轨道上按部就班地移动着。它不知道人们曾经因为它而如此害怕。它旋转着，远离了太阳和地球，进入寒冷的太空，速度比最快的鸟儿还要快上一千倍。即使是通过天文学家的大望远镜，也看不清它了，因为它比月球远了数千倍。

“啊！要是谁能像彗星一样，在广袤的宇宙中自由飞翔，那可太令人羡慕了！是的，彗星能看到的东西，我们人类都是看不到的。它靠近月球，望向深邃的陨石坑，环顾四周，看看是否有什么生物在这里生存。可是月球上没有任何生命，只有太阳和星星在深邃的太空中闪闪发光。这位天空旅行家再次靠近太阳，望着沸腾的火海；然后它又好奇地凝视着大地，看到北极熊在白雪皑皑的北极大地上行走，也看到贝都因人[①]穿着白色斗篷穿过炎热的非洲沙漠；它可以看到地球的日夜交替，陆地和海洋在阳光下闪闪发光。在旅途中，它还遇到了其他的星球，这些星球都像网球一样在炽热的太阳周围游荡。总之它看到了大大小小的星球，每个星球上的景色都不一样。有些星球上居住着形状奇特的生物，有些星球上的生物已经绝迹，或是从没有产生，因为那些星球上的温度很高，如果居住在那里，就像生活在沸水中的鱼。

“是啊！彗星在星空中漫步，什么没见过！

“后来有一天，彗星靠近了另一个星球，那个星球比地球大几百倍，云层围绕着它，许多月亮在它周围跳舞。

“彗星是个顶好奇的家伙，它离那个巨大的星球太近了，几乎都碰到了它的云环。

“‘您好哇！’彗星一边打着招呼，一边向那个大家伙

① 阿拉伯人中的一个氏族部落，在沙漠旷野过游牧生活。——译注

冲过去。

“‘请你离我远点！你这个轻浮的家伙！否则会出事的！’对方高声叫喊着。

“可惜已经太迟了！只听砰的一声，它们撞击在一起，火花四溅。但那个大星球更坚固，彗星的命运就很悲惨，它被撕成好几块，变成无数的尘埃和石块，一个接一个地在太空中移动。从此，这个彗星闪闪发光的时代结束了，它再也不能以闪亮的王子的身份出现在地球上了，它也不能再令世人钦佩、惊叹或恐惧了，它只能悲哀地继续向前移动着。

“过了一段时间，当它完成长达150年的伟大旅程后，返回了太阳系。天文学家们都在寻找它。他们把更精密、放大倍数更多的镜片拧在大望远镜里，可是谁也看不到这位熟悉的陌生人。‘真有趣啊！’天文学家说，‘那时它体积庞大，每个人看到它都害怕，还以为地球会因它而毁灭。可现在呢，它已经小到看不见了。人们不知道的是，这位老流浪汉在路上遭遇了一场严重的意外，生了大病，看上去就像穿着毛毡鞋在星空间踱步一样。’

“‘其实它已经消失了。’天文学家说。他们在寒冷的冬夜里，坐在望远镜前观察着，鼻子都冻红了。‘照理来说，

后天它就应该旋转到离地球最近的位置，近到足以和地球相撞，可是它好像不会再回来了！’

“孩子们，那个时候，你们的老乌拉波拉还是个年轻小伙子呢！当时的他也在仰望星空，看到了那颗著名的彗星。当彗星本应离地球最近的那一天到来时，他走到空旷的地方去看星星。那是一个寒冷的冬夜，小星星们在清澈的天空中像钻石碎片一样闪烁。午夜时分，天空中突然飞过许多流星。起初只有几个，紧接着越来越多，甚至每小时能飞过成百上千颗流星！

“‘快看！快看！’天文学家说，‘彗星终于来了！可是它怎么变了？它已经分解成很多小部分，在地球四周徘徊。组成彗星的石子和尘埃在地球大气层中因摩擦发出声音，紧接着生热、发光并向四周喷射！’是的，那是一场非常精彩的烟花表演，而且不花一分钱，是上天免费赠送的！

“有时也会有更大的石头，它们在高处发出绿色或红色的光芒，像火箭一样。快看！一块巨大的石头突然落下了，它掉落的时候发出嘶嘶声，并爆裂开来，迸发出一千道闪耀的火花，落在了地上。落下的时候，它像飞行的枪弹一样呼啸而过，撞击到路边的一棵老树。我们跑过去，树下的雪堆上有几颗小石子，它们是从流星上掉下来的，是属于彗星的小石子。于是我把它们捡起来带回家作为纪念品。

“我把捡到的小石子镶在了胸针里，就是这个！它身上承载的这个故事，不是很奇妙吗？它是数百年前惊吓到人类的可怕彗星的碎片；它远游星空，拜访过月亮和太阳；它看过其他星星的样子，最后从天上坠入人间。世界上再也没有一个小石子，可以像它这样，有这么丰富的阅历呢！”

“乌拉波拉，”孩子们问，“你真的没有骗我们吗？难道彗星真的是由这样的小石子组成的吗？”

“你们这些小坏蛋！”老人气愤地说，“乌拉波拉说出来的，一定是真话。不信的话，你们可以去博物馆看看，那里有从天空中掉下来的彗星碎片。当你们晚上把脖子伸向空中，就可以看到这样的小石头，像流星一样飞来飞去。它孤零零地跟在已经分裂了的彗星身后，就像一个迟到的小学生。现在，你们也早些回去吧！因为胸针的故事已经讲完啦！”

15. 死亡之瓶

老乌拉波拉博士坐在他的珍品博物馆前，翻阅着旧时的记忆。忠实的女仆克立斯蒂娜早已为他拿来了带着绿色灯罩的书房灯。孩子们已经悄悄地走进房间，可是这位老先生仍然坐在他的小博物馆前，陷入沉思。

他手里拿着一个形状奇特的玻璃瓶，瓶口被软木塞封着，软木塞上覆盖着一层厚厚的棉绒，再上面盖着一层厚厚的黑色封蜡，就像一顶帽子。瓶身上裹着一张纸条，把瓶子的圆肚完全覆盖住了，上面用钢笔写满了拉丁文。瓶中装满了浓稠的淡黄色液体，就像已经变干的胶水。瓶底贴着一张黑纸，上面画着白色的骷髅头，旁边画着三个十字架。瓶子装在一个垫着厚棉衬布的铁盒里，铁盒上锁着一个精致的小锁头，以防有人未经允许打开它。盒子上贴着一个泛黄的标签，上面的字迹已经难以辨认：

班加罗尔[①]，在那些可怕的日子里。

格雷福斯格雷福医生。

“乌拉波拉，”孩子们耐着性子沉默许久，终于开口问，“你一直盯着那个奇怪的瓶子看，里面装的是什么呀？”

老乌拉波拉如梦初醒，用手轻轻地抚过额头，说道：“孩子们，我走神了，都没听见你们进来。我先把瓶子密封起来，拿远一点。”

乌拉波拉小心翼翼地把玻璃瓶放回到铁盒，确认了三次是否已经将铁盒锁上。然后他把小博物馆也锁上了，伸手去拿烟斗。

“瓶子里装的是什么呀？”孩子们又问。

老乌拉波拉盯着他们看了半晌，严肃地说：“里面装的是死亡。”

这听上去非常神秘，又有些令人毛骨悚然。孩子们觉得背后一定有一个非常有趣的故事，立刻七嘴八舌地向这位博学的老人提问。老人咆哮着下令，让大家安静，并将自己深深陷进舒服的扶手椅里，调整好坐姿，准备讲述瓶

① 印度卡纳塔克邦首府。——译注

子里的死亡故事。

“安静，”乌拉波拉说，“这是一个很长很长的故事，你们一定要聚精会神地听，否则很难理解。”

孩子们安静地围坐在老人旁边，老人便开始讲故事了：

“儿时我有个朋友，名叫格雷福斯格雷福，他比我们所有人都聪明，后来进大学后选择了医学。他很想知道，如何对抗瘟疫、霍乱、水痘，以及其他突然而来的可怕传染病，如何避免让整个城市、省份和国家陷入死亡。

“有一天，他在英国听说遥远的印度有一场可怕的瘟疫正在肆虐，已经导致了数十万人死亡。没有人知道那场瘟疫来自哪里，也没有人知道怎么能让它快速停止。瘟疫像烈火一样蔓延开，仿佛盛夏时着火的一片松树林，干涸土地上的每一棵树都不能幸免于难，整片森林被烧焦。在一些地区，那种传染病只有在人类全部消失后，才会慢慢停止。

“欧洲派遣最著名的医生去印度，可也无能为力；是的，人们不得不在垂死之际试图自救。印度人什么也没做，他们唯一能做的就是向神祈祷，他们认为一切都是神的旨意，人类对此无能为力，只能接受。

“但神秘的死亡仍然在继续。

“格雷福斯格雷福听说了这件事，意识到自己应该去那里。因为研究和消除传染病是他的愿望，于是他踏上了漫长的旅程，历经千辛万苦，到了印度海岸。他穿越恐怖之地，毫不畏惧，马不停蹄地研究那些本来健康的人是如何在几个小时内感染、发病直至死亡。神秘的死亡像藏在灌木丛后面的强盗一样袭击着人类，将他们击倒在地；可人类却不知道一切是如何发生的，以及发生的原因究竟是什么。

“格雷福斯格雷福医生日夜思索、研究，时间一周又一周地过去了，他不停地为健康的人和生病的人检查身体，却无法发现疾病的秘密。可他并没有气馁，他像一个勇敢的战士，总是全身心地投入与神秘凶手的斗争中。有一天，当他再次坐进书房，一边抽烟，一边思考他的努力为什么没有成功，这个国家依然还有人在因瘟疫死去。他突然想到，也许可以通过病人的血液成分，发现瘟疫的秘密所在！他从带来的仪器中，找出了最精密的放大镜——一个可以将物体放大三千倍的显微镜。又唤来身体健康的年轻仆人，用采血针在仆人的手臂上扎了一下，取了一滴血，放在了显微镜下。

“你们见过显微镜下的血吗？它看上去很奇怪。你会在显微镜下看到一种浅色液体，里面漂浮着数百万片黄色的圆形叶子，就像小盘子一样，这些是红细胞。一滴血中大约含有两千万个这样的小圆盘。人体中大约有 5000 亿个这样的小圆盘在血管中不断地循环，就好比在大城市里，自来水流过成千上万的管道。显微镜下还能看到白色的小圆盘，数量比黄色的少得多，那些是白细胞，它们是我们血管中的警察。如果有任何想要破坏红细胞的敌人进入血液，白细胞就会冲过来并试图杀死它。是的，在我们的身体里，血管里的生活也是井井有条的，就像人类在大城市里生活一样。但是一旦数以百万计的血细胞出现问题，人的生命也就结束了。

“博学多才的格雷福斯格雷福医生透过显微镜观察着仆人的血滴，他看到了红细胞和白细胞，它们都是新鲜而富有活力的，一切都很好。

“然而第二天一早，可怜的仆人躺在垫子上，生命垂危，嘴里喃喃自语。神秘的死亡在深夜降临到他身上。他的主人站在他旁边，却束手无策，不知该怎么帮助他。突然他想到一个好主意，又拿了一根采血针，从仆人的手臂上采了一滴血，放在显微镜下观察。这次，他有了一个重大发现！他看到许多昨天没见过的微小生物在血滴中来回奔跑，攻击和消耗着红细胞。他还看到白细胞——血管的警察，是如何扑向并杀死这些敌人的，可是敌人数量太多，让白细胞警察应接不暇，越来越多的红细胞被摧毁。那一滴血中，有一场激烈的斗争，由此可见，在那些生病的印度人的血管里，一定有着更为激烈的斗争。

“博学的医生高兴地跳了起来。‘看！’他叫道，‘我发现了引发死亡的秘密！我亲眼看见了它！它在病人的血管中游泳，仿佛一个贪婪的强盗，破坏着无辜的人的生命。在病人的血管中，一支强盗大军与白细胞组成的自卫队在激烈地战斗。可最终，强盗胜利了，它们杀死了维持生命的红细胞，人类不得不因此死去。’

“但随后格雷福斯格雷福医生变得安静而悲伤。‘唉，’他叹了口气，说，‘我现在知道他们死亡的原因是什么，可是我却不知道该怎么帮助他们。如果我能够知道这些强盗大军是怎么产生的，如何进入人类的血液，或许我能够提供帮助。可现在，我真的束手无策！’

“于是医生又下楼去找躺在垫子上的奄奄一息的仆人，用湿毛巾包住他滚烫的额头，给他喝冰水，可是他几乎已经失去知觉。后来，强盗大军和白细胞自卫队在他血管中的战斗结束了。

“格雷福斯格雷福医生悲伤地看着仆人，一只绿色的苍蝇落在他棕色的胸脯上。现在它飞走了，绕着医生的手嗡嗡地转圈。医生非常不喜欢它，他不能容忍这烦人的小虫子落在一个刚刚死去的人身上，迅速将它赶走了。但就在医生这么做的时候，一个念头突然从他的脑海中闪过。如果这只刚刚将尖嘴伸进过病人血液里的苍蝇，再去叮咬其他健康人，是否会将病人血液中的微小生物带进健康人的血管里呢？

“格雷福斯格雷福医生突然像着了魔一样在房间里蹦来蹦去，追赶着那只绿色的苍蝇，终于捉住了它。他冲进实验室，用细细的钳子和小刀解剖苍蝇的身体，将所有分解的躯体放在显微镜下观察。他看到苍蝇嘴上的尖刺管像一个管道，上面覆盖着成千上万的尖毛。尖毛上挂着病人血液里的微生物，还有破碎的红细胞和血管强盗，这些微生物还活着。假使这只绿色的苍蝇把它的毒刺放入医生的皮肤中，医生也会染上疾病，并在几天内死亡。这种绿色的苍蝇，就是那看不见的瘟疫宿主的好朋友。如果人类能够保护自己免受这样的苍蝇叮咬，就会保持健康。

“那是格雷福斯格雷福医生的伟大发现。他以最快的速度赶往首都，将他知道的关于瘟疫和绿蝇的事告诉了国家的统治者和诸侯，并且通过放大镜向他们展示了他所知道的一切。博学的医生终于找到了防止印度这场瘟疫传播的方法，拯救了数百万人的生命，他的名字传遍了全世界。现在，人类与绿蝇的斗争开始了。它们通常在河流的沼泽低地繁殖，生活在芦苇丛中。人们用明火和毒药追赶它们，从最小的印度教男孩到年长的圣人，每个人都在寻找绿色苍蝇。如果有人生病了，他就会被带到一个房间隔离，房间的窗户被厚厚的铁丝网封住，别说苍蝇了，连蚂蚁都很难进入。后来瘟疫慢慢消退，被打败的绿蝇也都撤退到了沼泽荒地，现在那里只有少数几个地方还有绿蝇出没，也鲜有渔夫在那里做生意了。

“格雷福斯格雷福医生也获得了丰厚的回报，印度皇后任命他为首席医师，并为他定制了一台显微镜，上面镶满了宝石，比他自己那台更大、更贵重。

“对这位勇敢的医生来说，那可真是一段快乐的时光，不过老话说，好日子之后尽是苦。他退休后搬到了印度的大城市班加罗尔，在城门外租了一间小房子，房屋坐落在一个大花园中央，这里空气清新，环境优美，树木翠绿，鲜花盛开，鸟儿高歌。

“事情就是这样发生的。你们也知道，死亡有时并不会按部就班来临，往往会通过战争、地震或是毁灭性的传染病，在短时间内让尽可能多的人丧命。像霍乱这样的疾病，早期就足以摧毁一个国家，遥远的印度被它困扰了数千年。成千上万的微生物、杆菌侵入人体，带来霍乱，摧毁生命。

“‘我一定会找到治疗方法的！’格雷福斯格雷福医生说，‘一种可以消灭血液中这些入侵者的方法！我会在这里努力工作，直到找到这种方法，因为我是与死亡做斗争的格雷福斯格雷福医生！’

“他去了一个遥远的地方，那里有一些人死于可怕的传染性霍乱。他在那里找到了传播霍乱的蚊蝇。启程时，他带了两瓶液体，和我那个小盒子里的一样，里面装的是那些小恶魔赖以生存的液体。他小心翼翼地用针尖把蚊蝇放入瓶中，然后密封好，将它们装在铁箱里，安全地带回他位于班加罗尔的安静的书房。在路上，他的手一刻也不敢松开，瓶子里那些危险的病毒以惊人的速度繁殖着，从几十万个变成几百万、几十亿、几千亿个。如果他把这液体放到他那神奇的显微镜下，他将会看到无数个小点点蜂拥而至。

“回家之后，格雷福斯格雷福医生开始进行实验，整个过程中他都异常小心。因为如果他不慎扔掉了从瓶子里采样的一个小针头，后果都将不堪设想。如果一个人不小心摸了那个针头，病毒就会紧紧附着在他的手上，钻进他的嘴里，在他体内迅速繁殖。不仅他会死去，他身边的人也会被他传染，这霍乱会永远继续下去。装着这种液体的瓶子总是被医生藏在铁盒里，铁盒的钥匙他一直都挂在脖子上。

“医生有一个用人，名叫辛格。他长得又高又瘦，颧骨在他瘦削的脸上显得格外突出。他那双黑色的眼睛炯炯有神，灰色的山羊胡和短短的头发很显眼。他戴着头巾，棕色的长袍松松垮垮地挂在骨瘦如柴的四肢上。对于那些从遥远的欧洲来统治印度人土地的陌生人，他心中总是带着些许仇恨。是的，他讨厌他们，他希望有朝一日可以和同伴们团结起来，赶走陌生人。

“虽然他上了年纪，但不得不工作来勉强维持生计，因此他只好侍奉这位拥有神秘仪器、戴着眼镜、干着奇怪工作的古怪绅士。绅士对他很好，很照顾他，但作为外来的‘侵略者’，绅士总有一天必须要离开这片土地。

“‘辛格，’这位古怪绅士有一天对他说，‘永远不要去碰这些瓶子！如果有一天我突然死去，请你去没有人的地方挖一个深坑，将铁盒子埋起来，这样就没有人能发现它了。这瓶子里装着的东西会带来死亡，哪怕在饮用水中滴上几滴，就会有很多人因此而丧命。’

“辛格听到后点了点头，默默记下了，可心里却有一个邪恶的念头一闪而过。要是这个国家的所有外来人都能被这瓶子里的神秘液体毁灭的话，这个城市和整个国家就没有入侵者了！

“如果格雷福斯格雷福医生能够早知道这个印度人脑子里在想什么，就可以避免一场大灾难！

“有一天，班加罗尔遭遇了袭击。这座城市里属于欧洲人的部分继续扩张，一条新的街道正在建设中。路上原本有一座古老的印度神庙，可早就被摧毁成了半个废墟，人迹罕至。为了腾出更多空间，神庙被彻底拆除了。印度人对这一行为充满愤怒，他们认为外国人这样做，是对印度信仰和宗教的蔑视。外国人轻蔑地将本国人的信仰圣地夷为平地，辱骂他们的宗教。辛格的仇恨再次被点燃，他渴望惩罚那些入侵者，将他们赶走，像几十年前纳纳·萨希布[①]和坦蒂亚·托皮[②]的军队屠杀可恨的英国人，来一场血腥屠杀。

“似乎到了狂热的辛格在班加罗尔摧毁欧洲人的时刻

① 纳纳·萨希布（Nana Sahebnone，1824～1859）：1857～1858年印度反抗英国统治的兵变的著名领导人，1859年被赶到尼泊尔山区，据说死在那里。——编注

② 坦蒂亚·托皮（Tantia Topenone，1814～1859）：1857～1858年印度反抗英国统治的兵变的著名领导人，1859年被英国政府处决。——编注

了！他的仇恨战胜了理智。机缘巧合，他的主人格雷福斯格雷福医生有一天去短途旅行了，他做出了决定。

“那是一个傍晚，城市里非常安静，只能听到异国小镇的节日音乐。辛格进入医生的书房，打开了装有铁盒的柜子。他试图把铁盒的锁撬开，可是失败了，最终他把铁盒的整个背面砸掉，拿出了死亡之瓶。

“辛格站立着，在蜡烛微弱的亮光下，他的身影显得格外巨大，投射在墙壁和天花板上。他那棕褐色的脸扭曲着，露出恶魔般的笑容。他的眼白像珍珠一样闪烁着，瘦削下巴上的灰色胡须根根分明。他瘦骨嶙峋的手中挥舞着死亡之瓶，得意扬扬。瓶口用大棉塞密封着，上面还贴有骷髅图案的贴纸，提示着‘请格外小心’。

“辛格自言自语地念着奇怪的印度咒语，低声说：‘在饮用水中滴上几滴，可能会造成很多人死亡。医生曾经说过，他生怕不知情的人动了这个瓶子。可现在，是他把毁灭外来人的方式给了我。我们没有火药，没有枪，可这瓶子，却是可以快速地悄无声息摧毁整个城市的武器！’

“他小心翼翼地将死亡之瓶藏在棕色长袍下，迅速离开医生的书房，消失在森林中。他沿着小路慢慢地走，半个小时后，来到了小镇后面的山丘上。那里有供应这个城市欧洲区的渡槽，渡槽像一个大游泳池般砌在低矮的砖石大厅里。辛格悄悄地爬过去，周围漆黑一片，只有树叶在星空的映衬下显得格外醒目。通向城市的水管中隐隐约约传出水流的声音。砖石大厅里灯光微弱，透过低矮的窗户可以看到守卫独自坐在角落，抽着烟斗，阅读着从遥远的英国来到印度的报纸。守卫旁边的一块木板上，挂着铁钥匙和渡槽的开关，用于打开和关闭渡槽。

“辛格蹲下，试图找到在不被守卫发现的情况下能够抵达渡槽的路线。夜晚闷热潮湿，大厅非常热。辛格看到守卫的头垂下，报纸从他手中滑落。辛格的脸上出现了笑容，那天对他来说一切都很顺利。他又等了一会儿，然后轻手轻脚地向门口走去，可是门被反锁了，他不得不翻窗户进去。这很危险，因为很容易发出声音，吵醒守卫，可他必须那样做。辛格脱下鞋子，轻轻地打开窗户，仔细思考着每一个动作和落脚点。他慢慢爬上窗台，一直盯着守卫，做好在守卫醒来的那一刻就跳出去的准备。空气闷热潮湿，守卫睡得并不是很沉。

“辛格瘦削的身体从狭窄的窗户挤了进去，他小心翼翼地将窗户一寸一寸地推开，时刻观察着窗户的吱吱声是否打扰了守卫的睡眠。虽然他随身携带着印度刀，很容易就可以让守卫闭嘴。可是他要是那样做了，很快就会被发现，并引起怀疑，人们也许就会尽快把自来水厂关掉。

“最后，他站到里面的窗台上，悄无声息地滑下，走到桌边，熄了灯。他摸索着走到渡槽边，将死亡之瓶浸入水中，他用刀柄小心翼翼地敲打着，只听水下一声微弱的响动，瓶子碎片悄无声息地沉入水底。

“辛格的脸颊上闪过一丝胜利的喜悦，顿了顿神，像猫一样溜回窗边，跳了出去。他穿过茂密的灌木丛匆匆回到家。他所做的一切都没有留下任何痕迹，没有人知道一件可怕的事即将发生。

“辛格完成复仇的几天后，班加罗尔的欧洲区暴发了一种疾病。起初只有极少数的人受到影响，可生病的人数每天都在增加，从几百人到几千人。医生们意识到这可能是霍乱，但没人知道它从哪里来，以及为什么会在卫生状况良好的欧洲区暴发。家庭、房屋、街道都在被霍乱摧毁，死亡像用镰刀割草一样穿过这个城市的欧洲区，能逃走的人全部都逃走了，可是死亡追随着他们，在逃跑的过程中将他们置于死地。没有人知道该怎么做，几名幸存的医生心中升起一股不祥的预感。这可怕的瘟疫是来自格雷福斯格雷福医生家吗？他已经消失很久了。医生们冲到他家，刚进门那一刻就吐了。客厅里躺着用人辛格的尸体，弯着腰，脸扭曲得可怕。因为辛格曾将死亡之瓶拿在手里，手指上沾染的细菌足以致命。就在投毒的第二天，他一个人孤独无助地死在了家里。同一时间，渡槽旁的守卫也死在了那座不幸的城市里。

“瘟疫不断扩散、蔓延，就像环绕在国家周围的猛兽。死神并不会高抬贵手，它快速跃入人口稠密的乡镇，飞驰在街道上，以暴风雨般的速度席卷全国，占领了周边城镇。人们四处逃亡，藏在从班加罗尔出发去到其他贸易中心的货运火车和马车里。死亡这把镰刀在城市的草丛中不断收割着。

“格雷福斯格雷福医生回家了，可城市已经濒临死亡。他急急忙忙赶回家，一种可怕的预感萦绕在他的脑海中。他发现用人死在了客厅，在书房找到了已经被破坏的铁盒，其中一个瓶子不见了。他看到了辛格的工具，猜到了一切，可为时已晚，他已经帮不上任何忙了，也没有人能够帮上忙。医生把那些东西统统装进一个大盒子，包括另一个装有死亡之瓶的盒子，瓶子里的病毒早就死了，已经变得无害了，他却很难逃离那充满病毒的地方。他一心想创造美好的行为带来了如此厄运。不幸的是，他也被传染上了霍乱，在家里默默死去。他认为自己应该死，因为在他看来，这似乎是对这种可怕行为的赎罪。虽然这并不是他的错，可死亡最终还是选择了他，将他打败。

“被装在瓶子里的导致人们大量死亡的瘟疫正在慢慢消失，死神放下了它的镰刀。慢慢地，希望和喜悦又重新回到了那座城市，出逃的人也回家了，人们恢复了有序的工作和生活。

“格雷福斯格雷福医生的一个朋友搬进了那所已经废弃的房子，他看到医生留下的一个大盒子，里面装着华丽的显微镜、医学书籍，以及班加罗尔的灾难记录。他还找到了一封医生写给远在德国的乌拉波拉博士的信，于是他将信和大盒子一起寄到了这里。所以乌拉波拉博士就拥有了死亡之瓶，也知道了格雷福斯格雷福医生的用人要的这个‘恶作剧’。看，死亡之瓶现在就躺在柜子里，从它的外表看不出它经历过什么。”

老乌拉波拉沉默了。

“乌拉波拉，”孩子们问，“死神还躺在那个瓶子里吗？”

“不，它早就死啦！但我们也必须小心一切危险的东西，哪怕它们处于休眠的状态。就好比如果我们遇到死狮子，也会小心翼翼地靠近一样，这是同样的道理。”

16.太阳请假的时候

一天晚上，乌拉波拉对大家说："人们对自己、对世界和神灵感到悲观。人们说：'哦，人生真的很累，工作多，享乐少，应该反过来。总而言之，我们需要好好休息一下了！'

"于是他们停下了手头的工作，说是时候休息了！所有的车轮都停止了转动；烟囱也不再冒烟了；才完工一半的房子，上面还搭着脚手架，高耸入云；裁缝们不再拿起针线；鞋匠也不钉鞋底；商人们关门歇业，不做生意了；矿工不再去矿场；渔夫也不再撒网捕鱼。最快乐的当属小牛和小羊，它们欢快地奔跑在草原上，因为不再有人来看管它们了。

"乡下的农民辛茨、昆茨和约翰，聚在小茶楼里，七嘴八舌地谈论着。有人说：'如果城里的人都罢工了，那我们还种什么地呢？我们也要罢工！'于是田野里再也没有锄地的工具。'随便吧！'城里的人说，'我们的粮仓里有满

仓的玉米，地窖里还有土豆，我们暂时还不需要你们的庄稼呢！'

“太阳在湛蓝色的天空中高高悬挂着，对地球上发生的这些奇怪的事情感到惊讶。

“'看看吧！'月亮说，'这些人是不是都着了魔？我已经环游世界一个多世纪了！见过地球上很多奇怪的事儿，但到目前为止，现在最荒唐。我认为人们这样做真的很糟糕，要知道是工作把人类团结在一起的。如果他们现在连手都懒得动，很快就会彻底灭亡。不管人类怎样，我仍然会坚守在自己的工作岗位上，打开我的夜灯，继续照亮黑夜，带着星群继续在天空的牧场上遨游。'

“可是现在农民已经停止耕地了，辛茨、昆茨和约翰整天坐在小茶楼里喝酒打牌。太阳夫人非常灰心。'既然这样，我为什么还要发光呢？'有一天，太阳夫人愤怒地喊道，'既然你们不把种子播撒到土地里，那也不再需要我在空中照亮你们了。你们就在黑暗里自由行走吧！你们好好想想到底要不要回去继续工作，否则我也要给自己放假了！'

“'太阳夫人，别管我们！'众人咆哮道，'你想怎么做，那是你的事；但我们想怎么做，你也别管！'

“那天晚上太阳夫人落山时，脸红彤彤的，显然是生气了。第二天一早她没有照常升起，因为她给自己放假了！

“‘太阳真的离开了！’人们议论纷纷，有些人还不相信这个事实呢，‘这样的话，白天就会很冷。而且白天也将会是漆黑一片！可晚上会很亮，因为月亮会出来照耀着我们。’

“可是到了晚上，仍然是漆黑一片，月亮好像也请假了。人们去咨询最博学的天文学家，想知道为什么月亮也不亮了。

“‘这个情况嘛，’天文学家说，‘因为太阳不再发光，月亮也就会在黑暗中。月亮要被太阳照耀，才能将这光反射到地球上来。’

“‘好吧，’人们沮丧地说，‘既然如此，就让她休假吧！我们可以用电灯照亮城市，用电力加热。’于是人们用煤炭来烧锅炉，启动巨大的蒸汽机来发电，通过千万盏灯来照亮房屋和城市。他们还用煤炭制造了煤气，将这种气体用管道输送到千家万户。这样，他们就可以用煤气取暖、做饭。人们开始嘲笑太阳。

“有一天，煤炭用尽了。矿工们不想给别人打工，只想放假，锅炉里的水不再沸腾，蒸汽机也不工作了。这个城市又一次没了光，没了热能，人们又开始抱怨并感到不安。

“有些人却告诉大家不要担心，没有太阳，人类也可以生存！如果没有煤炭给我们的机器提供动力，还可以借助水力。世界上有那么多的瀑布从高处流下，人类可以在那里建造水轮和涡轮机，水流冲在轮子上，带来动力，可以使电机转动。这样人们就可以用水力和电力来满足生活需求了。

“可当人们来到瀑布前面时，却发现没有一滴水从高处流下来，并不是因为瀑布结了冰，而是根本没有水。于是人们去找科学家，希望科学家可以解释一下，瀑布的水怎么干涸了。

“‘道理是这样的，’科学家回答说，‘非常简单！瀑布之所以能从高高的山上落下，是因为太阳把山顶的冰雪都融化了。但现在太阳不再照耀，冰雪也就不再融化，所以就没有了瀑布。落入山涧的雨水，本可以顺着瀑布流入山谷，可是太阳不再蒸发江河湖海中的水，水汽不能够上升到云层，也就不再下雨了！太阳夫人用她自己的温度造就了雨雪冰霜，可现在她请假了，这一切也就都没有了。’

“‘真是过分！’人们说，‘我们为什么要任凭太阳来摆布我们呢？我们也可以利用风啊！风可以转动风车，风力可以发动电机。别气馁！咱们一起来建造大风车吧！’

“‘我的天哪！’木匠和铁匠抱怨道，‘那我们又要开始工作了！’

“旁人安慰他们说，这都是暂时的，等到风车建造完成，大家就又可以一起聚会享乐了。

“因此，他们夜以继日地工作，制造了大型风车叶片和发动机。天气一天比一天冷，他们都快要冻僵了。好在这项工作终于完成，只等风来了。风一吹，风车叶片转动起来，人们就会重新拥有电、光和热。可是人们等了又等，风迟迟没有来。哪怕是一片小小的树叶，都静止不动。

“于是大家又跑去找科学家，问他什么时候可以起风。

“科学家深深地叹了口气，扶了扶眼镜，解释说：‘如果没有太阳，就根本不会有风，是太阳制造了风和风暴。太阳可以使某些地区的空气温度升高，温暖的空气上升，从一个地方流到另一个地方，这股因温差产生的气流就是风。如果空气团移动得快，就是一场风暴；相反，如果移动得慢，就是一阵仅可以使树枝摇曳的微风。由于太阳休假了，空气不再流动，所以也就没有了风，你们建造风车可真是徒劳。’

“人们从早到晚相互责骂，动不动就扯别人的头发，可是风车并不会因此而转动。‘你们必须回到矿里去挖一些新的煤！’人们对矿工喊道，可是矿工拒绝了，他们绝不会在别人休假的时候去工作。‘可是我们不想冻死！’大家怒吼着，到处都是骚乱、纷争，甚至有人为此打得头破血流。人们砍伐森林里的树木当柴烧，用来做饭、取暖，可有些人在寒冷的户外工作时冻死了。

“天气一天比一天冷，人们就像生活在北极一样。大海也结冰了，冰足足有一百多米深，没有一艘船可以去遥远的他乡寻找粮食和其他生活必需品。渔夫不能撒网捕捞；森林里的动物都因寒冷而死；空中的鸟儿冻僵后掉在地上，血被冻成了冰。地面冻结，坚硬如磐石，任何犁都无法穿透它。可怕的黑暗笼罩着整个世界，只有遥远的星星在天空中闪闪发光，照耀着这个被太阳遗弃的世界。

“人们的处境变得越来越艰难。‘我们要复工！’他们喊道，‘我们需要光明和温暖，云朵和微风，鸟鸣和花香，绿色的森林和肥沃的土地，我们要太阳重新回到天空！太阳，太阳，她让人类感到快乐、幸福和富有！’

“‘我们要复工！我们需要太阳！’人们的呼喊声响彻整个国家。

“太阳夫人听到了人们的呼喊声，知道人们已经恢复了理智。她带着灿烂的笑容和耀眼的光芒从地平线上缓缓升

渔夫开始工作

起，再次将世界拥进了自己温暖的怀中。

“人们纷纷跑到户外，激动地看着太阳，哪怕阳光晃眼，他们也毫不在意，任凭温暖的阳光照耀着他们冷得发抖的四肢。太阳用光芒表演了一个个奇迹，这些奇迹是过去人们不曾意识到的。她融化了冰带上的泉水，让它们继续潺潺流动；她解冻了湖泊和河流，让海浪再次向前奔腾。渔夫开始工作。太阳温暖了空气，风儿吹来，风车的叶片开始欢快地旋转。瀑布也苏醒了，融化的冰水再次从高山上流下。风车和水车的主人抽着烟，欢快地磨着面粉。辛茨、昆茨和约翰在温暖的土地上犁地。树木长出了新的枝芽，鸟儿从潜藏的洞穴中飞出，快乐地唱着歌。在云层之间漫步的月亮看着这一切，脸上露出笑容。

“太阳夫人那圆圆的脸颊上露出笑容，像一位慈祥的母亲。

“人们跪了下来，对着太阳唱了一首赞美之歌，他们先前的那些反抗早就消失不见了。”

17.琥珀

“小朋友们！今天我要给你们讲一个水晶棺材的故事。”

“乌拉波拉，这个故事我们已经在格林童话里听过了！不就是白雪公主被小矮人放进水晶棺材里嘛。”

“我告诉你们，我接下来要讲的这个故事，你们绝对没有听过。因为在我讲的水晶棺材里，没有白雪公主，也没有其他可爱的少女。你们一会儿就可以看到我所说的水晶棺材里放着什么东西，因为它就在我的大壁橱里。但首先你们要听听我这个故事。还有，你们吃蛋糕不能只挑上面的葡萄干啊！”

小朋友们坐下，想听听老人今天能讲些什么。

“我的这个故事，在很久很久以前就发生了，粗略计算一下，已经上万年了！那是一个美丽的夏日，太阳在蔚蓝的天空中洒下温暖的光芒，海浪在遥远的海边汹涌呼啸，附近的树梢被微风吹拂着，沙沙作响。附近有一个很大的森林。

“一只长着娇嫩翅膀的小苍蝇在阳光下飞舞，唱着快乐的歌谣。它张开翅膀飞向森林，森林里有许多高大的松树，直冲云霄。在烈日的照耀下，周围散发着美妙的树脂味。

“我们的小苍蝇在一根树干上休息，它伸出腿，清洁了一下翅膀，又刷了刷长着漂亮红眼睛的圆脑袋，它飞了好半天，身上沾满了尘土。

“就在那时，一只可怕的蜘蛛拖着细长的腿爬过来了，它脑子里正在盘算，要拿小苍蝇做自己的午餐。它小心翼翼地挪动着长腿，要知道对于八条腿的生物来说这绝非易事，然后它慢慢地爬上树干，靠近小苍蝇。

“蜘蛛仔细思考了一下。‘天哪！’它想，‘这位苍蝇小姐并不能填饱我的肚子，除去它那绿色的翅膀和长长的触须外，就没剩几口肉了。不过少也总比没有好。如果我不小心被它发现，它一定会赶快逃走，我的午饭就没有了！我可不能饿肚子。’

“小苍蝇正值妙龄，喜欢打扮。它不停地用腿刷着绿色的薄纱翅膀，像小猫咪一样舐着自己，根本没有发现敌人正在靠近。

“正当蜘蛛非常靠近小苍蝇的时候，发生了一件可怕的事！

“正午的热气笼罩着整个森林，老松树渗出了浓稠的树脂。突然，一滴浓稠的树脂从树上落下，在阳光下闪着金黄色的光芒，滴在了树干上，把苍蝇和蜘蛛都裹了进去。

“小苍蝇再也不用梳妆打扮了，蜘蛛也不用吃大餐了，两位一起被封印在树上浓稠的黄色液体中，起初还能挣扎一下，可没过多久，它们都不动了。

“新的树脂继续从树上滴落下来，盖在旧树脂上面，久而久之，它变成了一个很大的硬块，两只昆虫都躺在里面，就好像躺在一个透明的棺材里。

“一切都在流逝，几百年、几千年的时间转瞬即逝，世界的历史悄悄地推进着。无数个夏天开始，无数只小苍蝇和蜘蛛出现在森林里，谁也不会想起很久以前被埋在一滴树脂里的那两个小家伙。那滴树脂曾悬挂在一棵老松树上，而那棵老松树早就在地里腐烂了。

“然后新的事情发生了！大地慢慢沉下，波罗的海的海浪波涛汹涌，越来越靠近古老的森林。有一天，水淹没了森林，把老松树连根拔起，森林注定要不存在了。一棵又一棵的树被卷入海浪，海风在树冠上唱着狂野的歌，那些古老的树干呻吟着，落入海水中。

“如今，原来的森林已经不复存在了，挂着树脂球的老树干也被海浪吞没了。海水带来海沙，树干被覆盖，慢慢腐烂，只剩下树脂球被埋在海沙中。

“又过去了一千年，一场猛烈的风暴吹过海面，海浪把沙子和泥土都卷到海岸上。一个穷苦的渔夫正带着孩子在岸边走来走去，想要寻找几千年前这里的老树在烈日下所滴落的树脂。人们将这种树脂称为‘琥珀’，将它制成各种项链和耳环，十分珍贵。

“小男孩光着脚踩在沙滩上，突然踩到了一个硌脚的东西，他捡了起来。

“‘爸爸，快看！’孩子高兴地叫道，‘我找到了一个大琥珀！这肯定能卖到半塔勒呢！’

“父亲拿起那块琥珀，擦了擦上面的沙子，对着阳光举起它观察。

“‘孩子，咱们真是好运气！’父亲高兴地喊着，‘这个水晶棺材里关着两只小动物，一只苍蝇和一只蜘蛛，在格莱福斯瓦尔德①，那些有学问的人愿意出一块金子来买呢！因为一个琥珀中有两只小动物很罕见。’

“是的，来自格莱福斯瓦尔德的有学问的人买走了这具水晶棺材，后来它又辗转来到了老乌拉波拉这里，现在咱

① 城市名，位于德国梅克伦堡—前波莫瑞州。——译注

小男孩光着脚踩在沙滩上，突然踩到了一个硌脚的东西

们来一起欣赏下吧！你们看，两只小动物躺在里面，还保持着几千年前死亡时的样子。小苍蝇坐在树干上，晒着太阳，整理着裙摆；凶恶的蜘蛛正在思考怎么获取一顿丰盛的午餐。你们仍然可以看到它们身上的每一根毛发，以及它们死亡时是如何伸展双腿的。你甚至可以看到它们濒临死亡时，在坚硬、浓稠的树脂糊中如何徒劳挣扎，因为它们的腿部周围都是混浊的小圆环和小波浪。是的，我们可以由此推断一万年前这里发生了什么故事，这些细节我们看得清清楚楚，仿佛身临其境。我们还能得知，在那个时候就已经有可爱的苍蝇和邪恶的蜘蛛了。是的，我们生活的世界确实很古老！”

18.沙尘暴、飓风与龙卷风

那是一场很猛烈的风暴！大风召唤了它的管弦乐队，开启了一场震撼的表演。吼叫声、呜咽声、口哨声叮叮当当地穿过城镇和乡村，越过山林。它把烟囱当作单簧管，把电线当作竖琴，把理发师的脸盆当作手鼓。树叶在暴风的席卷下咆哮着，四处飞散，飞到屋顶上继续嚎叫。风暴与大张的纸片搏斗，时而让它原地旋转，时而将它压在地上。风暴把胖法官的帽子卷到一公里以外，等到胖法官追过去，正要俯身捡的时候，它又冷笑一声，继续把帽子卷到更远处，最后它放大胆子，直接将法官的帽子吹进了水里。它把尤莉安姨妈的伞向上吹翻，好像姨妈要飞上天。它又把一个花盆掀翻，花盆刚好掉在一个书记员面前，他立刻停止了对姨妈的嘲笑。

紧接着就是一阵暴雨，雨水代替了狂风那嚣张的行为，它们两个让城市的街道空无一人。孩子们把鼻子贴在窗户上，看着灰色的天空思考什么时候会放晴，因为他们想去外面玩。到了晚上，他们穿上外套，围好围巾，偷偷摸摸来到乌拉波拉博士的老房子里，这样的天气可太适合在家听故事了，如果还能喝上一杯甜茶的话，那就再好不过。

老乌拉波拉穿着睡衣，拖着毛毡鞋，窝在他的扶手椅里。他嘴里叼着一支长长的烟斗，不时吐出一口烟。这样的天气里，他的关节炎发作了，病痛折磨着他，那感觉就好像有人在他那把老骨头上捏了又捏。

“孩子们，”他无精打采地说，“这样的天气可真是太恶劣了！暴风雨会把屋顶的瓦片和花盆卷起来砸到人身上。所以我们能坐在一个温暖的小房间里，享受着热茶和甜点，很值得开心。但在这个广袤的世界里，恶劣的天气是多种多样的，一个真正见过远方和大海的水手，或是一个常常旅行的人，看到我们这些居住在城市里的人遇到风暴就往屋子里躲，是会嘲笑我们的，因为我们对真正的风暴一无所知。孩子们，我们人类就像住在深海里的鱼，鱼的周围是水的海洋，人类的周围是空气的海洋，我们就住在空气海洋里面。鱼到陆地上会窒息，同理，人如果被带出充满空气的空间，也会窒息。海洋里有水流，空气里有气流。如果这些气流比较微弱，我们称之为风；如果这气流强大，我们便称之为风暴。太阳是产生气流的原因，在热带地区，太阳加热了空气，空气受热后重量减轻，向上升腾，质量较重的冷空气从四面八方飘来，填补热空气的空缺，便形成了风和风暴。如果我们坐在快速行驶的车里，前进的速度大约是每秒 25 米，风暴有时却是以比车快五六倍的速度掠过地面，它会摧毁人类创造的一切，简直就是个大恶魔般的存在。今天我要给你们详细讲一讲风和风暴的故事，你们坐得近一点，仔细听好，关于风暴的故事就要来了！

“风暴兄弟们常年见不到面，他们独来独往，把这个世界上所有的地方转了个遍，打扰人们的正常生活。有一天，他们聚在一起，开了一次家庭会议。当时一切都非常平静，甚至连一片树叶都没动。大帆船正向西印度洋航行，水手在船上舒舒服服地抽着烟斗，为今天风平浪静而高兴。要知道，往年的这个时候总是风雨交加。风暴兄弟过去常在波斯[1]深处的德玛温德山[2]相聚，那座山高耸入云，山峰海拔 4000 米。山岩中有一个巨大的洞穴，云朵围绕着洞穴，就好比鸟儿在高塔四周盘旋。第一个风暴兄弟在大清早出现了，他叫西蒙风[3]，又名沙尘暴。他从非洲炎热的撒哈拉

① 伊朗的旧称。——译注

② 伊朗境内最高的山。——译注

③ 阿拉伯地区挟带飞沙的热风。——译注

大沙漠飞越地中海来到这里，不需要走很远的路。沙尘暴从他炎热的家乡带来了一股热流，让戴着羊皮帽子、在路上来来往往的波斯人觉得天气突然变暖和了。他还从巨大的翅膀上抖落许多黄沙，让空气中充满沙尘，波斯人感觉嘴里都是沙子。

“他像魔鬼一样冲进了德玛温德山的洞穴。‘老天爷！’他咆哮着，‘这里可真冷啊！我受不了啦！我的家乡，有沙漠，有阳光，还有狮子、豺狼晒太阳。这个洞又阴又冷，和我的家乡比差远啦！我又是兄弟几个里第一个到的，等他们都到齐，我肯定会得重感冒。’

“沙尘暴拍打着像斗篷一样的大外套，闷闷不乐地蹲在最远的角落里发呆。

“快到中午时，一阵怒吼声传来，仿佛一千只恶魔同时说话。云像海燕般散去，雨像鼓点一样落下，雷声如一百门炮火同时发射，炽烈的闪电从云中射向大地。在一阵可怕的冰雹中，第二个兄弟赶到了，他就是飓风，也叫雷暴。

“飓风大笑一声，抖了抖身上的雨水和冰雹，它们像激流一样冲进了洞穴。‘唉，真是见鬼了。’他厉声说道，‘这里怎么有这么多沙尘，我的喉咙都不舒服了呢。’

“他终于认出了躲在角落里的沙尘暴，赶忙过去。‘兄弟，’飓风放声大笑，‘你怎么躲在这里，你这个大沙桶，怪不得这里都是沙子呢！不过没关系，咱们也好久没见了！你好啊，太阳的儿子！’

“‘我的老天，你离我远点！’沙尘暴嘶吼着，‘你带来的风、闪电和雨水，实在太可怕了！而且你身上怎么还有股鱼腥味，你快走开！你知道我受不了潮湿。下次还是约在我家见面吧！让你也尝尝干燥是什么滋味！’

“飓风和蔼地笑了。‘你还是那个不中用的家伙啊，老弟！’他说，‘这里已经全是沙尘了，等会儿我们出去，就跟一袋袋面粉似的。’

“他俩你一言、我一语，拌了半天嘴。突然一阵巨响，把他俩吓了一跳，是三弟来了。三弟越来越靠近，人们吓坏了，赶紧逃到房子里。他在空中咆哮着，就像是整个海洋滚滚而来。东边的天空出现了硫黄色，西边的天空出现了一堵巨大的黑墙，一朵云像漏斗一样从那里伸向地面。漏斗的旋转速度越来越快，吸走了所到之处的全部东西：沙子、杂草、屋顶的瓦片和水潭，无一不被卷进去。如果有什么东西敢反抗，马上就会在撞击声中被折断。三弟折断一根树干，就像折断一根火柴那样容易。他就是龙卷风！现在他已经靠近洞穴，紧接着就像一门大炮一样射了进去。

“龙卷风来势凶猛，沙尘暴被他逼出了角落，骂骂咧咧地飞上了洞顶。至于飓风，也被他吹得像陀螺一样团团打转，卷入角落中。

“‘你这个浑蛋！’飓风骂道，‘你现在越来越像美国的摔跤手了！别跑，站住！你这魔鬼！’

“沙尘暴也十分愤怒，像豺狼一样嚎叫起来，粗鲁地对着他的弟弟骂出一连串脏话。可龙卷风只是哈哈大笑，像一头熊。他喊道：‘祝你们拥有美好的一天，我亲爱的兄弟们！’他现在是一个地地道道的美国人，刚从加利福尼亚赶过来。

“可他的兄弟们却骂了他半天，洞穴里的骂声此起彼伏。龙卷风并不在意，他掏出一只短烟斗，抽着烟，又从他的翅膀间掏出一根小树干，拿小刀削了当牙签。

“正午时分，波斯的天气本来应当是很温暖的，但突然间来了一场大降温。天气越来越冷，太阳也消失了，高空中出现了许多羽毛状的云，这种云由无数个冰晶组成。不久，天空中飘起了雪花。起初是小雪，后来越下越大。一股冰冷刺骨的寒风吹来，血管里的血都要冻住了。暴风雪所及之处能见度变低，连前面五米的地方都看不清。原来是第四位远道而来参加家庭会议的风暴兄弟——暴风雪到了。

“暴风雪是风暴兄弟中的老大哥。他的头发和胡须都是白色，上面挂着长长的冰柱。他的翅膀上覆盖着闪闪发光的雪块，脚上也挂着冰。总之呢，他到哪里，哪里的生命就会被冻结。他喘着粗气，悠闲地走进洞穴里。

“‘你们好啊，我的弟弟们！现在咱们大家都聚在德玛温德山的洞穴里啦！’暴风雪一边说，一边抖掉身上的雪。

“洞穴里充满了冰冷的空气，沙尘暴顿时又哭了起来：‘这么冷的天，简直要冻死我了！’说完，他爬进了岩石的缝隙中，尽可能地让自己别被大哥呼出的冰冷的空气冻伤。飓风也在抱怨这头北极熊，从他翅膀间不断滴落的雨滴立刻就结冰了。

“‘亲爱的弟弟们！’暴风雪说，‘咱们一年好不容易见一次面，不要吵架！我们多包容一下别人。沙尘暴的干热和沙尘，飓风的倾盆大雨，龙卷风的破坏力，以及我的寒冷和冰雪，我们的特点可能会让其他兄弟感到不愉快，但我们每个人都从事着不同的工作，生活在不同的国家，我们要互相体谅对方。现在停止抱怨吧，因为我们还有更重要的事情要做。你们也知道，作为大哥，我必须在元旦这一天向天神报告我们已完成和未完成的工作。人类对于我们四个总是充满抱怨，因为我们带来了各种破坏；海洋的统治者对我们十分愤怒，动植物掌管者也抱怨我们导致的各种灾祸。我早就料到我们会面对许多的指控，必须提前想好应对措施。但最重要的是，你们现在先说说你们犯的错误，我必须了解清楚所有的状况，才可以为咱们兄弟更好地在天神面前辩护！'

"'我们永远不可能满足人类所有的要求！'飓风咆哮着说，'如果我吹风的力气轻一点，人类就抱怨我力气小，是我导致谷物长得慢，树木不结果，帆船行进慢，风车转不动。可如果我使劲抽几下鼻子，他们也不喜欢。要我说，他们就应该自己去创造他们喜欢的天气！'

"'是这样的！'龙卷风附和着，'人们都不知好歹，而花神芙洛拉小姐又十分娇气，哪怕一棵小树折断，她也要哭哭啼啼个没完。'

"'不要总是从别人身上找原因！'暴风雪大哥反驳道，'我年轻时也和你们一样，现在你们不要转移责任，浪费时间！快把你们的顽皮行径都一五一十说出来！'

"四兄弟蹲在德玛温德山的洞穴中央，最小的弟弟沙尘暴先开始讲述：

“‘当有一天，事情没有按照人类预期的发展，他们就会抱怨我。其实我不是故意的。我躺在卡瓦尔绿洲的莫戈多姆山上睡着了。我的脚下是撒哈拉沙漠的浩瀚沙海，太阳无情地照耀着，灼热的石头把草都烤焦了。蛇和鳄鱼懒洋洋地躺着，张大了嘴巴；一只老狮子被热浪从沙漠中赶出来，在我身边一棵枣树的树荫下做着噩梦。绿洲的水池里热气腾腾，周围都是死一样的寂静。’

“‘夕阳西下，我醒了。旁边的狮子、沙子里的蛇，还有池塘里的鳄鱼都在睡觉。我看见远处有一串黑点正在炎热的沙漠中缓慢地爬行，好奇心驱使我去看看那是什么，而且也到了我的上班时间。几个星期以来，天气炎热干燥，一切都在枯萎着。我不得不用我的大翅膀扇动一下空气，把海里的水分带过来，也许这样我就可以制造一场暴雨来缓解干旱。于是，傍晚时分，我动身展开翅膀，朝着远处还在缓慢爬行的一连串黑点猛扑过去。’

“‘我的翅膀扇起了许多灼热的尘沙，弥漫在空气中，天空看上去都是深黄色的，太阳也变成了深红色。所有的动物都钻进了它们的洞穴中。当我靠近那串黑点时，发现那是一队正在赶路的商人，他们赶着十头骆驼，还有一些披着白色斗篷的贝都因人。他们看见远处的我披着黄色尘土疾驰而过，便扑倒在沙地上。沙尘堆积成巨浪，延伸到远处的地平线上。骆驼挤作一团，跪倒在地，它们中间埋葬着不幸的人。我朝着海面咆哮了三个小时，并没工夫理会他们。如果早知道我灼热的呼吸会让他们干燥不堪，带来的不断流下的细沙会将他们掩埋，那我一定会换条路线。谁知道人类是那么敏感和脆弱，竟然在沙海中如此轻易就失去了生命！’

“‘我不停旋转，越过黎波里[①]的山脉，越过突尼斯和常绿的比斯克拉[②]绿洲，来到君士坦丁堡一排排的白色房屋前，到处都有我的痕迹。在那里，我的尘土把太阳染成了铁锈棕色，在空气中旋转的数十亿粒沙尘一路高歌，把我来到这里的消息带给每一个人。人们惊慌失措，赶紧躲进屋子里。’

“‘日落时，我站在地中海岸边，灰尘从我的翅膀上滑落，我极度疲倦。我已经到达我的领土最边缘，行使了最大的权力。我屏住呼吸，转身回去。当我穿过与骆驼商队

① 利比亚的首都，位于利比亚北部沙漠的边缘、地中海沿岸。——编注

② 阿尔及利亚的东北部城市，位于撒哈拉沙漠北缘。——编注

相遇的地方时，月亮已经升起来了，无边无际的沙海又出现在我的眼前。我看着一座座被风吹过的小山丘，偶尔可以看到骆驼的骸骨，或是僵硬而发绿的人脸。’

“沙尘暴说完这番话后，沉默了。

“‘你这个小坏蛋，真是闹了不少乱子！’暴风雪抚摩着他结冰的胡须说，‘我几乎就没听说你做过好事！沙漠里到处都是苍白的人骨和动物的骸骨，他们都因你灼热的呼吸而丧命，被活埋在炽热的沙土里。我希望天神可以好好惩罚你一通！’

“沙尘暴听完后很沮丧，躲到了洞穴的岩石缝里，用阿拉伯语的脏话骂骂咧咧。接着轮到他的哥哥飓风发言了。

“‘我嘛，’他不紧不慢地说，‘一年四季都闲不下来。沙尘暴弟弟住在人烟稀少的地方，可以过着悠闲的生活。但我就不一样了，我手头总有做不完的工作。我的领土上有大片的森林、田野、城市和海洋，还有许多船只。如果我吹得轻一点，没有足够的雨水落下，那一年的收成就会很差；如果我吹得太重，导致雨下个不停，雷电交加，庄稼地也还是会受到重创，农民会跑到教堂去向天神抱怨。但最糟糕的是船夫！他们带着小螺号在大海上航行，我只是抖一抖衣角，就会酿成大祸！今年春天我遇见了一件奇妙的事。我打算在克尔科诺谢山[①]度个假，和老山妖打打扑克。有一天，我接到了一大摞投诉信，说是要寻找风和雨的下落。整个欧洲的树都开花了，可是没有风，就无法传播花粉，这样下去的话，秋天也就无法收获成熟的苹果、梨和樱桃。花园和田野里的土地也都干燥到几乎龟裂。'

"'我对老山妖说，我必须马上离开！可他刚刚才集齐了四个A，立刻对我破口大骂。但我管不了那些，扔下手里的牌，赶紧起身离开，越过山脉，进入了乡村。'

"'起初我不慌不忙，以每小时50公里的速度行驶。但我看到下面有一辆列车比我的速度还快，就张开双翼，加快速度，特快列车很快便落在了我身后。我飘浮到德国上空，看到太阳夫人在日历上又跳过了一页，天气一天比一天热了。小树因干渴垂下了头，花朵看上去脸色苍白，毫无生机。我把从大海、湖泊和河流中收集的水汽升腾起来，再将它冷却，创造出了美丽的云层，云层和天空交相辉映，好不漂亮！太阳夫人也不再直接将热气投向地面了。我小心翼翼地让这些湿气变成小雨滴，缓慢地落到了地面。'

"'下面的村子里，农民约翰和科里山站起，从嘴里拔出烟斗，若有所思地点点头，他们觉得这场小雨来得正是

① 捷克与波兰的界山，又名巨人山。——译注

时候。当然，城里的一些漂亮女孩肯定又要抱怨，我弄脏了她们新买的蕾丝裙和夏凉帽嘛。一起和梅尔老师去旅行的学生也发出了不满的声音——刚才艳阳高照，现在倾盆大雨！’

“‘但是农民仍站在原地，抽着烟斗，互相议论——这么小的雨能起多大作用？最好再下大点！’

“‘无论我怎么做，都无法满足所有人的需求！我生气了，打开了所有的水闸，让大雨像洪水般倾泻。我奏着雷电乐，打着冰雹鼓，发动了一场大雷雨。城里的人都疯了，尤莉安姨妈的假发、梅尔老师的新帽子、县长夫人的窗帘，全都被吹到席勒广场的中间跳舞去了。所有的雨伞都高兴得不得了，胖如大酒桶的餐厅老板气得脸通红——我的天哪！这样的天气，今晚谁还会来喝啤酒、吃烤羊呢？我可真是倒霉！但出租车司机和雨伞修理工却高兴得欢呼起来，他们巴不得雨再大一点，这样他们的生意就更好！’

“‘到底谁能被真正取悦呢？’

“‘我飞过奥德河、易北河、威悉河和莱茵河，浇灌了田野，赶走了城市里闷热的空气。但我没有更多的时间关注大海。我只长了两只眼睛，怎么可能同时留意尤莉安姨妈的假发、约翰果园里的梨树，以及从瑞典开往英国并快

尤莉安姨妈的假发、梅尔老师的新帽子、县长夫人的窗帘，全都被吹到席勒广场的中间跳舞去了

要触礁的北极星号货轮呢？我带着雷电呼啸而去，太阳已经下山，蓝灰色的云朵低垂着，前方的能见度不到1000米。船上的乘客们非常害怕。我闪耀的雷电仿佛要点燃天地；雷声在云朵间翻滚，发出轰隆隆的声音；我挥舞着海浪，它们在广阔的海面上咆哮，速度之快堪比人类战舰的两倍。我对着大海高唱战歌，激起了它的愤怒。等我看到远处北极星号上的红绿信号灯时，为时已晚，它朝着我的方向飞驰而来，浓浓的褐色烟雾从烟囱里滚滚而出，像一团团羊毛。巨浪将船尾掀离海面，善良的螺旋桨叶片在空中嘎嘎作响。看样子，那艘船要粉碎了，就像一个孩子的八音盒从高高的悬崖坠落到峡谷中。'

"'船上的人们英勇无畏，沉着冷静，我对他们充满敬意。我很想去帮帮他们，可为时已晚！那艘船在靠近英国海岸的地方触礁，朝着一个方向倾倒。船上的人像火柴一样被冲走。也有几个人爬上岩石幸存，但大多数人都悄无声息地沉入海底。我为他们感到难过，但我无能为力。'

"飓风说完后沉默了，他的大哥暴风雪若有所思地摇了摇头。

"'那个暴风雨之夜，还有很多其他的帆船和渔船沉没了，你带去的冰雹给田野和花园造成了严重的破坏，花神芙洛拉小姐也大哭一场。我知道，你自以为做得很好，你打败了干旱和炎热。可是你和我们的老对手——大海疯狂争斗，诱使你失去对人类的思考，这是错误的。'

"'当时已经晚了！'飓风为自己辩护，'我的一只眼睛要观察欧洲和北海，而且我也不能立刻停止，正如人们无法在两车相撞的前一秒让它们立即停止。人们自己也该当心一点才对。'

"美国兄弟龙卷风突然放声大笑。他手舞足蹈，挡在飓风面前，说道：'兄弟，你可真是个没见过世面的小镇男孩啊！你只是在某个地方砸碎了几扇玻璃，或淹没了一艘船，就像个娇滴滴的少女一样哭泣，天哪！可真是太没出息了。如果一只蚂蚁生长在大象喜欢散步的地方，有一天它要是死了，你可不要感到惊讶！不入虎穴，焉得虎子！我们美国人和你们想法不同。如果我使起性子，才不会在乎这些小小的人类和他们创造的东西呢！'

"'你就是个坏孩子！你把我们所有人的名声都毁了。'暴风雪说，'你不会落得好下场！'

"'别这么自以为是，你这头老灰熊！有你在的地方，人们也未必会唱赞歌吧。'

"'快点儿吧！别耽误时间了！'沙尘暴说，'我还渴望

着非洲的太阳呢。’

“‘老家伙，你听我说！人类很固执，尤其是在美国！他们吹嘘自己已经征服了大自然，说自己是世界的主人。那些傲娇的人类建造了房屋、制造出了轮船，在大海里航行。不但如此，他们还把铁片射向空中，发出人造的闪电和雷声。难道我们应当忍受这些行为，还要表现出理解吗？他们是我们的敌人，想要奴役我们。随便你们怎么想，但对于我来说，只要他们侵犯到我的权益，我就会和他们斗争到底！’

“‘兄弟，听说前几天你在美洲中部和他们英勇决斗了！所有的报纸都在报道，这个消息甚至传到了欧洲，到处都是飓风带来破坏的新闻，请你现在详细说说吧！’

“‘好吧，飓风兄弟！你听了我的故事，就再也不会因为你在欧洲的街道上打碎了几个花盆而哭泣了。你知道的，我和你的做事方式不同，我不是靠吹风，而是靠吮吸来显示威力！我的力量让不断旋转的云漏斗像一个长长的象鼻子那样从天空垂下，不论什么东西碰到了都会被吸进去，然后高高一抛，摔个粉碎。我能力所及的范围很窄，但这窄小的空间里却是我说了算，我就是唯一的统治者！我的足迹清晰可见，就像一把镰刀在玉米地里凿出的一道又深

又秃的沟壑。'

"'炎热的五月，我从落基山脉高处出发。从银光闪闪的积雪山上滑下，慢慢穿过岩石山谷。在我身后，天空就像一堵蓝黑色的墙，让人感觉充满威胁。落基山脉无情地蔑视我，试图打破我的势头。但我的力量不断增长。我以比列车快四倍的速度向石壁冲去。如同寺庙里的柱子一样粗的老树被我撕成了碎片。一列火车从堪萨斯平原驶出，两个巨大的引擎嘶嘶作响。它爬上陡峭的石壁，越走越远，脚下是湍急的溪流。它越过倒落的古树，这些古树从人们还不知道什么是铁路的时候就一直存在。火车阻挡了我的去路，于是我向它撞去，它似乎预见到将遇到危险，疯狂尖叫，山间回荡着它的叫声，可很快这叫声就被我从峡谷中冲出的气团的轰鸣声淹没了。我再次弯下身子，跳起来，冲向那条长蛇。列车的窗户被我震碎了，好几节车厢的车顶被吹走，像一张张纸片到处乱飞。不久后火车进入一个隧道，它停下来，放弃了和我斗争，只有最后几节车厢暴露在隧道外面。我不能耽误，必须极速前进，所以我以比特快列车快五倍的速度冲了过去。我的力量非常强大。火车的最后两节车厢装满了行李和货物，摇晃着，嘎嘎作响。最终，连接车厢的铁链断裂，车厢从轨道上滚落，掉入黑

暗的深渊，像火柴盒一样，消失了。’

“‘我又抛掷了一些和房子一样高的石块和树木。然后我来到山脚，下到平原。蓝黑色的云围绕着我，把白天变成黑夜。我把气柱挂在地上，它不停地旋转，如同大象的鼻子。我面前是得克萨斯州的大牧场，水牛群从我旁边赶忙逃走，勇敢的骑手们快马加鞭，都希望能够离我远远的。可是，在这里我完全不受石壁的阻挡，可以盘旋着前进。一棵小树想要挡住我，我立刻就把它连根拔起，像扔扫帚一样扔进奔腾的牛群。那里有一个牧场，里面有一座木制的小屋，周围有一个花园。屋子里住着牧场的主人和他的仆人们。我拔起一棵树，像掷标枪一样掷进木屋的墙板。那些总是吹嘘自己掌握了大自然力量的人们，脸色苍白，颤抖着躺在地上。我渴望向他们展示大自然的力量，告诉他们，我才是地球上的独裁者！然后我开始摇晃那间小木屋，将它连同花园一起拔起，扔进几百米外的一个小树林里。我尽量温柔一些，因为我不想杀死小木屋里的人，只是想给他们一个教训。我想这下，他们应该有所领悟了吧！’

“‘我们的美国兄弟倒是挺会讲故事呢！把一整座房子举到空中？你还真敢说！’沙尘暴说。

“‘胡扯！’龙卷风叫道，‘你这个干瘪的沙漠木乃伊在说什么啊？你以为我是在编故事吗？’

“‘安静！不要吵了！’暴风雪说，‘这家伙给我们讲的一切并非虚构！人类的报纸上记载了他当时造成的一切祸害，有学者特意为此写了厚厚的书。人们把他的这种行为称作加尔维斯顿飓风[①]。’

“‘是的，老伙计们，就是加尔维斯顿！离开得克萨斯州的森林和牧场后，我就经过了这座位于墨西哥湖畔的大城市。几头牛驾着一辆车向我走来，我便把牛和车全部举到空中，带走了。城市的入口处有一个可爱的人形玩具，后面有一座房子，房子里有很多旋转的轮子，都是由一个沸腾的锅炉驱动的，锅底下生着火。房子外面矗立着一座高高的石塔，像吹口哨一样冒着烟。我轻轻地推了一下它的肋骨，它就倒了，摔断了脖子。然后我把锅炉从墙里拉出来，放在了外面的草坪上。我又跑进城里，在那里开了几个小玩笑。城里的住宅中间有一个大广场，广场上竖着一根大铁柱，上面亮着灯，用来照明。我尽了最大的努力，

① 加尔维斯顿飓风发生在1900年9月8日，侵袭了得克萨斯州加尔维斯顿市，造成超过6000人死亡，是美国历史上造成死亡人数最多的飓风。——译注

让那个老铁柱子飞了起来，可是沉重的铁板将它牢牢地固定在地上，看来并不想跟我走。于是我使劲抓住它，翻来覆去扭了六次，将它变成了一个大螺旋锥。它现在依然在那里，变成了我去过的一个纪念品。此外，我还掀开了许多人家的门窗和屋顶，撕下人们铺在屋顶上的铜线，并在海港里玩耍、跳舞，尽情地狂欢，直到最后把船只送去沉没的世界。'

"'我一直跑，跑到遥远的海边才慢慢平静下来。傍晚，我睡着了。那可真是忙碌的一天啊！'

"风暴兄弟们沉默了，这位美国兄弟的行为简直不可取！他们意识到他是一个危险的人，都不敢和他发生冲突。只有暴风雪大哥敢继续对他的故事进行补充。暴风雪说：'你怎么不说说你在加尔维斯顿还夺走了几千条生命呢！'

"'天哪！这是真的吗？我从来没在意过！人类在战争中还动辄杀害数百万人呢。我又不是故意的，我的目的也不是杀人，只是想把地球上所有腐烂的气味吹干净，我还杀死了无数的害虫和细菌呢！这对人类来说可是很有价值的，因为我保护了他们免受疾病的侵害，让他们获得丰收。冰胡子大哥，现在你也给我们讲讲你的故事吧。你总是批评我们，可你自己又做过什么呢？'

“暴风雪摸了摸他冰冷的长胡子，清了清嗓子，开始讲：‘我年纪大了，精力也不充沛了。我没有沙尘暴那样的火力，没有飓风的活泼，没有龙卷风的力量。我披着一件斗篷，将它笼罩在我走过的大地上。我用耀眼的白色包裹着世界，一夜之间，我将大自然艺术家在整个秋天费尽心思绘制的彩色世界变成了黑白。我虽然看上去心平气和，可不免也会伤害到人类和动物！因此有些人称我为白色死神。’

“‘11 月的某一天，天气十分寒冷，我徒步穿越不列颠哥伦比亚省[①]，来到平原，那里积满了白色的雪。当我张开翅膀，天空顿时灰暗，即使在白天，人们也无法看到前方一百米以外的东西，于是点亮了灯。我稍微抖了抖我的斗篷，一阵阵雪花开始飘落，就连当地最年长的老人都说，从没见过这么大的雪。几分钟后，广阔的世界就被我闪闪发光的水晶星面纱所笼罩。雪下得又快又密，不久就把路和桥都淹没了。又过了一会儿，雪已经积得非常厚了，大地仿佛被一团白色的蒸汽所笼罩。人们几乎什么东西都看

① 加拿大西部的一个省，又称英属哥伦比亚省，是加拿大四大省之一。该省南与美国华盛顿州、爱达荷州及蒙大拿州接壤，是加拿大通往亚太地区的门户。——译注

不见了，看不到眼前的树，也看不到自己的房子。’

“‘仅仅过了一刻钟，世界已经全变了样。人们无法走路，更别提驾车了。我吹起一堵堵雪墙，街上的所有活动都停止了。我向流浪者的脸上投掷着冰针，街道上空空荡荡，厚重的积雪压坏了人们屋顶上的电线网，屋顶坍塌，雪团从斜坡上滚落。’

“‘村庄被雪覆盖了，低矮的房屋被雪压住。屋子里的人设法逃走，又被我冰冷的呼吸和锋利的针头赶了回去。’

“‘火车发出狂野的尖叫声和滚滚的车轮声，朝着我冲过来。它们喘息着喷射出水蒸气。我伸出手一抓，它们便停在雪海中，尖叫着求救。很快，就有一个小玩具来救援。它沿着铁轨疾驰，大胆地向前冲。蒸汽驱动着巨大的涡轮，把积雪铲向一边。休息片刻后，它又继续工作。我就看着它瞎胡闹，直到筋疲力尽，气喘吁吁，和列车一起被埋进雪中。结果它还是没有按照预定计划将列车从积雪中清除出来。’

“‘一切活动停滞不前，都市中匆忙的生活似乎突然按下了暂停键。人们对自己的无能感到绝望。没有一个人能走进村子，也没有一个人能出去。我不停地把雪花撒向大地，火车周围的一切都冻结在白色的海洋里。寂静的山谷里，载着乘客的邮车受到大雪的袭击，被迫困住。乘客们都冷得麻木，呆坐在车里，好像我的俘虏。在海上，我把船只变成了怪物。我用积雪覆盖住它们的风帆、桅杆和船坞，以及大炮和绞盘、指挥塔和缆绳。积雪慢慢结冰，它们无助地漂流着，就像蝴蝶掉入了蜜罐。’

“‘高原上的森林中，树梢受到沉重的雪堆的压迫，发出呻吟。树枝在严寒中积了一层厚厚的雪，失去了柔韧。我在森林中疾驰而过，大树不堪重负弯下了腰，最后像玻璃杆一样折断。整片森林都被风雪摧毁了，森林里传来一阵阵哀号声和呜咽声。’

“‘但我只是个老头儿！我的力量持续不了多久。几个小时后，我筋疲力尽地躺在哈得孙湾的边境。世界被我变成了耀眼的白色，但太阳夫人破云而出，开始吞噬我建造的冰雪世界，令已经麻木的生命慢慢苏醒。’

“老人说完后沉默了。

“‘兄弟们！’飓风说，‘我们没什么可互相指责的！我们每个人不过是做了自己必须做的事！鸽子的温驯是出于天性，老虎的狂野它自己也无法控制。是世界之主创造了我们现在的样子！’

“沙尘暴和龙卷风都同意他的话。‘德玛温德山洞穴里的风暴会议到此结束！’暴风雪说，‘大家现在从这里出发，去做自己的本职工作吧！我会如实向天神报告这一切的！我们就此别过，等明年举行家庭会议的时候再见面吧！’

“风暴兄弟们一起站起来，展开翅膀，准备出发。

“‘感谢真主！我终于可以从你们的寒冷中解脱了！’沙尘暴说。他蹑手蹑脚地走到空旷的地方，向南方飞去。

“‘再见了，大沙桶！’飓风在他身后呼喊着，向西边飞去，带着滚滚雷鸣和倾盆大雨，终点是欧洲大地。

“‘我们可以相伴走一段路呢！冰胡子大哥！’龙卷风说，‘走吧！去美国的乐园！’

“‘你的速度太快了，我跟不上。’暴风雪挥挥手，‘你先去吧！野孩子！如果咱俩同时经过一个地方，那里的人会吃不消的！’

“美国兄弟怒吼一声便离开了。还能听见他在远处喊：‘再见了！老顽童！’

“暴风雪犹豫了片刻，随后慢慢起飞，飞向了他遥远的故乡。高加索荒凉的岩石上，飘落下星星雪花。

“地面上的人儿在这几个小时里听到了老鹰盘旋着的高空中传来一阵阵咆哮声，原来这就是风暴兄弟的流浪之歌。”

“孩子们,”老乌拉波拉说,“这就是风暴兄弟的故事!你们听到了吗?飓风此刻正在烟囱上演奏管风琴呢!戴好你们的帽子,扣好外套上的扣子,快些跑回家去吧!当你们躺在温暖的羽绒床垫上,听着风从百叶窗上呼啸而过时,不要忘记那些暴露在荒野中的人,他们正在广阔的世界里,在海洋中,在山谷里,在沙漠中和来自德玛温德山洞穴的风暴做斗争呢!”

19. 天王星之旅

那真是一个美好的夜晚。乌拉波拉的花园里温暖又静谧，菩提树开花了。

“快看！星星多么闪耀！”老乌拉波拉说，“让我们架起望远镜，仔细观察一下它们吧。”

我们把天文望远镜架在树下，老乌拉波拉给我们指出月亮和各种星星。

噢，星空中有多少世界！许许多多的太阳、星球和彗星。谁能想到，我们生存的地球就只是大树上的一颗苹果，它的周围还有着成千上万的苹果。借助这天文望远镜，可以清楚看见其他星球上的山脉、山谷和海洋。

“快看！”老乌拉波拉说，“你们看到那个闪闪发光的小球了吗？那是离我们非常遥远的星球，被称为天王星。它离我们太远了，几乎看不到。那个星球上非常寒冷，因为离太阳实在是太远了，太阳光很难照到它。是的，那真是一个奇特的世界，咱们去被树木环绕的凉亭里坐坐吧，我可以给你们讲述关于那个世界——天王星的有趣故事。

“有一位研究天文学的老教授，坐在他的大天文望远镜旁，观察着天上的繁星。他看到远处的太阳和彗星，但最美丽的是行星，因为可以在行星上观察到国家、海洋、积雪和云层。

“‘唉！’老教授叹了口气，‘要是真的能去那些星球上看一看就好了，用望远镜根本看不够！我发誓，如果我死后真能升入天国，我就请求上帝让我去遥远的星球上旅行。’

“老教授这样想着想着，在皮椅上睡着了。因为那时候已经是午夜，接骨木花释放出浓烈的香味，让人昏昏欲睡。

“突然，瞭望塔的门打开，死神走了进来。他的白色躯体上披着一件黑色斗篷，戴着一顶黑色的帽子。他走到老教授面前说：‘亲爱的教授，你的生命已经到头了。如果你愿意的话，我们不妨离开这个世界，去别的地方看看。70年来你一直在这里仰望星空，现在你可以去天空中看看，顺便也可以观测一下地球。你可以看到，地球也只不过是悬浮在天空中的一个星球！’

“老教授有一位陪伴了他30多年的老仆人，名叫克里斯蒂安。他刚刚在椅子上打瞌睡，突然醒来了，惊讶地揉了揉眼睛。他看到死神正和他的主人站在一起，准备上路。

“‘克里斯蒂安，’教授说，‘没有我，你一个人在这世界上还有什么意思呢？我们相处了这么多年，你还是跟我一起走吧！’

“‘是的，我也是这么想的！’老仆人说，‘如果没有我，教授先生在天国恐怕也过得不好。他记忆力欠佳，总是乱放东西，眼镜、鼻烟壶、手帕、雨伞总是放错地方。有时候出去散步也会忘记戴帽子、穿外套。所以我最好还是跟他一起去，否则留我一个人在这世界上，也不知道该做什么好了！’

“‘我同意！’死神说，‘老克里斯蒂安的生命之钟也走得差不多了，这倒是个好机会！’

“‘好！’教授一边说，一边从椅子上站起来，又吸了一口烟，大步流星地向门口走去。

“‘稍等！’克里斯蒂安喊道，‘别把雨伞忘了！如果现在咱们不带着伞，以后恐怕很难买到了。’

“他们和死神一起出发了，在一阵暴风雨中来到了天国。不久他们就站在了天国门口，天国使者前来迎接。死神只是说明情况，鞠了一躬，就匆匆离开，因为他实在太忙了。

“‘啊！您就是著名的平方根教授吗？’天国使者抚摩着白胡子问道。

“‘不，不，’教授回道，‘那不是我的名字，我只是写了一本关于平方根的书！’

“‘真抱歉！’天国使者说，‘我怎么这么糊涂，竟然把您的名字和您的著作混淆了！现在请跟我来吧，我给您找个靠着天窗的好位置，在那里您整天都可以看到星星。但您不能去拜访其他教授，你们每个人都有自己独立的房间，否则你们迟早要吵架，在天国里是绝不允许吵架的。您的房间就在左手边，三号，里面有一双翅膀，请您穿上。在天国里一定要有翅膀，不然您只能变成半个天使。’

“‘唉！’教授叹了口气，‘我还不想这么早去天国呢！我可以和上帝聊聊吗？或许我可以向他提出一个请求。’

“‘可能很难！’天国使者喊道，‘首先，上帝很忙，忙得不可开交；其次，他并不是很喜欢教授这个职业，因为教授都很博学，几乎比他还了解世间的一切！不过您可以把请求告诉我，或许我能满足您。’

“‘是这样的，’教授说，‘我一辈子都生活在地球上，靠天文望远镜观察其他星球。但现在我真的很想去其他星球上实地参观一次，想请求上帝满足我！’

"'您想去哪个星球呢?'

"'我生活的地球离太阳很近。我想去一颗离太阳远一点的星球上体验一番,比如说天王星!'

"'啊,'天国使者说,'那可不是个好地方!天王星上很冷,但我也并不反对。常言道,信念能移山!不过我得提醒您,在那里停留不能超过四个星期,因为您的生命之钟已经到时间了。还有,这个人呢?他也要跟您一起去天王星吗?'

"'我宁愿住到温暖的天国,远远地看看那些星球就好。'老克里斯蒂安说,'可是我的主人有别的安排,我必须跟他在一起!'

"'好的,你们在门口等一下,来自天王星的使者很快就会接你们从这儿过去,四周之后他会再送你们回来!再见啦!稍等,别忘了您的雨伞!'

"天国使者消失了。

"突然,教授感觉自己被无形的大手举起。耳边响起一阵翅膀拍打地面的声音,紧接着,他就像坐上飓风一样消失了。教授仿佛失去了知觉,什么也看不见,什么也听不见,待到回过神,他已经踩在地面上了。喇叭里传出一阵声音:'您已经如愿来到天王星了。这是您的雨伞,请收

好，祝您好运！’

“紧接着，空中又传来一阵震耳欲聋的声音，隐身的星球使者飞驰而去。

“老教授在天王星上的第一个感觉，就是寒冷。那感觉是如此的强烈。他呼出的气体甚至在嘴巴上结成了厚厚的冰柱，血液也几乎要冻住了。老教授别无选择，只能通过快跑来热身，但似乎没什么用。他的身体非常沉重，尽管费了很大的力气，前进的速度却十分缓慢。

“老克里斯蒂安拿着那把蓝灰色的雨伞，拖着沉重的步伐，跟在教授后面。

“‘天哪，先生！’他终于叹了口气，停了下来，‘这个世界也太悲惨了！也太冷了，我们一定是来到了地狱！’

“‘克里斯蒂安，不要一开始就抱怨！天王星到太阳的距离是地球到太阳距离的 19 倍，当然要比地球上冷得多，咱们来之前就知道了呀。而且，这颗星球几乎比地球大一百倍，对所有物体的引力也就大得多。就好比大磁铁和小磁铁的区别，这就是为什么我们在这里感觉身体如此沉重。一切都在预料之中，不要焦虑。’

“‘这里一点都不好！’克里斯蒂安咆哮着，‘我们的鼻子都快冻掉了，腿就像被胶水粘在地面上了！’

“四周漆黑一片，只有天上的星星在闪烁着。这里没有一棵树、一根草，也没有人类居住过的痕迹。天王星的世界似乎已经死去。四周大量的冰块堆积如山，水在这里根本不可能以液态的形式存在。

“突然，地平线开始变亮了。不久，一轮亮光微弱的灰白色月亮升起。

“‘我的天哪！’克里斯蒂安感叹着，‘在这个可怜的星球上，连月亮也这么不中用吗？月光微弱得像个油灯。’

“‘快看！’教授说，‘第二轮月亮要升起来啦！’

“‘是的，还有第三个，甚至更多。月亮在这里可真是不值钱！’

“‘天王星一共有四个月亮，在地球上用天文望远镜可以清楚地看见。’

“‘可是把它们四个放在一起也未见得有多亮。’老仆人抱怨着。

“‘闭嘴，傻瓜！’老教授愤怒地说，‘它们比地球上的月亮小得多。太阳从遥远的地方照到这里，光线很微弱。你不能指望这里的一切都和地球上一模一样！你这个老糊涂，我们在这里能够看到别人没见过的东西，就应该满足！’

“幸亏他们的头顶上有三盏油灯照明，他们能看得更清楚了。但除了地面上的冰，其他什么也没有，也没有人的踪迹。

“老教授一言不发，心里却忙着盘算。是的，天王星似乎从来无人居住。他们费力地挪动双脚，向前行走。突然，老教授停下了。不远处，一道光柱从地下闪烁而出，准确地说是冰面下有一盏灯。

“老仆人也看到了。两个流浪者用尽全身力气，一瘸一拐地朝它走去。地面上有个和井盖相同大小的开口，洞口被铁栏杆堵住了。洞里有一个闪闪发光的金属楼梯直通到底，一路上都有灯照明。

“‘谢天谢地！’老克里斯蒂安惊呼，‘这里有灯，有铁梯，一定就有聪明的人类，也许这里的人类比地球上的更聪明！’他边说边朝他的主人瞥了一眼，主人已经在检查那个铁栏杆，想要进去了。

“‘铁栏杆只能从里面打开，’他说，‘否则就得用暴力了，它应该是用来防止石头和冰块落入井内的。不过我敢打赌，这里一定有什么机关，可以招呼底下的人把栏杆打开，天王星上的人肯定也有想从这个洞里爬出来的时候！’

“‘我也是这么想的，’克里斯蒂安说，‘但如果我们不

尽快进去，就会被冻死。我的腿都要冻僵了。而且我闻到了从井里传来的温暖空气！天哪，这该死的地方也太冷了！’

“‘住口！’教授突然喊道，‘我明白了。这个栏杆应该是通往下面的信号板，我们必须踩在上面，才会有人来打开它。’

“‘井盖的形状很古怪，如果这里的人类长着这样的脚，简直就是一头长着鸭蹼的大象。’

“但教授已经用力在踩踏这个铁栏杆了。没错，如果他想踩出声音，就必须用上全身的重量。接着，那个深深的洞穴里传出了奇怪的信号声，听上去像是雾角，不久这声音就来到了洞口。

“‘我很紧张，’克里斯蒂安抓耳挠腮地说，‘我们没有武器，只有雨伞，教授先生，万一打起来，我们根本打不赢。我们最好是把送我们来的那位使者叫回来，这样的话我们如果打输了，还可以立刻逃跑。我真希望我们就留在天国里，待在咱们天文台也行啊，那里永远不会出大乱子，最多就是忘记给窗台上的花盆浇水。’

“‘安静点！你这个老糊涂！’教授轻声说，‘有人爬上来了！’

“果然，他们看到一个黑色的影子从下面慢慢升起，却看不清是什么东西。它越靠近洞口，外面的两位老先生就越紧张。克里斯蒂安颤抖着，像风中的杨树枝。

“‘我的天哪！’他低声说着，头发像火柴棍一样直立，‘爬上来的是什么怪物？可能是个大野兽吧，太可怕了，我希望可以赶紧藏到地下去！’

“‘呃，呃，可能是个可怕的天王星人！’教授低声说。

“天王星人爬到了洞口，现在他们可以清楚地看到他了！

“他比地球上的人类小一些，身量只有地球人的四分之三。身材矮胖，像是个长着四肢的圆球，身体里填满了脂肪。他的腿粗壮得像大象腿，双脚肿厚，形状奇特；脚底扁平，像一块铅板。两条手臂已经变形，两只手一共才八根手指，手指之间有蹼连接着，像青蛙那样。

“他的脑袋和身体差不多大，没有脖子。他是灰黑色的，像海豹一样。最引人注目的是他的那双大眼睛，和果盘差不多大，非常黑。他的头上看不见耳朵，但有一个和树干一样的嘴巴；头顶上没有一根头发，皮肤像海豹一样光滑。

“两个地球人被吓得倒退了好几步，天王星人似乎也被

他比地球上的人类小一些，身量只有地球人的四分之三

吓到了，嘴里发出一阵奇怪的声音，像单簧管一样低沉。

“几个来自不同星球的居民，惊恐地对视了很久。在天王星人看来，地球人也是一样的丑陋和畸形。他用力踩在那块信号板上，不断有新的同类从下方爬上来，直到把那个铁栏杆填满。所有人都面露惊奇。

“然后有一个天王星人走了出来，他的额头上戴着一块明亮的石头，像钻石一样。灯光照在两位来自地球的不速之客脸上。他的声音奇怪而悦耳，当然，他说的话，他们根本听不懂。

“教授双手指着冰块，瑟瑟发抖，又指了指下面温暖的洞穴。这些天王星人在地面上也感觉到了寒冷，因此一下就理解了教授的意思。他们打开铁栏杆，带着这两位地球人，进入了天王星世界的深处。越往下走就越暖和，两位旅行者惊讶地发现，那里好像一个獾的大巢穴，有好几层，每一层都有蜂窝状的建筑。天王星人们在路上走来走去，像蜂巢中的蜜蜂。

“一种奇怪的人造光照亮了街道。街道又窄又低，也有几条小而平坦的，车子在上面无声滑过。空气很清新，一切都十分整洁。

“这两位旅客也只能看到这些。最初，他们被带到街道的下一层，然后立即被推入一辆正在疾行的车子。当然了，他俩必须坐在车厢地板上，因为天王星的世界并不是为他们这样体形高大的生物设置的。教授估计是车中体形最大的人，天王星人都不如地球上的小孩子高，可他们的体力显然远远超过地球人。

“车子在长长的小巷里飞驰而下，停在街道的尽头，然后像坐上了升降电梯一样缓缓下降，经过了好几层建筑。额头上戴着明亮石头的男人一直在指挥，降了几百米后，他们来到了一条大街上。这条街比其他的街道更宽广，装饰更华丽，上面布满了奇怪的记号。车子停在了一段装修特别华丽、灯火通明的石子路上。许多天王星人跑了过来。教授和他的仆人下车后，大家都颇为震惊。杂乱的交谈声像几十只单簧管同时奏响。就在那里，这两位旅行者看到了天王星上的女性，她们比男人身材更小、更圆，穿着华丽的长袍。她们看到地球人是如此畸形后，吓得连连后退，口中发出咕噜咕噜的声音。

“‘我的天哪！’克里斯蒂安说，‘他们长得也太难看了！哪怕娶一只猴子，我也绝不会和她们中的任何一个人结婚。’

“额头上佩戴明亮石头的人吩咐大家乖乖让路，他们来到了天王星政府的门口。穿过光线充足、装饰精美的岩石通道，两位客人被带进了一个房间。房间里坐着的人都穿着华丽的衣服，每个人的额头上都戴着明亮的石头，他们是这里的高级官员。中间那个人的头上戴着一顶闪闪发光的王冠，是天王星人的元首。

“这些人看到这两位客人后，都兴奋地交谈着。最先发现这两位陌生人的守卫将来龙去脉讲了一遍。元首招呼他们坐得近一点，教授终于找到了一个解释自己的机会。

“‘克里斯蒂安，’教授刚才在路上就说过，‘这里有铁路、公路、街道、衣服和灯光，他们也一定了解一些和星星有关的事情，这里肯定也有天文学家，我想和他们交流一下。’

“教授把手伸进口袋，拿出纸笔，画出了天上的星星，比如大熊座、猎户座和其他星座。不论在天王星上观察还是在地球上观察，这些星星看起来都一样。天王星人睁着大眼睛仔细看着，顿时发出了惊愕的声音。是的，他们懂了！他们用手指指天花板，指向天空，头戴王冠的元首立刻差遣手下出去办事。

“‘我敢打赌，克里斯蒂安，他们一定会请来一位天文学家！’教授说，‘我想他们心里已经明白，我们是来自其

他星球上的人类！’

“房间的门帘被拉开了，仆人带着一个人走了进来。你一眼就能看出来，他是天王星上一个非常古老的居民。他那海豹一样的头上有数千条皱纹，呆滞的双眼前面戴着一副像是眼镜的东西。他走路时佝偻着腰，手里拄着一根粗粗的金属手杖。

“‘天哪！’老克里斯蒂安说，‘我可以断定，他一定是教授或是天文学家，我相信无论在哪里，天文观测场那一套都大同小异。不过我想他一定不像我的主人那样会把眼镜乱放，不是放进糖罐里，就是搁在信箱中。因为他的眼镜实在太大了，甚至可以把人绊倒！’

“与此同时，那新来的人正在向元首毕恭毕敬地打招呼。他肯定已经听说了有奇怪的外星人到访天王星。此刻，他正透过眼镜观察他们，神态和我们观察一只稀有的甲虫时一模一样。他的鼻子像跷跷板一样上下摆动，发出奇怪的咕噜声。

“教授突然拿出那张画满星座的纸放在他的面前，天王星的天文学家立刻认出来了，并惊讶地向同伴说着什么。教授指了指图上的星星，又指了指自己，表明自己和同伴都是从其他星球来到天王星的。

“天王星上的天文学家走了，过了一会儿带回一个大金属箱子。箱子里放着精美的金属片，上面画着红色的图画，描绘的是太阳和围绕着它旋转的所有星球。教授用手指了指天王星，然后又指了指周围的人。他们做了一个手势，表明自己已经明白了教授的意思。教授随即指了指自己和克里斯蒂安，又指了指画中太阳附近的地球。

“天文学家明白了教授的意思，大吃一惊，向他的同伴解释着。这两个奇怪的人是从太阳附近的温暖星球来的，那个星球又远又小，即便是用最好的天文望远镜，也很难观测到。

“他们尝试沟通了半天，最终克里斯蒂安因为饿得受不了了，拍了拍他的肚子，又指了指张大的嘴巴。他希望天王星人能够懂得他想表达的意思。

“‘我的主人，教授先生！你现在可真是心不在焉，我看你现在就是饿死，也不会意识到呢。’老仆人抱怨着。

“在场的每个人都站起来走了，显然已经到了该休息的时刻，街道变得安静了许多。这两位地球上的来客被带进了一个漂亮温暖的房间，房间里有奇奇怪怪的家具和软垫子做成的床。金属盘子里装满了各式各样的食物，味道很不错，不过好像没有什么蔬菜，对这两位地球人来说，有点腻。

“吃饱喝足后，仆人们全部出去，只剩下教授和他的老仆人。他俩一骨碌瘫倒在沙发上，开始讨论这段奇妙的经历。

“‘教授，你能不能给我讲讲，为什么天王星人长得这么可怕？’克里斯蒂安一边问，一边用麻布给自己做了一顶睡帽。没有睡帽，他就睡不着。‘我今晚一定会做噩梦！上次你带我去非洲，我看到又凶又大的蜘蛛蟹，就做了一晚上噩梦！’

“‘哦，克里斯蒂安！’教授无奈地摇摇头，‘你已经跟随一名博学的绅士工作 30 年了，怎么还是笨笨的。在他们眼里，我们长得也是一样的丑陋。你必须要记住，每个生物都由大自然赋予它合适的器官。这就是为什么鱼长着鳍并且用鳃呼吸，鸟儿长翅膀为了飞翔，猛兽天生就有敏锐的嗅觉好发现猎物。现在看来，天王星是一个寒冷而黑暗的星球，太阳几乎无法将光和热带到这个星球来，所以这里的人都长着大眼睛，以捕捉尽可能多的光线。这里的空气非常稠密，可以有效地传播声音，但你有没有注意到，我们的声音在这里听起来是多么响亮？因此，天王星上的人不需要像我们一样长着大耳郭来收集声音，大自然没有

给他们这样的器官。’

“‘教授先生，他们的长鼻子又是怎么回事？他们几乎可以用鼻子捡起地上的东西，就像当年我们在动物园里看到的大象。我记得当时大象抢了你的雨伞呢！’

“‘嗯，视力不太好的生物，大自然通常会赐予他们嗅觉灵敏的鼻子。所以长鼻类的动物，视力都不怎么样。天王星上光线昏暗，这里的人虽然长着大眼睛，可能仍然无法看清楚，所以需要灵敏的鼻子。’

“‘你也看到了，他们的身材又胖又圆，身上覆盖着一层厚厚的脂肪。想想，像咱俩一样瘦的人，是很容易冻感冒的。居住在地球北极的因纽特人也很胖，因为胖人更耐寒。这里的人还爱吃肥肉，好储存脂肪。他们身体强壮，力大无穷，那是因为在这个星球上，所有的东西都比在地球上重，人们自然需要更大的力量来举起重物，四处走动，大自然就给予他们更强壮的肌肉和骨骼！’

“‘你看，无论什么奇怪的事情，只要在这里多观察观察，就能找到原因。有一件事是肯定的，那就是：没有人生活在这个星球的表面，因为那里又黑又冷。人们会在温暖的地方建造城市。在地球上，越深入地底，温度越高，这里似乎也一样。明天我们可以再出去多了解一下。’

“‘也许明天天亮后，我们就可以回到地面。到时候太阳出来了，阳光明媚，空气温暖，你说是不是，教授先生？’

“‘克里斯蒂安，如果你这么想，那就要等上很长时间了！大约要等20年，才能再见到白天，而且这里的白天阳光十分微弱。在天王星这颗星球上，按照地球上的时间换算，有40年的白天和夏季，然后又是40年的黑夜和冬季！’

“‘我的老天爷啊！这个星球也太疯狂了！’克里斯蒂安惊呼道，‘如果40年见不到太阳，人都像泥鳅一样，生活在黑暗中，然后又是40年的白昼？如果是我，在这里可住不下去！如果有一个人正巧赶在黑夜出生，又不幸只活了40岁，那他一生都见不到阳光了！你想想这漫漫长夜，那是懒人最喜欢的！’

“‘嗯，克里斯蒂安，这里的人虽然住在地下，但是他们有人造光，他们也会用适合他们的方式来划分一天，把工作和睡觉分开。因为这里靠近天王星的南极，天王星绕太阳旋转一周需要84年。所以天王星的南极有42年是直面着太阳，然后再轮到北极。就像刚才天王星的天文学家向我解释的那样，我们在天王星的南极附近，而且正处在黑夜的 42 年中。如果我们想要看到太阳和太阳附近的地球，就需要前往天王星的另一个半球，也就是北极附近。刚才我们已经商量好了，天文学家和一名官员明天会带我们去。但是现在，咱们就安心睡觉吧，克里斯蒂安，我已经快困死了。'

"两人各自翻了个身，刚把头靠在垫子上，头顶的灯就熄灭了。

"两位地球之子被一阵悠扬的音乐声唤醒。音乐持续了三分钟，响彻整个天王星。这是宣布新一天开始的信号。他们从床上起身，头顶的灯又亮了。克里斯蒂安在房间里进行了一趟'发现之旅'，看到隔壁房间里有热水源源不断流入一个雕刻在岩石上的浴缸，地上放着矮桌。天王星的居民都是小个子，因此在岩石中建造通道、住宅和道路十分艰巨，这就是为什么他们的一切建筑都很矮。这两位地球之子只能弯着腰走路，他们感到非常不舒服。天王星人经常席地而坐，两位地球上来的客人也不得不那样做。他们坐下来准备吃早饭，觉得这样的生活倒也不错。热水浴缸里放着装有肉汤的液体罐头，旁边的金属盒子里放着小馅饼，热乎乎的，克里斯蒂安觉得好吃极了。

"'热水似乎在这个星球扮演着重要的角色。'教授一边说，一边抽了一口鼻烟。

"'看来这里的人不抽烟，是为了保持空气清洁，新鲜空气要进入这样的地下城市，绝非易事。看！天花板上旋转着的东西一定是风扇，我们进到这个城市来的那个通道，似乎是一个通风管道。'

"门上的红灯闪了起来，紧接着，天王星的天文学家和另一个人走进了房间，那个人的额头上戴着三块明亮的石头，大概是个高级官员。他们的手指在发亮的脑门上轻轻碰了几下，发出一阵短促的声音，这是对客人的一种致意。我们的地球朋友们也回敬了他们，教授恰好是光头，回应起来十分便利。经过几次询问之后，他们清楚地知道，去天王星北半球的旅行可以开始了。教授却说他找不到眼镜了，最后还是克里斯蒂安帮着找到了，眼镜就挂在老教授的鼻梁上。'可能昨晚他睡觉时就没摘！'老仆人抱怨道。然后他们出发了！

"他们进入了一辆专门为长途旅行准备的小火车，车子的速度很快，时而直行，时而垂直进入地下世界，以最佳路线到达目的地。在车上，双方通过手势和地图交流。天王星人把这个奇特的世界做了一番解释和描述，教授便学到了：这颗星球的表面实在太冷了，没有任何人类在上面生活。长期的黑暗导致更高级的生命无法存活。不过在最明亮、最暖和的赤道附近，曾经发现过生命的痕迹。在很久以前，那里居住着古代的野蛮人。那时候，地壳内部的火海仍在燃烧，像炉灶一样温暖着那里。而现在，天王星赤道上只生活着一些毛发浓密、皮下脂肪层厚实的动物，它们以地面的苔藓为食。

“几千年来，天王星人一直生活在地下。这里的城市是分层堆叠的。越深的地下，就越暖和。大泵通过竖井抽取空气，也将污浊的空气向上排出。

“金属在这里的岩石中随处可见，各种日常用品都是用金属制成的。地下洞穴中生长着毛毡状的地衣，可以用来纺织衣物。人类驯化了地下洞穴里的多数毛发旺盛的动物。温暖的湖泊中有鱼类和贝类，还有可以食用的水生生物。在这样的环境中生活，不会有什么不好，因为人类是适应能力极强的动物。

“教授事无巨细地记录了天王星人表达的意思。‘将来我会写一本和天王星相关的大书。说不定我能把它带回地球，要是给我的同事看到了，他们还不知道要怎么羡慕呢！’教授高兴地说。

“教授也通过手势和画图的方式，给天王星人讲了地球上的种种。时间就这样过去了。火车穿过城镇和矿井，穿过巨大的洞穴，洞穴里还藏着湖泊。当他们穿行到地下深处时，温度升高，教授和老仆人感觉像中暑，坐立不安。‘天啊！难不成我们老了还要变成烤鸭吗？’克里斯蒂安说。

“经过了好几天的旅行，他们终于到达了目的地。他们下车后，那个天王星的高级官员表示，他们已经到达了北半球，可以看到太阳了！每个人都裹着厚厚的毛衣，爬出了通风井。天气越来越冷，他们终于爬到了栏杆前，走出去，来到了星球的表面。

“是的！这里就是白天，并且是夏天！可这是怎样的‘白天’，怎样的‘夏天’啊！沉闷的暮色笼罩着冰冻的风景。相比之下，地球上的风光和景色简直令人眼花缭乱。天空中繁星点点，地平线附近闪耀着一颗巨星，那就是太阳!

“‘太阳！最亲爱的太阳！’教授用雨伞指着那颗奇异的明星大喊，‘我们的地球母亲也一定在附近！’

“‘什么？这是我们伟大的太阳？天哪，她怎么变样了？’克里斯蒂安惊呼道，‘地球又在哪里？’

“‘从这个方向看过去。因为地球离太阳太近了，所以

被太阳强烈的光线遮蔽了。借助天文望远镜才能看到。’

“天王星的天文学家向他们挥了挥手，让他们再往前走一点，天王星人已经在那里为地球来的客人架好了望远镜。这个望远镜看上去和地球上的天文望远镜有很大的区别，它是由巨大的金属镜组成的。天王星的天文学家把望远镜对准了太阳，开始寻找地球和其他的星辰。

“天王星的天文学家把教授拉得更近，向望远镜中看去，他们看到一个颤抖的光点，那就是地球！

“‘哦，我的天哪！’克里斯蒂安有些失望，‘这个看起来像从我的烟斗里飞出来的小火花就是我们的地球？好吧，我还以为至少能看见我们的房子、天文台和花园呢！现在想想，花园里的花肯定也枯萎了。天哪！这竟然就是地球！’

“‘是的，这就是地球。’教授回答。

“‘好吧，希望我们可以再次回到地球。我可以把你的拖鞋放在暖炉上烘烘热，坐在花园里抽着我的烟斗，阻止小朋友把旧煎锅绑在猫尾巴上。’

“忽然，高处爆发出一阵急促的咆哮声，从云端传来一阵号角声。两个天王星人吓了一跳，他们的眼珠滚动着，惊恐地嗅着周围的空气。紧接着他们匆匆跑到竖井口，消失在地下深处。

“高处的声音再次响起：

“‘地球的儿子，你们在哪里呀？到回去的时候了！’

“‘你听，你听！’克里斯蒂安在教授耳边低声说，‘这是天使，他是来带我们回天堂去。’

“‘可是我不想回去！’教授说。

“一只巨大的手落在了教授的肩膀上，他吓得把雨伞都弄掉了。突然，他的周围出现一片耀眼的光芒，他惊讶地瞪大了眼睛。

“‘我不想回天堂去！’教授一再强调。

“‘教授，难道你想去地狱吗？’老仆人在一旁说道。

“‘不，我想继续住在天王星上！’

“‘住在天王星上？教授先生，你是怎么住在天王星上的呀？’

“‘克里斯蒂安，你这个笨蛋！你是不是老糊涂了？我们现在就在天王星啊！’

“‘我可没糊涂，我清醒得很！咱们现在在地球上，如假包换！’

“‘真的吗？你是怎么来到地球上的呢？’

“‘和你一样呀！有一天，我妈妈没有得到我的同意，就把我生在地球上了。可是教授先生，我现在很担心你，你是不是生病精神错乱了？刚才我正躺在沙发上，突然听到你大声尖叫。我赶紧跑过来，看到你在望远镜旁的椅子上睡着了。现在快到早上了，太阳也快升起来了，教授先生好像做了个梦。'

"'做了个梦？只是个梦吗？好吧，我的雨伞是不是落在天王星上了？'

"'先生，你的雨伞就好好地躺在门口的角落里呢！'

"'原来是这样，'博学的老教授说，他四肢僵硬，艰难地从躺椅上爬起来，'看来这真是一个梦！'

"他揉了揉眼睛，摇了摇头，踱着步回房间里继续睡觉了。"

20.被埋没的城市

嗯哼！南欧那边还真是可爱啊！我们北欧人从来都不知道，天空可以如这般湛蓝。潮湿温暖的空气从地中海吹来，美丽的鲜花朵朵绽放。月桂树林沿着河岸整整齐齐站成一排，橙子树和柠檬树也在阳光明媚的花园中熠熠生辉！是的，意大利的天气真是棒极了！

看！一个农夫在阳光明媚的春日里犁地。他拖着锃亮的铁犁子，穿过被温润雨水软化过的热气腾腾的泥土地，高兴地叼着他的烟斗，悠然自得。在他不远处有一座尖锥形状的山，就像个圆锥形的蛋糕矗立在那里，人们称它为“维苏威火山”。这座山很神奇，农民会抽烟，它也会！一根细烟柱从山顶缓缓升起，因为这是一座会喷火的山，当然也是个危险的家伙。当它突然“发疯”，会隆隆作响，紧接着雷电交加，可怕的东西从它身体中源源不断地冒出来，炽热的灰烬和燃烧的石块在空中呼啸而过，将周围的一切都摧毁。然后，湛蓝色的天空消失了，月桂树被烧毁了，橙子和柠檬果园被埋在热泥中。在南欧，尤其是在意大利，仿佛一切又不像刚开始时那般可爱和美好了。

山上冒着烟，一切又恢复了平静。农夫一边抽着烟斗，一边犁地。突然，他的铁锹铲到了一个硬邦邦的东西，他以为是一块大石头。他思索片刻，弯下腰，准备把它移开。但他把那东西捡起来后，却发现那是一个顶漂亮的青铜罐子，装饰精美。用水把覆盖在罐子表面厚厚的泥土和灰烬冲刷干净后，你会发现它是那样的古老，现代人早就不生产这样的青铜罐了。

农夫高兴极了，乐得像个国王。他觉得那是一件非常稀有的玩意儿，是土地馈赠给他的果实。他端详了很久，小心翼翼地将它放置在一边。心想：如果老太婆看到这么漂亮的东西，把它放在我们家的碗橱里，她别提会有多高兴了！

带着满满的干劲，农夫继续耕地，他犁啊犁，到了中午，当他正要停下手头的活时，铁锹又卡住了，怎么也铲不动。农夫心想：嘿！我今天就是个挖宝人呢！他拿起铁锹，挖出了那东西。是什么呀？是一个巨大的金属烛台，有五个分叉，底部像狮足，高约三尺，重得几乎无法举起。

农夫是个聪明人，他把草帽往后一推，心里冒出了一

是一个巨大的金属烛台，有五个分叉，底部像狮足，高约三尺，重得几乎无法举起

个想法："既然这么一小会儿我就找到两件宝贝了，肯定还有更多的宝贝等着我呢。"于是他铆足干劲，越挖越深，挖得满头大汗。他挖到的几乎都是灰烬，这些灰烬可能是那座会喷火的山在几个世纪前喷射出来的。他挖出了一面可爱的小手镜，手镜下面是又厚又硬的砖块，然后就再也挖不动了。"这下面一定有一座房子，"农夫心想，"不然砖块是从哪里来的呢？"

农夫把铜罐、烛台和镜子装上马车，高高兴兴地驱车回家了。是啊，对于生活在火山脚下的一个穷苦农夫来说，这可真是幸运的一天！

农夫的妻子很惊喜，自豪地将这些漂亮精致的小玩意儿摆在了客厅里显眼的地方。它们太漂亮了，看上去和农夫家那些摇摇晃晃的旧桌子、旧藤椅格格不入。

在这之后的几天，农夫依然在耕地时试图在地下寻宝，可最终都是徒劳。这天傍晚，他悠闲地坐在自家门前，抽着烟斗，护理着驴鞍。这时，乡间小路上尘土飞扬，两匹骏马拉着一辆气派的马车呼啸而来。

一位贵族打扮的绅士坐在马车里。农夫向他打招呼，绅士友好地回应了农夫，停了下来。

"可以和您一起喝一杯小酒吗？我可爱的先生？"绅士

问道。

“当然可以，老爷！这是我的荣幸。”农夫回答。

打扮考究的绅士从马车里下来，走进了农夫的房子。他喝了一小杯酒，惊讶地看到农夫家里摆着的青铜罐、烛台和镜子。这几件宝贝引起了他极大的兴趣，他从不同的角度翻来覆去地观赏着。

“我的朋友，”终于，他向农夫开口问道，“你是从哪里弄到的这些东西？这可都是古董！艺术家在几百年前，甚至几千年前创造了这些物品。它们简直价值连城！又怎么会在你这家徒四壁的房子里呢？”

起初，农夫一个字都不想说，他不想透露任何秘密。但当这位绅士告诉农夫，他是一名政府官员时，农夫便对他敞开心扉，坦白了一切。

绅士听完后，对农夫点了点头。他告诉农夫，一定要保管好这些宝物，过几天他会再来，还会以高价买走这些宝贝。交代完一切后，绅士便坐着马车离开了。

三天后，两辆马车停在了农夫家门口。那位绅士果然又回来了，还带来了六位穿着精美大衣、戴着金边眼镜的绅士。他们每个人都看了看那些古老的宝贝，驾着马车去田野，并嘱咐农夫和几个工人带着铁锹和铲子同去。

他们挖啊挖，从天亮挖到天黑，在一米厚的灰层下，他们挖到了墙壁、屋顶、柱子以及一些小艺术品。夜里，他们挖出了一具人形骸骨。

这几位绅士都很有学问，他们都知道，在这片土地下，曾经有一座古老的城市，一座在数百年前就埋没的城市，它被附近火山喷出的灰烬所埋没。

"朋友，"有学问的人对农夫说，"你有了一个伟大的发现，应当得到丰厚的回报，这样，你就可以买一座漂亮的房子，买一些新的田地，甚至还可以买一个酒厂来经营。但是你必须放弃这些宝藏和你的旧土地，因为你知道，你每天犁的地下面就是一座埋没的城市。很久以前，我从古老的著作中了解到，这里有两座古城，一座叫赫库兰尼姆[①]，另一座叫庞贝[②]，都是被维苏威火山喷发出的灰烬掩埋的。现在，你发现了它们的痕迹，我们要把这两座古城挖掘出来。"

绅士们这么说了，当然也这么做了。农夫得到了丰厚

---

① 公元79年被意大利南部的维苏威火山爆发所摧毁的古城，即现今的意大利埃尔克拉诺。——译注

② 公元79年毁于维苏威火山大爆发，由于被火山灰掩埋，街道房屋保存较完整，为了解古罗马社会生活和文化艺术提供了重要资料。——译注

的回报，在平原上买下了一座房子，很快便成为富翁。他过去耕作的田野及周边地区也变得忙碌起来：成百上千的工人来到这里，日复一日、月复一月地不停铲啊铲，不断将覆盖在沉没的老城上方的灰烬拉走，老城的本来面目慢慢浮现出来。

是的，这简直就是一个伟大的奇迹！谁能想到，很久之后人们可以再一次漫步在赫库兰尼姆和庞贝古城的街道上，进入 17 世纪前被埋没的房屋。身后那座依然在冒烟的火山惊讶地看着我们，它曾经犯下的罪行再次暴露在我们面前。月亮将苍白的月光投射到被挖掘过后的古城荒凉死寂的街道上。17 世纪前，这里完全是另一番景象：穿着白色长袍的人们在街上快乐地奔跑，孩子们在街上玩耍歌唱，高大的双轮马车载着英俊强壮的男子驶入平原。这座城市虽然死了，但它又苏醒了过来，古老的月亮可以再一次将光芒洒在这些房子的白色墙壁上，尽管这些房屋多年以来一直隐藏在地下，被火山喷出的灰烬所掩埋。

人们在这些废墟中徘徊，无法对他们的祖先如何在这里生活和工作感同身受，更无法理解他们的祖先是怎样受苦的。

是的，你仍然可以清楚地看到这一切，就好像这一切昨天才刚发生。那里的街道笔直且干净，有美丽的寺庙和圆形的剧场，有带有圆形拱柱的门和澡堂，有花园和塔楼。房内墙上挂着精美的画，桌椅板凳、烛台和镜子、锅碗瓢盆和各种餐具，以及床和橱柜，在屋里随处可见。各种各样的公告至今仍然贴在墙壁上。墙上还有当时顽皮的小孩子留下的各种涂鸦。你也可以走进当时的小商店、小酒馆、药店或是面包房。

上面提到的一切，时至今日仍然可以看到。如果你有机会去阳光明媚的意大利，就可以在维苏威火山旁边看到这两座曾经被火山喷发埋没的城市，你可以去它们的街头走一走，看看两千多年前的老艺术家们所作的壁画。

但是，当人们从灰烬中把这两座古城挖出来的时候，他们走进房屋，看到的却是当时的居民的骸骨。那些人被火山灰活埋了。你可以看到母亲是如何拥抱她的子女，经历苦难的人是怎样蜷缩在门边，门却再也不能打开。你还可以看到那些人当时是如何努力想要破坏墙壁逃出去。街道上也随处可见那些被雨滴般落下的石块砸死的逃亡者。

啊，那可真是一幅令人感到悲伤的画面！时至今日，仍有许多人为那些在几个世纪前因火山爆发而丧命的人默哀和哭泣。他们做错了什么呢？却要被这样的方式夺去性命，真的是太悲惨了。

如果你有机会去美丽的南欧，一定不要忘了去参观一下这两个结局惨烈的古城：赫库兰尼姆和庞贝。

看！人们在地球的表面上快乐地四处游荡，就像那些生活在苹果上的微生物一样。他们在地上建造房屋和城市，播种玉米，种植树木，大约有一千件事等待着他们去做。苹果的皮很薄，果肉很厚；地球也一样，地表层很薄，下面是无穷无尽的岩浆、土壤和余烬。人们在地表上走来走去，根本不想去下面沸腾的火海，在那里会感觉仿佛置身于地狱。人们以为，地壳——地球这层厚厚的外壳可以很好地封住地幔中的物质。可是，地壳有上千个小裂缝和小孔隙，海水不时会渗入其中。它穿过各种神秘的通道和峡谷，进入岩石深处，到达火光闪耀的地方。它与地狱那炽热的光芒混合在一起，于是，那一瞬间，恶魔挣脱了枷锁，获得了自由。在地幔内部，岩浆中的挥发成分无法溢出。当岩浆上升靠近地表时，压力减小，挥发成分被急剧释放，那场面就好像数以百万计的手榴弹同时爆炸，十万个蒸汽锅炉同时工作冒出热气一样，嘶嘶作响，火光四射，像狂暴的怒火般将自己撞向地球表面。接着岩浆一分为二，野火从火山内部喷发出来，把石头和泥土喷向四面八方，火山爆发就这样进行着。炽热的岩浆从地壳的洞中流淌出去，如同滚烫的泥浆，灼热的火山灰和数以百万计的石块将城市埋没。人们当然会害怕啊！大地的外壳被撕裂，野火冉冉升起，他们惊恐地逃离那可怕的地方。

那是公元 79 年的 8 月 23 日。湛蓝色的天空倒映在海面上，芬芳的花香从花园飘向大地。赫库兰尼姆和庞贝城的白色房屋在夏日的阳光下熠熠生辉，圆锥形的火山矗立在城市中，绿色的葡萄园环绕在它的周围。

人们兴高采烈地在街上闲逛，每个人的脸上都洋溢着快乐，他们在自家屋前摆卖着各式各样的手工艺品，孩子们在牌楼的石柱间追逐玩耍。落日时分，大剧场里要进行一场盛大的表演，妇女们都坐在闺房里梳妆打扮。

夕阳西下，山顶上飘浮着黑烟。没过多久，街上安静了，地下传来沉闷的轰鸣声和隆隆声，但是无人理会。因为那座火山已经休眠了几个世纪，一直很平静，人们甚至都忘记了它正像黑豹一样埋伏着，狡猾地等待着攻击他们。人们没有意识到危险正在逼近，依旧无忧无虑，穿着喜庆的服装匆匆赶到剧场。山上的云慢慢变成乌云，地底深处的隆隆声越来越响，大地在人们脚下轻轻颤抖着。随后，许多人将目光投向了这座山，一股恐怖的不祥预感慢慢涌上心头。

夜晚悄然过去。但第二天一早，初升的太阳竟然变成了血红色，峡谷中传来一阵诡异的隆隆声。山顶上飘浮着一大团奇怪的黑云，它非常高，仿佛一棵大树，然后越来越大，甚至遮住了太阳，把白昼变成了黑夜，巨量灰烬从山顶倾盆而下，雷声沉闷地从山上传来，刺眼的闪电从黑暗中闪现。然而，远处的海岸依然风和日丽、艳阳高照，那里的居民惊恐地看着这突然爆发的可怕火山，为住在山脚下的人们默默祈祷。

正午时分，火焰如蛇一般蠕动出山口，窜向葡萄园，烧毁了周围的一切，摧毁了人们的住宅。赫库兰尼姆和庞贝城的居民们哭喊着跑上街道，带着他们的财物匆匆离开，逃到更远的平原地区。但谁也没有想到，一场更大的灾难已经悄然来临！无数带着火光的小石子从火山里喷射而出，短短几小时就砸死了数百名逃亡者，乡村道路上和田野间满是逃跑的男人、女人和小孩，他们在黑暗中丧生。没有被石子击中的幸运儿们，在极度的恐惧中继续奔跑，被余烬包围，被闪电击中。雷声滚滚，硫黄味的毒气从地底喷射出来，山中倾泻而出的暗红色火蛇爬向更远的平原地区。人们尖叫着，每个人都只想着拯救自己，哭喊着一起向前方跑去。

一些人试图驾着船只从海上进行救援，可是一阵阵石子像密集的雨滴般将水手们打了回去。个别登陆的船员也因地面上升起的有毒烟雾窒息而亡。

在这不幸的城市里，许多居民躲在家中，他们害怕自己会在急速坠落的火石子中丧命，于是逃出街道，躲进房间，躲避弥漫在空气中那浓密的灰尘。他们在房间里，等待着这场不幸的结束，也等待着那个解脱的时刻。可是，三天三夜，这可怕的火山整整发疯了三天三夜！落下的灰烬越积越厚，石子堆得越来越高。最终，房屋被吞没了，人们被埋在炙热的灰烬中，所有的声音都消失了。

远处的高原上，没有经历灾难的幸运的人们，亲眼见证了赫库兰尼姆和庞贝城的毁灭。

到了第四天，天色渐渐放晴，地底的噪声也减弱了。阳光又一次刺破了还弥漫着灰烬的空气，胆子大的人慢慢靠近那个恐怖之地，却找不到两座城市的蛛丝马迹了。赫库兰尼姆和庞贝城被埋没在灼热的灰烬中，已经从地球上消失了，消失在灰烬的汪洋之中。远处，在尘土飞扬的空气中，还隐约可以看见矗立着的火山。

于是，他们转身回去，心烦意乱，悲痛欲绝。谁也没有想到，前几天还很富庶的两座城市，已经化为灰烬了。

21.小盐粒的故事

老乌拉波拉从他装满各种奇异物件的玻璃柜中拿出了一个大显微镜，说：

“这是一个魔法放大镜。你们这些小捣蛋鬼肯定不知道显微镜里的世界有多么的奇妙，在你们用肉眼几乎看不见的地方有无数小生物创造的奇迹。小小的蚜虫在显微镜下简直巨大犹如大象，要是动动它毛茸茸的脚，能把人吓得夺路而逃。一滴水珠在显微镜下仿佛是一艘有着千百个马达飞速运转的小船，水滴中的小生物身上像装了驱动器似的。而一只普通的小苍蝇在显微镜下仿佛有着复杂而可怕的机械设备。一次克立斯蒂娜透过显微镜看了一眼，只不过见到一只苍蝇伸着触须四处嗅的样子，竟被吓得大叫着逃跑了，哈哈。

“嘘！别动！桌上正好有只苍蝇！看我能不能捉到它……得，飞走了，但是它刚刚用超级复杂的口器‘侦察’的东西还在桌上。咱们瞧瞧究竟是什么！

“啊，原来是一颗糖粒，比大头针的头还要小！咦，不对，这是盐粒，所以聪明的苍蝇才没有带走它。那是一只普通的家蝇，却比所有飞机都要更懂得飞行，它可不像人类一样喜欢吃盐。不过既然它都跑了，我这把老骨头也追不动它（老乌拉波拉此时不小心打碎了一扇窗户还有水瓶），那咱们就用显微镜来看看这颗盐粒吧！苍蝇拿着它在显微镜下就像大象抱着一截木头似的。

“你们瞧！这么不起眼的东西在显微镜下有着多么奇妙的构造！它有着水晶的结构，简直像一座玻璃城堡！线条清晰明了，城墙干净光洁，更小的盐块附着在上面，仿佛城堡的角楼和高塔。你们仔细地看城堡内部的透明房间：所有房间都是四四方方的，墙壁光洁如镜。如果阳光照射进城堡，里面就像魔法城堡的宴会厅，好像阿拉伯的王子与公主举行盛大婚礼的地方！一切都光彩夺目，到处都熠熠生辉。但说到底这只是一颗盐粒，一只苍蝇可以举起的盐粒而已！

“所以孩子们，现在你们知道了吧，微观的世界和人类的世界一样充满奇迹。谁能想到，一颗盐粒的构造竟如此精密复杂，仿佛建筑大师精密丈量设计过似的！你们这些小屁孩天天吵着让我给你们讲遥远国家的故事，却不知眼前就有无尽的奇迹和魔法，连一颗小盐粒都那么有趣。既然咱们都说到盐了，那我就讲一个盐粒的故事，它将带我们进入一个奇特的世界。

“大家觉得这颗盐粒来自哪里？有一天克立斯蒂娜去杂货店买东西，店家在招牌上写着，他售卖鲱鱼还有别的热带水果。克立斯蒂娜用五分钱买了一大袋盐。你们瞧，人类就是这样，杂货店老板根本不知道他只不过收了五分钱就卖出了多么了不起的东西！克立斯蒂娜则是一勺勺地往锅里倒盐粒——这可是光彩耀眼的童话宫殿啊！要是我们跟她讲，盐粒其实是伟大的奇迹，她肯定会说我们‘胡搅蛮缠’或者‘神经兮兮’。你们知道学者们对此有什么研究成果吗？他们发现，一颗盐粒竟然是由整整72000000000000000个小粒子组成的，每一个都精致异常，仿佛都用铅锤和量角器丈量过①。

“而刚刚一只小小的苍蝇竟然可以拿起这无数粒子组成的晶体！要是我们吃饭的时候没留意，吃下了一小颗盐粒，让它进入了我们复杂的胃部化学工厂，那你们可想象不到，在黑暗的胃里面，胃液是如何将那无数的小粒子一颗颗分

① 一立方毫米大小盐粒的一侧就有大概两百万个“原晶体”，由氯原子和钠原子组成。——译注

解的！

“杂货店老板天天吆喝着‘瞧一瞧，看一看！’‘您来点儿什么？’‘您常来啊！’他每个月都能进好几桶的盐。送货的是两个棕色皮肤的人，他们驾着马车送来了鲱鱼和热带水果，还送来了盐。我们的盐粒就是这么来的。但它的年纪比两个送货人、杂货店老板还有我们所有人加起来还要大。当地球上还没有人类时，它就已经存在，得有几百万岁了。瞧你们的表情，是觉得我老乌拉波拉又胡扯了是吧？不是的，因为学者们已经把盐粒钻研透了！所以让我来讲一讲盐粒有趣的故事吧：

“几百万几千万年以前，世界上还没有人类，没有牙疼和上学的痛苦，因为那时候既没有老师也没有小孩，更没有乘法口诀表和打人很疼的教鞭。但那时古老的地球母亲已经漫步在她围绕太阳旋转的轨道上很久很久了，地球上还存在着如今已经消失的大陆、海洋和奇特的动植物。这一时期，欧洲大陆完全被海水覆盖。但海水渐渐退去，留下无数蓄着海水的湖泊。太阳温暖和煦地照耀着，湖底渐渐变干——太阳不喜欢陆地上有咸水留下，最终它战胜了海水，水汽蒸腾，咸水湖越来越小，渐渐干涸。

“

我们的盐粒就是在这个时候诞生的！水汽蒸发的时候，盐晶沉淀下来，我们的小盐粒就混在这一摊咸水塘里，它再也不能在广阔的海洋中肆意玩耍了。可糟糕的事情还在后面！又过了成千上万年，咸水才完全蒸发，只留下一个个大坑，里面堆满了几百米厚的盐晶。我们的小盐粒这时候还看得见太阳，但它和同伴们很快就被可怕的掘墓人埋葬。风暴来袭，风沙覆盖在盐晶上。又过了成千上万年，山石滚落，雨水浇灌，泥石流咆哮着冲进盐晶所在的凹地。接着树木草丛肆虐疯长，谁都不知道地下还有一个由盐粒组成的魔法城堡，有上千米厚[①]，我们的小盐粒就是其中一分子。

“地球万物的诞生就是这么有趣，每天都有新鲜的剧目上演，不然历史该多无聊啊！有一天，山上流下一条涓涓细流，水流在山坡上冲出一道沟壑，越冲越深，最终到达了盐晶的地下世界。水流继续在这个世界试探，用它的舌头融化了盐晶，生生掏出了一个个洞穴，在地下形成了一条‘河’，将盐晶带离，让它们换了新的地方沉淀。最终水流又重见天日，直奔大海，让一部分盐晶回到海洋母亲的

① 比如德国施塔斯福特（Stassfurt）的盐矿有900米厚，于几百万年前花了约一万年的时间形成。位于莱比锡西北部。——译注

怀抱。如果小河能不被干扰地持续进行这一动作，说不定几千年后，就能将全部的盐晶统统带走。但有一天山石滚落，堵住了河流的去路，它只能独辟蹊径，才能奔向大海。

“与此同时，地球迎来了一个新时期，新的动植物，还有人类也开始进入了历史的洪流，城市与村庄诞生了。一个阳光明媚的日子，一个喜欢冒险的小伙子马提亚斯在森林和河谷中漫步，他穿着鹿皮做的护腿，背着一把猎刀，手里拿着蛇夹，用来抓住极北蝰蛇。他精明的黑眼睛扫视着周遭的一切，高高的鹰钩鼻嗅觉灵敏，能闻到一切猎物的气味。他蓄着一脸深色的大胡子，头上斜戴一顶绿色的帽子，上面插着黑琴鸡的羽毛。马提亚斯冒起险来不要命，其他农民常常对其避而远之。

“当时他正追踪着一只鼬，在岩石堆上茂密的灌丛中生生用砍刀开出了一条路。突然他看见了一条岩中细缝，心中暗喜，认为这肯定是鼬的藏身之处，于是爬了进去。里面越来越黑，时而狭窄时而宽阔，空气十分湿润沉闷，弥漫着一股浓重的腐烂气味。突然他长腿一滑，掉入一片黑暗之中。还好他没摔坏，只是有点皮肉伤。马提亚斯掏出打火石照亮周围，发现了一些动物的白骨和枯枝烂叶（肯定是被小河带到这里来的）。他用眼前的残枝做了火把，在红通通的火光中发现眼前的空间还在继续向深处延伸。他小心地继续前进，脚下越发开阔，接着进入了一个巨大的岩洞。

“马提亚斯犹疑地进入魔幻的地下洞穴，心里升起一种奇特的感觉。火把照亮了周围，他发现洞穴从地面到岩壁到顶部都是亮晶晶的，将火光反射回来，让他觉得自己似乎跑进了钻石内部。一切晶体的构造都那么奇怪，有柱形的，有蘑菇形的，有尖塔形的，看上去像一座被诅咒的城堡，或者阿拉丁的钻石洞穴。

“他从洞穴内壁上刮了一点白色的东西下来，闻了闻，又舔了舔，意识到这是盐！纯净的盐！你们这些小鬼现在知道那些盐是怎么跑到洞穴里去的了！很久很久以前，巨大咸水湖的水蒸发后在地表之下留下了巨大的盐矿。小河用几千年的时间深入其中，冲出了盐晶制成的教堂、小巷、画廊、立柱、阳台、楼梯和露台！马提亚斯在黑暗中依稀看见，还有通道通往其他的洞穴。但渐渐地，他在这个静谧的水晶世界感到害怕，于是摸索着往外走，费力地爬出他掉落的通道。当他看见岩缝外的如茵绿草时，才终于安下心来，松了一口气。他脱下帽子，把湿漉漉的头发往后捋捋，然后又深呼吸好几下，才感觉重获自由。

他的心里升起一种奇特的感觉

“多少年后，马提亚斯还总在酒馆里讲述这段经历：‘那下面还是挺漂亮的！整个儿是一个魔鬼的宫殿！但是我浑身直起鸡皮疙瘩。心里犯嘀咕，你可赶紧爬回去吧，说不定魔鬼分分钟现身，抓住你，把你活活用盐腌起来！所以我麻利儿地跑了！’

“几百年后，马提亚斯早就离开人世了，而他当年歇脚的小山坡亦不复存在，人间也发生了很多事情。马提亚斯当年发现盐矿的位置如今一片繁忙景象：工人作业叮叮当当日夜不停，还有蒸汽机吞吐，发出巨大的轰隆声。这里成为一个盐矿开采厂！几百万年前沉淀下来的盐晶被从地底挖出来，水晶宫殿被拆得分崩离析，尖嘴锄砸入宫殿巨大的城墙。城墙由无数盐粒组成，每一颗盐粒又由无数小粒子组成。这个数据十分庞大，全世界的乘法口诀表加在一起都没法计算出来。要知道，我们桌上的小盐粒就有7200000000000000000 个小粒子了啊！

“盐晶被没日没夜地挖出来，被研磨，整理干净，最后装进木桶送往世界各地。因为就算日子过得再苦，面包和盐也是不可或缺的。那些能吃得上肉的人常说：‘面包和盐让人脸颊红扑扑的！’[①]终于有一天轮到我们的小盐粒被

① 德国谚语，意为：简单的饮食最健康。——译注

开采出来。它变得焕然一新，被装入两个送货人的木桶里，被送到克立斯蒂娜买菜的杂货店。

“你们瞧瞧，小盐粒的故事是多么漫长而奇特！它的经历是多么丰富！还差一点被苍蝇吃掉！但现在它却在显微镜下展示着它闪耀的宫殿！那咱们应该干点什么呢？”

老乌拉波拉说着，打开窗户，将盐粒扔进了窗外的小溪。溪水潺潺，最终将流进大海，让一切回到起点。谁知道呢，说不定几百万年以后它又沉淀在某个地方深处，为盐晶宫殿添砖加瓦，最后又出现在某个高级的婚宴餐桌上……这些咱们可都看不到喽！

22.蜉蝣的短暂一生

老乌拉波拉用放大镜对着一只纤弱的小虫，说：

“你们瞧，这就是蜉蝣！它透明的羽翼轻轻颤抖着，显然已经失去了飞起来的力气。几个小时之前，它还在河岸边开心地飞舞着，现在它的时辰到了，即将死去。它只活了一天，现在却像70岁的年迈老人一样躺在临终的床上。这个世界就是这样，有的生物能活几十年，有的只能活几个小时，却要在这几个小时之内体验到人类在70年里可以体验到的。

“蜉蝣可能会对金龟子说：‘你能活好久呀。’

“而金龟子面对人类，会想：‘你简直长生不老！’

“而人类面对着三百年如一日拖着厚重甲壳的加拉帕戈斯龟会若有所思：‘它活得才叫长呢。’

“而龟面对着非洲荒原上矗立了五千年的巨型猴面包树会想：‘它活出了永远。’

“天上的太阳夫人则嘲笑着万物，因为她已然用亘古不变的炽热照射了大地几百万年，对她来说，蜉蝣和五千岁的大树都是转瞬即逝，一天与一千年没有多大差别。

“但不论长短，每个生物都被赋予了完整的生命！穷人给乞丐的一分钱等同于富人给乞丐的一个银币。尽全力一天前行 20 米的蜗牛与背着背包持手杖一天走 30 公里的徒步者完成了同样的伟绩。孩子们，每一个个体都在用自己的尺度丈量世界！对于蚂蚁来说，马路边的路标像是一座高山，而大象只用鼻子就可以将路标毫不费力地拔起。

“所以对于蜉蝣来说，一天也并非一天，而是它的一辈子，就像人类的一辈子一样。这一天里，蜉蝣经历了人类在一生中所经历的一切：出生与童年、玩笑与游戏、成长与爱情、变老与死亡。而这一切就在日出日落之间！这可真奇怪呀！

“可对于蜉蝣却一点也不奇怪。一天怎么就不能当一辈子活呢？其实很简单，蜉蝣有自己的时间和生物钟。我们来拿笔算算看！人类活 70 年，蜉蝣只从日落活到日出，等于半天。所以人类大概比蜉蝣多活五万倍。对于蜉蝣来说，一切都只是人类的五万分之一，它的生命也只有人类的五万分之一。人类的一小时等于它的 6 年！人类的一分钟等于它的一个月！人类的一秒钟等于它的半天！一切自然运作对蜉蝣来说都慢了五万倍！

“这确实很难想象，人类家里的座钟钟摆咔嗒咔嗒地响着，对于蜉蝣来说，却等于是半天半天地过去了！老天，时间对它来说过得多快啊，一不小心，只有 12 个小时的一辈子就过完了，什么都没留下，衰竭而死。它出生时，太阳落下；它死去时，太阳升起。灿烂的朝阳陪它走向坟墓，就像帝王下葬时漫山的火把。

“这时我老乌拉波拉打了一个喷嚏！对于蜉蝣来说，这简直是一声长达 12 小时的惊雷。我接着在沙发上小憩一个小时，蜉蝣却还以为我死去了呢，因为对它来说，在沙发上躺 6 年真是想都不敢想！这种成千上万在盛夏夜晚的河边飞舞的纤弱昆虫有着让人称奇的生命！

“那咱们这就来看看蜉蝣的一生是怎么过的吧！

“下午四点的时候它被孵化出来。五点钟的时候就已经‘6 岁’了，如果蜉蝣可以上学的话，它就要背上书包去学校了。不过就教育来说，蜉蝣比人类先进，所有需要知道的知识在出生的时候就已经储存在它们的脑中，不用额外去学校学习。七点钟的时候，蜉蝣变成了不愿意再扎着无聊辫子的青春期小姑娘，已经在思考着能不能找到对象了。而晚上九点钟的时候已经有恶意的大妈编歌嘲讽它：‘你都

是30岁的老姑娘了！’

“但是在这短暂的一生中，一切都有其运行的规律，一切都事先被准备好了！这群小生物把日历表都深深地刻在脑海里！它们在美好而炎热的六月天在水中诞生，直接进入了婚礼。它们从不吃东西——为什么要把短暂的生命浪费在早饭、中饭和晚饭上呢[①]，成千上万的舞伴都还等着呢！蜉蝣们在波光粼粼的河面上嗡嗡地飞着，从远处看仿佛风吹起了一地的白色小花瓣似的。河边的人一边大叫着‘一大群白虫子’，一边捕捉这群纤细的舞蹈家。

“青春和闲暇过得多么快啊！蜉蝣们还兴致勃勃地在灌丛中飞舞，在夕阳中翩翩起舞。渐渐地，太阳这个大火球开始落下。晚霞出现的时候是蜉蝣们最幸福的时刻，它们那时差不多有‘几年’的美好时光。晚上十点的时候，蜉蝣已经36岁，变成成熟的‘大人’了！这时它将拥有新的经历！大自然母亲为这场成千上万只蜉蝣的仲夏夜舞会悬挂起一盏美丽的明灯，圆月微笑着升起。在微热的夏夜伴随着明月起舞是多么美好啊！但圆月正当中时，蜉蝣舞者们已经老去。

① 大多数蜉蝣的口器未能发育完全，所以无法进食。——译注

在微热的夏夜伴随着明月起舞是多么美好

“它们的须发会变白吗？它们的小脸会长皱纹吗？这些我们都不知道。午夜之后，蜉蝣们已经 50 岁了。凌晨三点，当守夜人在巷尾最后一次吹起号角时，蜉蝣们已经进入耄耋之年。这时，它们将再次历经奇妙的事情！踉跄着飞向出生的水面，观望着东方慢慢泛起的红霞，蜉蝣静静等待着死亡！清新的晨风中，澈蓝的背景下，玫红色的云丝好似小船，渐渐荡开。刹那间，金光万丈取代了柔和的红霞！‘起床了！快醒来！快起床！’教堂的钟声回荡在广阔的田野间，穿过睡眼惺忪的小巷。炽热的太阳发挥功力，开始将田里的水汽蒸发上来。

“蜉蝣望着眼前金红一片，再一次眨了眨疲惫的眼睛。不知道它还记不记得，12 个小时以前，它也看见过眼前的这个大火球？彼时它刚刚‘呱呱坠地’，快乐的一生才刚刚开始。现在一切都过去了，游戏人间，逝水不归！晨霞陪伴着蜉蝣的早逝，它们纤细的羽翼在波光粼粼的河面上最后一次震颤，接着便犹如枯萎的树叶般坠入水中。它们失去灵魂的身体围绕着水草打转，任由水流将其带向水草根茎，仿佛还活着正与爱人共舞似的。

“胖乎乎的青蛙惬意地坐在芦苇丛中，正窥探着自己的早餐，它是所有蜉蝣的天敌。本来蜉蝣飞舞在空中，青蛙够不着它们，气得七窍生烟。此时它微微歪着脑袋，琥珀般的眼睛骨碌碌地转。蜉蝣的遗体漂了过来，青蛙大叫：‘呱！呱！都结束了！一切都结束了！’它仿佛一只恶犬——总有一天会有更厉害的鹳鸟来报复这个落井下石的家伙的！

“如果一个小时像六年一样漫长，一分钟等于一个月，一秒钟仿若半天，该多么有意思呀！如果蜉蝣也能像人类一样写日记，把它们对世界和经历的感受写下来，我们读起来该多好玩啊。

“比如当蜉蝣在河边的灌木丛中飞舞时，一位妈妈带着小孩走了过来。妈妈坐在长椅上读起书来，小孩在一旁玩着皮球。我们看起来是稀松平常的事，但对于蜉蝣来说很特别，当它向自己的兄弟姐妹们说起时，会这样形容：‘远处来了两个庞然大物，简直像行走的大山。它们慢慢走来，花了好几个月时间才到岸边。它们不会飞，而是靠两条腿行动，每 12 个小时就抬起一只脚向前。几个月以后，它们终于停了下来。大怪兽看着一大块白色的方块，每半年时间它就翻动白方块看另外一面。小怪兽有一个巨大的红球，它把球扔起来，有时候扔在我们中间。但因为球慢慢地升起又慢慢地落下，我们很容易避开了。球升起来要半天，落下去又要半天！过了很长时间，我都六岁了，两个巨物开始吃东西，它们整整吃了两年！这也太可怜了，吃个饭都要几年时间，它们还能剩多久的生命呢。’

“‘天色渐晚，温度下降。黑色的巨幕笼罩着刚刚还明亮的天穹，雾气蒸腾，一时间我们晕头转向。这时候奇妙的事情发生了！从天上掉下来几百万个水滴，比我们脑袋还大的水滴！它们透着美妙的光，我们要很小心才不会被砸中。从树顶到地面，水滴要花上几个小时，所以我们可以把它们当镜子照。水滴落下的声音轰隆震天响，甚至河边的两个巨兽也害怕了。它们以极慢的速度收拾起来，然后在头顶上打开了一个黑色的罩子。雨水一碰到罩子就弹开了。两个巨物整整花了一年的时间，才离开我们的视线。'

"'这段时间是我们生命里最糟糕的。很多伙伴们都以为世界要灭亡了，因为天上的大火球消失了，狂风大作，周围又冷又黑，几百万个水滴不停落下。整整三年之后，这场灾难才结束。周围又变得温暖明亮，之后的几年都是这样美好！'

"你们看，蜉蝣眼中读书的妈妈、玩耍的小男孩还有大雨瓢泼是多么奇怪的事情啊！说不定也有某个无法想象的巨灵，看着人类书写、阅读有关神祇和世界的典籍，忍不住发笑呢！毕竟人类也有可能和蜉蝣差不多，尽管目前我们还不知道……

"这世界，还有生命本身是多么神秘啊，孩子们！你们再用放大镜仔细瞧瞧我们的小蜉蝣，谁能知道它的小心脏是怎么运作的？在它眼里世界又是什么样的？不论如何，它和人类一样活着，喜欢沐浴在温暖的阳光下，是生物世界里一个小小的成员。来，咱们把窗户打开，让它落在百花丛中，它将在那里永远地睡去！"

23.五个画家

伊利里亚[1]国王某日说："我的王国是世界上最美丽的。山峦高耸入云，良田广阔肥沃，大河滔滔，碧海环绕。我得找一个大艺术家来画下来才行。谁画得最好，谁就能娶我的女儿，做我的女婿。"于是大臣们齐聚一堂，经过一番研究措辞，然后向全世界隆重发布了国王的敕令。

很多艺术家从世界各地赶来了，他们亲眼探索着当地秀美的山水，意欲找到最美的地方展现在画纸之上，从而获得国王的青睐。国王唯一的孩子、公主欧里克蕾娅年轻优雅，仿佛月光女神。她并不反对父亲的决定，因为周围国家那些好战的王子、粗鲁的将军还有狡诈的政客都不能夺得她的欢心，一个画家说不定更配得上她。

国王给了画家们一年的时间游历并绘制伊利里亚。厉害的画家在运笔和色彩方面都极其优秀，他们为了不被竞

---

① 欧洲历史地名，约为巴尔干半岛西部，原南斯拉夫一带。——译注

争者发现，通常四处散佚，悄悄躲在一个地方画画。最终评选的日子定在五月的一天，国王和公主，画家和大臣们，贵族和平民们对此都期待不已。

燕子又飞来，草木又绿，画家们完成了作品。评奖的最终决定权在于国王，因为他和其他君主一样，认为自己在艺术方面最有发言权。但是他又懒得在几千幅画里挑选，所以纠集了一群专家进行初选，为他筛选掉一大批不咋地的作品，最后由他来宣布最佳的画作。在严格的评选下，很多画家的作品都被剔除了。这让那些画家气愤不已，把画笔折断，把画布划坏。

最后剩下四幅作品，它们都非常优秀，运笔和色彩搭配都妙极，但又各有各的不同，让人很难决定孰优孰劣。评委们还对另外一幅画犹豫不决，作者是一个名叫月的人，想让这幅画撤下和留下的票数一样多，最后大家还是决定留下这幅画。这五幅作品将在国王那宽敞华丽的宴会大厅展出。每一幅作品几乎都占了一面墙的位置，因为画家们也意欲通过这样的方式展示壮丽的河山，用庞大的尺寸来征服观众的眼睛。

时间没到之前，几幅优秀画作都被蒙上了深色的布帘。终于五月的那一天来了，阳光明媚，百花齐放。王宫的阔气大门敞开，大理石大厅门户洞开，所有房间里都熙熙攘攘，男男女女衣着华丽，穿着丝绒与丝绸，其中有贵族，有将军，也有大臣，还不乏穿着罗马白袍的学者们。高大的拱形窗户让阳光遍洒宴会大厅，为欣赏画作提供了有利条件。大理石墙面映照出众人华丽的衣裳，一时间各种色彩纷乱人眼。金碧辉煌的屋顶下架设起了楼阁，音乐家们在此弹奏小提琴、竖琴，吹奏竖笛。

终于大家都到齐了，大臣们位列象牙王座的左右。朝向国王房间的内门大开，国王挽着美丽的公主走向王座。霎时间音乐停止，所有人都鞠躬致敬，国王招手致意，接着坐下。公主坐在他旁边的位置上，面色略微苍白，眼神凝重地看着地面。这也难怪，毕竟这一天将决定她的人生幸福。

五幅画还蒙着布，画家们也还没有到场，他们在偏厅里等候召唤。国王和评委们略微探讨了一下，接着举起象牙权杖，示意大家安静。好戏开场。

第一幅画即将现身，大家交头接耳。画家本人进入大厅，他昂首挺胸走向国王，鞠躬致意后，站在台阶一侧。国王打量他好久，公主的心也不安地跳动起来。她仔细地打量画家的样貌和身形，众人也不停打量着画家，尤其是女士们，真是从头到脚每个细节都不放过，她们站在美丽的公主的角度考虑着她愿不愿意嫁给他。一些女士觉得他不错，但也有些女士认为要等一等，说不定后面几位画家要更相貌堂堂或者更和蔼一些，因为这位画家看起来实在很严肃。他貌似远道而来，穿着一身黑色丝绒长袍，系着一条银腰带，胸前别着一个闪闪发光的星星装饰。画家脸色苍白，眼神深邃，目光有神地望向远处，显得有些忧郁。他一动不动地站着，看起来性格内向阴郁。

国王问：“您叫什么名字？”

画家微微鞠躬回答：“我叫月。”

这时画作揭晓，大家都伸长了脖子看。国王用手托着腮，完全沉浸在画作中。公主目不转睛，满脸虔敬和崇拜。众人都不由自主地叹道：“太棒了！”

巨大的黑色宽边画框中是一幅展现伊利里亚那被崇山峻岭和浓密森林包围的海湾夜景的画作。月亮升起，在海面上投下珠母贝似的幽光，映衬着长满橄榄树的小岛。最美的部分要数星空，画家显然在这方面下了大功夫。观看作品的人会觉得这已经不是画，而是感觉自己仿佛就站在星空下，感受着闪烁的熠熠星光，面向宁静祥和的海湾。

国王端详着画作，看了好久好久，终于他回过神来，示意月上前。“您真是一位伟大的画家！这幅画怎么夸都不为过！但我不能把最佳作品的称号颁给您，因为您画的不是我的王国，而是上帝的国度。您的作品最优秀的地方在于星空和月光，但是它们都不属于我，而属于上帝，而且也笼罩在我们邻国和敌国之上。虽然您画的天空如此美丽，让人神往，但您并没有站在我的角度，为我的王国创作出一幅现世的作品。所以奖不能颁给您。但是如果您愿意留在王宫，并让这幅画挂在我的寝宫，让我睡前可以沉醉在那星空里，我将不胜感激！”

画家恭敬地鞠躬回答：“这幅画可以给您，王上。但是我爱好自由，我的性格不适合宫廷内院，我得像星星一样走遍世界。”

“如您所愿。我的大臣们会处理好一切的。谢谢您，您可以走了！”国王用右手握了握画家的手。画家看了公主一眼，眼神复杂，接着鞠躬退下。这时，公主默默摘下手上的戒指递给画家。戒指上镶嵌着一颗大珍珠，柔白的光泽犹如海面上的月光。画家幽深的眼中现出感激的神色，他再鞠一躬，离开了大厅。国王温柔地抚摩了女儿白润的手说：“看画如看人，孩子。一幅画能体现出画家本人的灵魂。月对你来说太过安静，阴郁而严肃，就像夜晚一样不可测。”公主点点头，她也是这么想的。

国王示意，于是内臣大喊：“第二幅！”这位画家一现身，大厅里就充满了惊讶的呼声。他身材高大健壮，跟月比起来简直像个巨人。他走向国王，步伐坚定有力，脸色红润，满脸络腮胡，但卷发几乎都白了，看上去几乎像个老人，但又不是老人，因为他散发着无尽的能量和青春的光彩。一对粗犷的眉毛下，灰蓝色的眼睛炯炯有神。他直直地看向欧里克蕾娅，接着向国王鞠躬。国王迎上他的目光，公主低垂下眼睛。

国王问：“您叫什么名字？来自哪里？我看您这一身皮草还有长胡子，像是远道而来。”

“我叫冬，来自北方，王上。我翻越山峰，跨过荒原，渡过了两片海域，穿过了伊利里亚和我那雾气弥漫的故乡间夹着的许多国家。我用自己的方式观察了这里的美，现在您看看我画得到底怎么样。”

“尊敬的画家，您的作品一定很棒，不然也不会今天在这里展出。”

冬的画作真的很了不起，展现了这个国家最美的山谷在冬日里白雪皑皑的景象。画上的树枝盖着厚厚的白雪和霜，伸向湛蓝的天空。初升的太阳在雪上洒下一道柔和的红光。从画面最下方似乎有风将雪吹向观众，空气中飞舞着晶莹的雪花，而阴影中的雪泛着温柔的蓝色。人们看着画，身子不由得直哆嗦，仿佛那冷空气从画中渗了出来。还从来没有画家能将冬天画得这么逼真。

大家纷纷说道：“太美了！让人难忘！”尤其是平时打猎的一些人见过冬天的森林，更是啧啧称奇。画确实很美，国王和公主都这么认为。但要是问公主愿不愿意嫁给这个头发花白的大胡子壮汉，估计她还是会拒绝。

国王表示：“太了不起了！但是您居住在常年积雪的寒冷的北方，用的是北方人的眼光，画的可能不是我的国家。因为我们这里只有偶尔出现极端天气时才会像这样，大部分情况下都是温暖明媚的。这样的伊利里亚，我们本地人都认不出来了，看着非常陌生。您受到故乡的影响，恰恰选了用冬天这样一个角度，展现冰雪的世界。虽然画作非常优秀，但不是我的国家，或者说只展现了偶尔出现的场景，所以我不能给您颁发奖项。但是我将高价买下这幅画，价格您随便提！”

冬皱了皱眉，鞠了一躬，显得很失望，尖锐的视线又一次落在了公主身上，后者于是允许他施吻手礼告别。公主感到画家宽大的右手十分粗糙冰冷，如同他本人一样。

画家离开后，国王对女儿说：“他对你来说太冰冷了，虽然是个艺术家，但也很野蛮粗犷。我们国家这么漂亮，他竟然看不到鲜花遍地或者果园飘香，而是专注于严寒冰冻，太配不上你的青春活力了！”

国王说得有道理，公主十分感激，众人也颇为认同。

第三幅画和第三位画家登场了。这位艺术家眼中的伊利里亚有着多么不一样的色彩啊！湛蓝的海湾边上是大片的葡萄园，一切都沐浴在秋日金阳下。年轻的男男女女满脸喜色，采摘着葡萄。画面充满了喜悦、生命力、富饶和圆满。远处，高高的收割牛车将果实运走。阳光照耀着葡萄叶，让所有观众都赏心悦目。

国王很喜欢这幅画，因为画作展现了伊利里亚的美丽富饶和子民们勤劳收获的成果。画家本人形象也很好，所有的姑娘都伸长了脖子打量他。欧里克蕾娅也偷偷地观察，认为他很适合当她的丈夫。这位画家虽然没有那么年轻，但很强壮，穿的金色大衣十分衬他的身形。

“我的名字是秋，我喜爱生命在劳动时的多彩。我喜欢画秋季繁花落尽，收获成果的场景。这才是生命！”

“说得好！我们成熟的男人就是这样想的。年轻人的想法不一样，他们更加奔放，我们更为严肃。你的画非常好，我很喜欢。但我一时间无法决定，请在我身旁稍待片刻，我们看看其他的作品，然后再决定。”

画家深鞠一躬，表示赞同，然后站在国王身侧，微笑着抚摩着棕色的小胡子。

第四位画家登场，这是来自伦巴底的夏先生，他容貌俊美，十分阳光，让人心动。画家的年纪不大，头发卷卷地垂在脖颈，眼神热情温暖，小腿都晒成了深棕色。他一手按住胸口，一手将一束盛开的玫瑰放在公主脚下。公主脸红地拿起花束，遮住了脸庞，深吸了一口浓郁的玫瑰花香。画家见状颇为得意，微笑着向众人展示他的作品。

画面展现了鲜花盛开的皇家花园：阳光热烈地照耀着玫瑰灌丛和百合花丛，从银色喷泉立柱上喷出的水花在夏日的微风中呈现出一道柔和的彩虹，在其后宫殿的大理石墙壁上投射出斑斓的色彩。湛蓝的天空俯瞰着脚下的一切。太漂亮了！众人窃窃私语，都感觉似乎闻到了花香。一位女士说：“他肯定在颜料里加了香水！”财政大臣说：“也有可能是他送给公主的花束香气四溢。”

国王和公主小声讨论起来。夏先生信心十足，认为自己胜券在握，眼神越发激情洋溢。女士们小声叹道：“多英俊的男人啊！”这导致她们的丈夫们不满地皱起眉。

国王开口道："请秋先生原谅我的直白，我觉得夏先生的作品目前居于最高位。还剩一幅画，马上结果就能揭晓，不过我估计夏先生会夺冠，请您先站到公主身边等待……最后一幅！"

大家充满期待地看向第五幅画。公主眼睛盯着画作，下意识地缓缓站了起来。大厅里众人一下子七嘴八舌，热烈讨论起来。要不是将军示意大家安静，说不定能打起来。

宫廷酒水官的脸红得仿佛煮熟的螃蟹："岂有此理！"

王玺保管官怒斥："胆子不小！"

最高内侍女官气得用扇子拼命地扇风，满脸皱纹扭成一团："一个年轻男人，竟然……真是太不像话了，完全没穿衣服！浑身赤裸！"

"唉呀呀！"

"噢，我的天呀！"

"怎么能这样……？"

"胆大包天！"

"没错，太过分了！"

"不知羞耻！道德败坏！"

一时间众人愤而群起。这群宫人敬畏良俗品德，对此敏感至极，却又喜欢八卦。常年的宫廷生活让他们十分注重表面和形式，官位和封号高于一切。但渐渐地，从年轻人中传来不同的声音。

一个名叫阿斯托的战场英雄高呼：“这才是大师中的大师！他的画才配得上我们的国家，我们的人民！这是青春，是自然，集合了力量与优雅于一身！总之画出了一个人走在新的道路上，迈向新的目标！”

“说得对！”周围的年轻人都赞同。

“胡说八道！”年长的人反对道。

各种意见在大厅里此起彼伏。于是国王抬起手，用严厉的目光扫视众人。大家立刻闭嘴并鞠躬，并仿照国王，再一次重新用心用脑审视这幅画。

第五幅画呈现了一个年轻的男孩迎着太阳，奔跑着爬上山坡的景象。迎着春日的和煦光芒，他强健的身体沐浴在渐渐苏醒的自然中。空气清透，枝头绿意点点，各种色彩纯净而简洁。一切显得理所当然，十分清新自然，没有夸张或过分修饰。画家也人如其画，穿着简单的衣服，个头中等，眼神清澈，态度随和谦恭，同时了解自己的理念。

国王仔细地打量着画家本人和他的作品，陷入沉思。他挠着下巴，一时间无法决定。年长的人不喜欢这幅画，年轻人热爱这幅画。他想到时间流转，人间巨变，老年人越发呆板，愤懑地看着年轻人崛起。后者向上攀登，大刀阔斧，崇拜新的神祇，建造新的理念神庙。国王偷偷看了看女儿，她的眼睛闪着光。这也难怪，她正值青春年少，也站在画家的阵营，一同感受着青春热血。

国王招招手："走近一点！您的画让我的宫廷分裂成两派，因为这画太过大胆，而且……很不同寻常。面对新事物，总会有质疑。而且我给出的任务是创作一幅关于伊利里亚的画。可我只看到一个男人前进的脚步，却没有看到我的国度。我的理解可能和您不一样。那么请您自己介绍一下您的画。"

年轻人深鞠一躬，接着用明亮的声音说道："我是春，始终处在变化中，永远向着未来努力。所以我的画也和未来有关。想要绘制美丽的伊利里亚，画它的森林群山，画它的湛蓝海湾，画它的华丽花园很简单。但那些都是现在，都是此刻的景象，是您卓越的政治领导、您的臣子忠心辅佐、您的兵将勇战沙场和您的子民勤劳善良的成果。这些果实是过去各种力量的结果，但是有谁在看向未来？国家灭亡的事情常有，甚至常有大国集齐天时地利人和却仍旧灭亡的时候。人们面对丰硕的成果，常常居功自傲，骄傲自满。只有面向未来努力，迎接未来挑战的人才能真正享受现在的成果。这就是我的画所包含的意义，光明正大，纯洁质朴！它展现了将成长为果实的幼芽！春天与青春是一体的！未来才是新的力量，才是前进的步伐！就算有前人积累的财富，但如果失去了信念，没有年轻的后人来守护和发扬光大前人的遗产，又有什么用呢？伊利里亚最大的财富就是青春的力量，是冲向高处、冲向光明新时代的年轻人！这就是我画的内容，但是我斗胆承认：如同画中人迈向未来一样，我希望和欧里克蕾娅漫步至我们生命的尽头！当然，这是在您能应允和我赢得公主真心的情况下。”

接着画家沉默了。年纪大的人手足无措地互相傻看着，年轻人的脸上则洋溢着幸福，他们充满期待地看向这个宣告未来的画家。国王看了看女儿，他看得出来她已心有所属，所以他也该顺水推舟。在年轻人群的欢呼声中，国王走向画家，给了他一个拥抱："您将成为我的女婿，因为您不仅是一位杰出的艺术家，还是个年轻有为的智者。关于过去、现在和将来的想法体现了您长远的眼光，让我深深相信，当我离开这个世界时，可以把国家放心交到您手里。您和欧里克蕾娅两人就是未来！也会锻造更好的未来！欢迎您，春先生，您将成为我的女婿和王位继承人！”

国王说："您将成为我的女婿。"

这时音乐齐鸣，大家都喜气洋洋，国王将春引向羞红脸等待的公主。夏先生和秋先生则深鞠一躬，默默地跟随冬的脚步，离开了。

24.真假珍珠夫人

老乌拉波拉经常说："所有事物都有复杂而美好的故事，前提是我们要懂得它们的语言。人类的故事也是这样，想要听懂英国人的故事，得懂英语才行，如果一个中国人向我讲述他的经历，我要是不懂中文那就抓瞎了。物品的故事也是如此，小家伙们。要知道任何物品都有自己的命运，任何物品在这个世上都有它特别的经历，都有它自己的来源。我有时候不是会爬到阁楼上在旧箱子里翻来翻去吗？箱子里有各式各样有趣的小玩意儿，能让人忘记了时间，老克立斯蒂娜得叫上十几声，我才会唉声叹气、恋恋不舍地下楼吃饭。那些箱子里的东西可太杂七杂八啦！各式图画、土耳其军刀、鹦鹉标本、日式烟炉、火石块、16世纪的怀表、印度的干果、维苏威火山的熔岩、中国古代的木盒，还有鹿角之类的，等等，我一到阁楼上，就能听到它们七嘴八舌地跟我说：'喂，乌拉波拉！……''哎，你听我说啊……''我来自东！……''我见过西！……''你

知道那什么吗？……’

“没错，物品都有它们的故事。有些物品只会悄声叙述，所以有本事倾听的人就能了解别人都不知道的事情。

“曾经有一个非常美丽的女孩，她太漂亮了，不需要有聪明的头脑就能得到众人的喜欢。你们知道的，这个世界就是如此。这个女孩拥有各式各样的精致宝物，却不懂得倾听它们的故事。最倒霉的是，她非常富有，只知纵情浮华，但精神贫瘠。不像那个吹泡泡的杂耍艺人约翰[①]，他看到云朵、云雀、雏菊还有露水都会浮想联翩，露出微笑，甚至为其唱上一曲。

“女孩奢华的闺房里有一个巨大的玫瑰木首饰柜，上面镶嵌着贝母片，里面装着最珍贵最精致的珠宝首饰。当她打开盒子时，那些金银珠宝在阳光的抚摩中，折射出奇光异彩。盒子里什么都有：带着珊瑚雕成的玫瑰坠子的金项链、镶着钻石和蓝宝石的戒指、印度珍珠耳环、嵌着红宝石和绿宝石的发卡、带着钻石坠子和金叶片的手镯、由纯

---

① 源自洛可可时期的德国作家哈格多恩（Friedrich von Hagedorn，1708～1754）的叙事谣曲《吹泡泡的约翰》。乐天派吹泡泡艺人约翰日日歌唱，富人邻居给他一大笔钱以后，他变得担惊受怕，不再快乐，最终把钱还给富人，意识到自己最大的财富是无法用金钱换来的。——译注

银和蓝蚕丝制成的头罩、适合各式裙衣的腰带和带着紫水晶、青金石、石榴石和琥珀的配饰……

“但女孩最喜欢的还是一颗大珍珠，它在诸多钻石之间仿佛被群星环绕的明月。这颗珍珠有大樱桃般大小，泛着柔润的光，仿佛静夜里的熠熠月光照在从阿尔卑斯山流下的清泉上。这颗珍珠被单独放在一个象牙盒子里，盒子里铺着黑色的天鹅绒，堪称珍珠夫人的宫殿。盒子的价值自然比不上珍珠夫人本身了，但女孩每次都是连盒子一起带着去参加宴会，所以珍珠夫人就在盒子里静静等待着自己现身的时刻。

“话说高处不胜寒啊，孩子们，位居高位就要加倍小心，以防坠落。珍珠夫人也不例外地遭受各种妒忌，因为她是主人的最爱，总是在最重要的场合出场，比珠宝柜里其他五光十色的珠宝都要厉害。除非真的卑微到尘埃里，和所有人称兄道弟，她才有可能取悦所有人。是啊，这个美丽女孩的珠宝柜就像人类社会一样，总有首饰想比其他首饰更尊贵一些，闲言碎语是少不了的，谁都想好好展示自己。你们要是能听懂它们的语言，就知道它们各式各样的故事了。

“价值一百塔勒银币的大金链子说：‘我来自杜卡特家

族[①]。曾经在路易十四国王[②]时代流通的十个最重的金币长老（他们身上甚至铸着路易十四的画像）某天聚集一堂，集齐全部财力打造一件家族宝物，这就是我了。大家都说我过时，所以主人不常戴我。这都没关系，毕竟我的价值是显而易见的。瞧瞧，我又重又贵，根本懒得搭理所谓现代首饰的那些花花肠子。我们杜卡特家族的人就是这样表里如一，到今天还是这样，仍然统治着世界。曾有一位伟大的文学家说过：人人都爱金子，世事都为金子[③]。'

"'在地球母亲最深邃黑暗的沟壑里，诞生了我的族人，而人类根本无法抵达那里。有一天，地球母亲抖了抖她的石头外袍，我族才得以见天日。那时是他们第一次见到阳光，散发出夺目的光芒。后来人类在河滩的沙子里发现它们，然后将其运走。国王赐予我族荣耀，他令人锻造杜卡特金币，让全世界都臣服于它们脚下。金币们利通内外，游刃自如。它们引发了战争，支付了军费和数次和平谈判的费用，还有耕田农民、远航船只、挥锤铁匠和绣花女工的劳务费。绘制出伟大画作的艺术家问道：我可以拿到多

① 杜卡特是欧洲范围内从中世纪后期至20世纪初作为流通货币使用的金币。——译注

② 法国波旁王朝的国王，于1661年至1715年在位。——译注

③ 出自歌德《浮士德》。——译注

少金币？赞美爱情、明月和夜莺的诗人写成厚厚的书卷，卖给恋爱中的人，他也问：我可以拿到多少金币？’

“‘我不是吹牛啊，绝对不是。但咱们得讲理，谁不得承认我们杜卡特家族货真价实呢。不像某些家伙，整天一副我最清高我最棒的样子。谁有真把式，就不愁表面上怎么样；谁光想面子上过得去，就永远成不了大器！’大金链子抖了抖全身上下的金环，便不说话了。

“离它不远处是闪闪发光的钻石，它躺在白色的丝绒垫子上，听着金链子讲话，气得一肚子火：‘越稀有才越值钱。为什么主人更喜欢我？因为我们家族散布在全世界，好几块杜卡特才能买到一颗钻石。地球母亲在她最隐秘的沟壑中，离她炽热心脏最近的位置创造出了我们这样的杰作。金子很好找，但人类经常扒开整座山都找不到我的族人。在我看来，我们是地球母亲心中滴下的晶莹泪滴，隐人隐世，是她最珍贵高洁的馈赠。不是总有和钻石相关的秘密吗？尽管我们曾躺在最深邃的摇篮里，但是一旦见天日，就会折射出七彩的光芒。所以也难怪世人常常不惜双手沾满鲜血，或者支付成堆的金子，只为得到我们。国王的王冠虽然是金质的，但顶上闪耀着的是钻石，就像天上的星星一样。’

“金子酸酸地说：‘但你们其实没啥用。’

“‘这个要看具体情况吧，’钻石回答，‘要照你这么说，和我们一样深藏地下的铁矿倒是处处为铁匠和农民所用，他比我们还厉害咯？我觉得我和主人是相似的！我的价值在于美。但是人类的想法是多变的，目前主人的注意力都在珍珠夫人身上。以前主人可是最喜欢我，现在她喜好黯淡的首饰。哼，谁知道那家伙什么来头！不过风水轮流转，耐心瞧好吧。’

“这时候躺在珊瑚首饰旁的琥珀链子发出了一声声响，她愤怒地说：‘按你们这些贵人的说法，我们就连石头都不如了呗？罢了，反正我已经习惯了苦难，这辈子命途多舛，说起来都是泪。我和兄弟姐妹们费尽气力才能拴住这把象牙扇子，谁叫它像孔雀开屏似的张开，一直不愿意合上！’

“‘很久很久以前，当一场狂风暴雨将东海沙滩上高大的杉树吹断时，它们流出的泪就是我们琥珀。杉树们即将死去，伤口中流出黄色的泪水。狂野的大海不能容忍海岸边森林的存在，越发粗暴。海浪掀起盘错的树根，狂风把一排排的大树扫平。杉树们像激战后的士兵一样倒下，它们的木头身体渐渐朽掉，但黄色的大泪珠却凝结成了琥珀，掉落在沙滩上。人类捡起了琥珀，一个艺术家将泪珠加工成圆珠，然后用许多琥珀珠做成了项链。多么悲惨啊。尽管我们的身体几近透明，但古老的哀伤藏在心里，时不时让我们战栗。主人还是个小姑娘时，曾戴起过我们。在那个炎热的夏日，她坐在大树的绿荫下，扇着白色的象牙扇子。太阳当头，还是当年海边狂风肆虐时的那轮大太阳，它照进我们的心间。如士兵般战死的杉树灵魂向我们点头致意。是啊，那一天真是美好啊！现在就无聊多了，我们也没人要了。'

“这时一个声音在抽屉里啪啪作响，咬牙切齿地说：'哎哟我的天哪，真是丧气话呀！死了就是死了，没了就是没了！彻底结束了！你看看我！我以前才叫风光呢。当年我和大个头大象一起纵横非洲密林，那家伙就像一个巨大的灰色气球，得有一两吨重。你们爱信不信，反正我是它全身上下最珍贵的东西。我俩的经历可真不是一句两句能说清楚的！有一回，一只成年猎豹扑到了大个头的背上，它就带着猎豹轰地一下子撞到大树上，猎豹当下就倒在地上起不来了——那家伙现在肯定被做成地毯了——那场面叫一个震撼！这时候我来帮忙，我把猎豹叉起，架在又长又白的象牙上，一下子就把它甩得远远的，到看不见为止！途中它经过了好几棵猴面包树，树上的猩猩们吓得连嘴里的食物都掉了。

"'想当年我和大个头那叫叱咤风云！经历都能写本书了！但我俩的结局很悲惨。有一次猎人盯上了我们，他们对大个头本身没兴趣，单纯就是想要象牙。因为大个头活着的时候，他们没法把我和它分开，所以他们就用一个无耻的金属东西射向了大个头扑扇扑扇的大耳朵。它就倒下了，悲哀地叹出最后一口气。我被从大个头身上割下来，独自登上了船，开始了远行，我的人生乐趣也就此结束。最后我被送到一个该死的牙医那里，他给我雕成了这副扇子的鬼样子。我年轻的时候和成吨的大象纵横荒林，临了却被个小姑娘拿在手里，在到处都是香水味的舞会大厅里扇来扇去的……琥珀妹子，你觉得我会开心？'

"'但抱怨有什么用呢？没了就是没了！彻底结束了！冒险的时光一去不复返！几年前我还被一个老上将把玩着，然后就被送给现在的主人，一直待在抽屉里，手脚都被放得僵硬了，像个老头儿似的。这还能叫活着吗？但是如果每天把这些糟心事拿出来说道，只能越来越憋屈，直到世界灭亡！'

"'你们男的就会讲这种故事，'珊瑚雕成的玫瑰温柔开口道，'却根本不懂女人的伤心事。琥珀小姐，我也是知道远方和烈日的，我也曾熟悉大海——大海就是我的故乡，她魅力无边！您来自北方的海域，无法想象南方热带群岛的美妙世界。那里天空湛蓝，大海泛着无边的碧蓝色。每一个小岛都是一个世界，椰子树摇曳生姿，奇花异草缤纷，蝴蝶飞舞。岛上的人在烈日下肤色晒得黝黑，他们造出狭长的小船，船两侧的桨扎在水里，五颜六色的狭长船帆冲天张开。要捕鱼的时候，他们就唱着歌出海。没错，那里阳光明媚，气氛欢腾，空气里弥漫着香气。您可能无法想象的是，很多这种岛屿都是我的族人珊瑚建造的，他们辛勤工作成千上万年才造出植物可以生长、人类可以居住的岛屿。'

"'海平面之下岩层起伏，一片太平，海水清澈见底，无数珊瑚虫就在海底生活，它们是这片童话海洋的耀眼明星。它们不停分泌出石灰岩，让珊瑚像枝繁叶茂的大树一样慢慢长起——珊瑚枝头上就是白色的珊瑚虫，它们像星星一样装点着珊瑚，一代代地辛勤打造着杰作。先是巨大的珊瑚丛诞生，然后它们慢慢露出水面，灌木丛随即在上面扎根，接着巨大的棕榈树也开始生长。那里就是我的故乡，如今她是多么的遥远啊！我怀念那在珊瑚枝丛中穿梭的银色鱼群，我怀念那些唱着歌谣的欢快人类，怀念那在明媚早晨被微风吹起的船帆！我和姐妹们来自一株粉红色珊瑚，被人类采摘下来。现在我被艺术家雕刻成玫瑰的样子，在这昏暗狭窄的盒子里，只能在梦中与温暖的波利尼西亚相会……'

在碧蓝的大洋深处，珊瑚如同枝繁叶茂的大树般慢慢长起

“在那位美丽姑娘的首饰盒里，各种闪耀的珠宝分别讲述着他们各自的故事，只有泛着柔和光芒的大珍珠沉默不语，因为她觉得自己比其他人加起来都要高贵，于是独自

沉浸在主人的关爱里。

“钻石说：‘我觉得珍珠夫人的故事一定很黑暗。有人不爱谈起过去，因为他们有秘密。我愿意自掏腰包听听她的故事。’大家也纷纷赞同：‘没错，她有秘密，但是她很会保守秘密！’

“一次偶然的机会，珍珠夫人的来头才真相大白。

“那一天，主人和一个和蔼的老先生进屋打开了首饰柜，她说：‘这就是我的东西。有些首饰很旧了，或者过时了，我就不戴了。有些呢重新加工下，还可以卖掉。咱们一个个看，您帮我参谋参谋！’

“老先生戴上夹鼻眼镜，认真地查看每一件首饰。他是珠宝匠，非常懂行，了解这些宝贝的价值和来源。他灵巧的手指翻看着精致的物件，时不时对某件作品的绝妙做工赞不绝口。

“终于他打开了珍珠夫人所在的匣子，她躺在黑色的天鹅绒上，被钻石簇拥着，犹如在众星衬托下的月亮。老先生被她柔和的光泽打动。她是那么的温柔，仿佛来自另一个世界。老先生掏出放大镜，在窗前仔细打量珍珠。他花了很长时间，甚至让热烈的阳光打在她的身上，以便看个究竟。

“‘这件很稀有，是我见过较大的珍珠之一，但可惜是颗日本珍珠！’

“女孩反驳：‘不是的！她来自巴黎！’

“老先生友好地笑了：‘她确实可能在巴黎被交易过，但是来自日本，而且准确来说不是真正的珍珠，而是日本珠！’

“女孩大惊失色：‘当真是假货？不会吧，我花了很多钱，是在法国最著名的一家珠宝店里买的，连皇帝都在那里买东西啊！’

“老先生友好地摆摆手：‘我相信您说的话。您不必误解，这颗珠子价值高昂，但并非珍珠。只有像我这样一辈子和珍珠打交道的人才能认出来。奇怪的是，她既是真的，又不是真的。’

“‘我不明白，’女孩有点生气，还带着一丝不安，‘既是真的，又不是真的？什么意思？’

“珠宝匠小心翼翼地把珍珠夫人放回盒子，微笑着抚着他的白胡子，说：‘我的话确实听上去很奇怪。我来讲讲她的故事吧，这样您就知道什么意思了……每一颗珍珠其实都是一副棺材……’

“‘什么？棺材？’

“‘没错，它们是真正的棺材。您知道这么一颗熠熠生辉的宝贝棺材里埋葬着什么吗？这话可能听起来更奇怪了，是蠕虫！当然只是很小的蠕虫。’

“女孩慢慢地在一张缎面的沙发椅上坐下，她似乎遭受了重大打击。太可怕了！这都是什么跟什么啊！棺材！蠕虫！太恶心了！这一切竟然和这颗美丽的珍珠有关！一颗她在无数宴会戴在颈上饱受赞誉的珍珠！

“老人家接着说道：‘大自然鬼斧神工，在地心深处造就金银，用碳元素结晶成钻石，在杉树上用树脂凝结琥珀，用海底的钙质形成珊瑚。珍珠也是如此，她是大海的孩子！在亚洲海岸的珍珠贝聚集地生活着许多贝类，是它们造就了大海的瑰宝——珍珠。在偶然情况下，杂质进入贝类柔软的身体，比如说一颗小小的沙子。贝类因为让它弄得十分不适，又痛又痒，所以学到了挽救的方法：它分泌出含有钙质的黏液，包裹住沙粒，就像把它放在一具棺椁里。黏液慢慢变硬，最后成了珍珠——其实珍珠就是一小块泛着珠母柔光的钙质而已。

“‘大部分情况下，贝类用这种充满艺术感的方法将侵入的小蠕虫包裹起来生成了珍珠。实际上珍珠就是蠕虫的棺材。但它是那么的美丽，好像映照在海浪之上的月光。

只要有人类和贝类的存在，就会有采珠人冒着生命危险，不顾能咬死人的鲨鱼，在斯里兰卡周边和波斯湾海域潜入海底，撬开贝壳，看里面有没有珍珠。’

“‘我看得出来，小姐您对于这颗珍珠的来源很失望。毕竟它有如一颗熠熠的大蛋白石，时常在脖子上随着您的心跳起伏。唉，我们人类可不就是常常愚钝，只追求美丽的事物，却不过问它们为何美丽！就像那个王子和放鹅女的故事。当女孩穿着宫廷贵女的衣服时，王子觉得她优雅高贵，美丽可爱，恨不得立刻娶她为妻。但当他知道她不过是个放鹅女时，顿时对她失去了兴趣。’

“老珠宝匠微笑着，眼里充满智慧的光芒说：‘我打赌，您现在感觉就像那个王子。美丽的珍珠现在成了放鹅女。但是全世界各地的王公贵族都喜爱珍珠，认为它是神的眼泪！中国古药方认为，珍珠可以延年益寿。印度的公主们喝珍珠粉做成的茶，认为可以变美。您知道吗，克莉奥帕特拉女王①曾将一颗价值连城的珍珠在醋中溶解，当着安东尼的面喝下去，只是为了展示自己雄厚的财力。不管是查理大帝，还是波斯王，不管是查理五世还是中国皇帝，他

① 公元前69年～公元前30年，即埃及艳后，埃及托勒密王朝的最后一位女王。——编注

们都用无价的珍珠装点自己的王冠。直到今天，人们还在寻找珍珠中的王者。西班牙的菲利普二世认为自己鸡蛋般大小的珍珠举世无双①。谁会去深究宝库里的珍宝究竟是怎么来的呢？'

"美丽的姑娘此刻缓了过来，她呆呆地低着头想着什么，然后抬起头问：'但是您说什么这颗珍珠既真又假？那又是什么意思呢？'

"'的确如此，接下来请让我解释一下。人类是狡诈而贪婪的，当人们发现珍珠的秘密后，就开始想方设法强迫贝壳生产珍珠。他们把贝类钓上来，再把杂质放进去，然后把它们放回水里，做好记号，就这样逼迫贝壳制造珍珠。有一个日本人更是决定用小珍珠制成大珍珠。他把小小的珍珠放进贝壳敏感的体内，然后贝壳用珠母质一层层地包裹小珍珠，最后形成大珍珠。小姐您眼前的这颗就是这样诞生的。只有敏锐的眼睛才能看出来，它虽然是真的，但却是人工促成的，与人类有关，而不是大自然的手笔！'

"女孩回答：'听上去很有意思，但是……我也不知道

---

① 这颗名为"朝圣者"（La Peregrina）的珍珠实际上大约有鸽鹑蛋般大小，是在巴拿马海湾附近发现的。菲利普二世曾将它送给玛丽一世（即"血腥玛丽"），作为订婚的礼物。后者曾在多幅流传后世的画像上佩戴。——译注

怎么了……我一下子对这颗珠子没那么喜欢了！’

“老人笑着说：‘有些事情啊，还是不知道为好，不是所有知识都会让人增加幸福感。我说得对吧？’”

25.老船长的求救漂流瓶

要说怪老头儿乌拉波拉博士那老旧狭小的房子里最有趣的东西，我们小孩子觉得莫过于书房里的那个装满奇珍异宝的大玻璃柜子了。里面什么都有！包括了一切要么奇怪、要么古旧、要么簇新、要么珍贵，或者一文不值的东西。总之它们来自五湖四海，每一样物品都有它迷人的故事。件件都是老头儿心心念念的宝贝，他经常坚持不懈地和古板的老克立斯蒂娜拌嘴，因为后者每次用掸子清除灰尘时都会念叨，柜子里都是“可怕的破玩意儿”。

“就这些积灰的破玩意儿，一分钱都卖不出去！”

“你还是赶紧做饭去吧！啥都不懂！”

“这么脏，得拿砂纸、刷子还有肥皂才能弄干净！”

“你敢！你要是真这么干，我要你好看！你那破衣柜里面的东西才需要好好收拾一下呢！赶紧上咖啡！虽然你咖啡煮得也不怎么样，毕竟没去过土耳其学习咖啡怎么做，但是……别啰唆！上咖啡！”

闻言老克立斯蒂娜就气呼呼地拖着长裙子跑开了，“砰”的一声——她甩手关上门，博士则哼哼唧唧地开始往烟斗里塞烟丝。我们小孩子仍然站在柜子前，看里面高深莫测的各种宝物。其中有一只酒瓶，里面是一艘非常漂亮的三桅帆船，栩栩如生。大家都搞不懂这艘船是怎么塞到瓶子里去的。后来博士告诉我们，想要制作瓶中船，需要匠人将各种零件小心地一样样塞进瓶子里，然后再用镊子和胶水一点点组装起来。

瓶子里有一艘漂亮的帆船

“海员们在无聊的时候就有闲工夫捯饬瓶中船，这项传统已经有几百年了。全世界的港口酒馆里都一定陈列着某个海员在海上鼓捣了很久的瓶中船。不过我这只尤其特殊，环游过世界，历尽艰险，并且讲述了一个悲伤的故事。里面这艘三桅帆船叫安娜玛丽号，瞧，上面刻着小小的字呢，是船的名字。它一模一样地复刻了原版帆船，我曾经在那艘船的甲板上散步，在它的船舱里休息。但它现在已经沉没在海底很多年了，只是当年船上的瓶子还完好地躺在我的柜子里。来，我来给你们讲故事！

“这只瓶子当年装着牙买加朗姆酒，彩色的标签上写着原料有柠檬、葡萄干和肉桂，在港口巷杂货店的橱窗里摆了几个星期，无人问津。橱窗里还摆着蛋糕，蛋糕旁边躺着几只伸着腿的死苍蝇。

“海因里希·普利尔路过的时候，一眼就相中了这只瓶子。他口袋里还剩下一枚银币，因为明天天一亮，安娜玛丽号就要出海，他在海上也花不掉钱，所以就买下了这瓶酒。安娜玛丽号这次不走运，遭遇风暴侵袭，桅杆倒下。船长只有弃船爬上救生艇才能保命，他在危急时刻大喊：‘大伙儿听着！我闻到漏油的气味了！谁知道我们这次能不能躲过一劫！给我一个瓶子，我们得留下信息，说不定有人能捡到！我父亲在巴利阿里群岛捡到过一个在海上漂了三年的漂流瓶！我们竭尽所能，留下点什么都行！’于是普利尔赶紧拿出了朗姆酒瓶，船长用墨水几近枯竭的羽毛笔费力地在纸上写下：

我们的老伙计安娜玛丽号在百慕大区域遭遇重创，沉船在即。我们必须弃船逃离。请捡到漂流瓶的人将其交给汉堡的航海局。

克里斯蒂安·克吕克斯

1883 年 10 月 20 日

"'快点啊，船长！'船员大喊。

"于是老船长赶紧卷起纸条，塞进瓶子，堵上瓶塞，然后用一些沥青封口，将瓶子扔进大海。瓶子在海水里时上时下，乘风御浪。自此人们再也没有听过老船长和他的船后来怎么样了。船员普利尔还算做了一笔不错的投资，好歹买了一样有用的东西。不然他的银币就跟着沉没海底，只会有章鱼腿偶尔划过表面。

"漂流瓶不需要帆和舵或者罗盘就能继续航行。话说人们面朝大海，总是想着海水无边，都是一回事。这就错了！海水中有各种各样的洋流，就像陆地上的火车道一样，没有一滴水是平静的。强大的洋流可以蔓延几千里，就像莱茵河、密西西比河还有伏尔加河一样。它形成的过程是这样的：太阳晒热了地球赤道附近的空气和水，地球两极则很冷，所以产生了从赤道向两极、从两极向赤道的强风。

它将海水表层也吹向两个方向，从而产生了洋流。暖流从温暖地区流向北部海域，反之寒流流向南方。大西洋的高尔夫洋流[①]让欧洲北部海岸温暖适宜，它从南美流向北方，让岛国英国气候温和。要不是从北极也有拉布拉多寒流[②]往南，送去了寒冷的海水，英国会更加暖和。

“大海就这样进行着自我清洁，它将一切死去的海洋生物、植物、船只残骸以及表面的所有东西都带走。但安娜玛丽号失事的百慕大群岛附近恰恰是世界上为数不多的、不受洋流影响的海域。高尔夫暖流环绕这片区域，区域中心却不受影响，人称马尾藻海。这里是海洋的垃圾场，大量的海带海藻、死去的动物尸体还有船只残骸在这里聚集，只有当它们漂到区域边缘时，才会被洋流带走。哥伦布在旅途中经过此地时，以为被怪物包围，生怕没法逃出去。

“老船长克吕克斯扔进大海的漂流瓶差一点就遭遇了困在马尾藻海的厄运。它入海的位置不远处就是一些被蔓生的绿色海藻缠住的船只残骸。断裂的桅杆斜着指向天空，上面还挂着乱七八糟的工具。鬼知道这艘船已经在这里晃

---

① 即北大西洋暖流。——译注

② 应为东格陵兰寒流。拉布拉多寒流在北美洲东岸，无法影响到英国。——译注

荡多久了！肯定是洋流将它冲到这片海域的。

“幸好我们的漂流瓶得以开始它的旅行，它甚至遇到了一具鲨鱼的尸体。高尔夫暖流攫住瓶子，将它带往东方，带向欧洲。海水湛蓝，在阳光下熠熠生辉，仿佛热带蝴蝶的精美羽翼。漂流瓶像是一面镜子，顺着浪头时上时下。它的旅行速度比想象中的要快得多，因为高尔夫暖流像一个健步如飞的行者，有些地方比另一些地方能快上一倍[①]。但大海宽广无边，所以当瓶子到达亚速尔群岛时，已经是10个月以后的事了。

“人们时常见到船只路过，但没有人在起伏的浪花和耀眼的飞沫中留意到那只上上下下的小东西，尽管它携带了一艘船及其船员留下的最后信息。就在离里斯本港口不到一天路程的地方，普利尔的朗姆酒瓶踏上了新的旅程：高尔夫暖流在此处失去了它的强大力量，加纳利寒流从此处出发，沿着非洲海岸线往南流去，它因为途经加纳利群岛而得名。

“漂流瓶向南漂去。非洲西海岸是无聊平坦的沙漠地貌，无尽的撒哈拉沙漠上常常刮起强劲的红色沙暴。从岸边可以看见商队，当地人身着的白色长袍在风中飘荡，他

① 大概每小时八公里。——译注

们的身影很快就在沙丘后消失不见。这里的大海孤独之至，太阳也越发炽热。瓶子里写着老船长歪歪扭扭字迹的纸条很快变得越来越黄。

“接着瓶子沿着几内亚海岸线漂流，陷入了几内亚暖流中，跟着到达了刚果。眼前出现了茂密浓郁的森林，当地的黑人在岸边盖起了奇怪的棚子，太阳疯狂地炙烤着大地。

“至此，瓶子已经漂流了一年半了，这一年的四月它将跨越风平浪静的赤道海域。跨越赤道一直是海因里希·普利尔的梦想，他觉得跨过那道线，就会感受到什么。可惜他没能如愿，这会儿可能正在百慕大附近的马尾藻海里纠缠。但他曾经用一枚银币买下的朗姆酒瓶却成功地做到了。

“船长的纸条如今已经变成了棕色，封口用的沥青融化了，而酒瓶上的标签早就被海浪吞噬。漂流瓶越发靠近刚果海岸，几内亚暖流在这里渐渐虚弱，因为从非洲深处奔腾而来的刚果河在这里注入大海，与洋流分庭抗礼。瓶子被刚果河冲击的力量推回北边的赤道，终于有一天，它被冲到了沙滩上。

“瓶子的旅行在这里差一点就结束了，老船长的遗言差一点就毁于一旦。几个黑人伙计正在高喊着号子把两根在海里漂流的粗壮树干拉上岸，而我们的瓶子差一点就被树干压碎了。但一个黑人伙计捡起了它，两年来这是第一次有人拿起瓶子！杜哈姆巴和瓦哈姆巴失望地发现瓶子是空的。普利尔一定没有想到，两个远在非洲喀麦隆的黑人捡到了他的瓶子，不然他那个老好人肯定会留一点朗姆酒在里面的。

长腿的杜哈姆巴小心地捡起了普利尔的瓶子

“但空酒瓶子也很稀有，所以长腿的杜哈姆巴小心地捡起瓶子，带回用棕榈树皮搭建的棚子里。突然一个白人走来，杜哈姆巴咧嘴笑了，接着向来人展示了他的发现。很快对方眼尖地发现里面有一张被太阳烤成棕色的纸条，瓶塞上还有一点沥青残留。于是他讨来瓶子，并送给杜哈姆巴一样很棒的礼物作为答谢。漂流已久的瓶子终于找到了归宿，它随着下一艘船前往汉堡，距离被扔下海整整两年后，终于躺在了汉堡航海局的桌上。

“就这样，我们了解到了安娜玛丽号的命运。这只漂流瓶是幸运的，有无数的漂流瓶失去了踪迹，被洋流带到了无人知晓的地方，或者在沙滩上粉身碎骨。极少数幸运的瓶子被冲上有人迹的沙滩。普利尔的瓶子是一个奇迹！所以作为他的老朋友，我乌拉波拉把这个瓶子保存到今天。有时候风雨交加，我在安静的屋里觉得寂寞时，就会把瓶子拿出来放在桌上。那一瞬间，我仿佛能看见它在海浪中起伏，看见海藻中的船只遗骸，能听见老船长的声音：‘大伙儿听着！我闻到漏油的气味了！’”

26.四千岁的巨杉

“手拿开，捣蛋鬼！不许你们的脏爪子碰神圣的十字架！”老克立斯蒂娜训斥道。她小心地用掸子拂过墙上的棕色十字架。这玩意儿看上去平平无奇的，但谁知道呢，老乌拉波拉家的东西都很特别。所以听了克立斯蒂娜的话，我们不由自主地被吓得后退一步，略带惊恐地看着它。

这时门开了，老乌拉波拉溜了进来。他穿着过时的灰色长袍，彩色的毛毡鞋，手里拿着烟斗。他一看见我们就说：“你们咋又来了！今天没有故事听！我有事做！有很多事做！赶紧走！”

“他们在膜拜十字架！你怎么不跟大家礼貌地打招呼？”老克立斯蒂娜说。

“哈，这十字架的确来历不凡，好了好了！那我就再讲一遍那个故事！克立斯蒂娜，孩子们，都给我坐好！”

于是大家都坐下来，老乌拉波拉把十字架拿下来放在桌上，然后深吸了几口烟，开始讲故事：

“很多年前我还是个小年轻的时候，还不用和克立斯蒂娜吵架，而是周游世界，增长见识。在风景壮丽的狂野美洲，在科罗拉多大峡谷，在内华达山脉的复杂群山深处，我带着崇敬之心欣赏着那些还没有被人类破坏的大自然奇迹——这在人类居住已久的古老欧洲可找不到。当然那个时候，人们已经被对金钱的欲望驱使，开始破坏大自然最美的奇迹。如今这样的行为是被法律禁止的，就该这样！

“在一个阳光炽热的日子，我来到波特镇，一个内华达山脉西侧的小镇。我走进一家朴素的酒馆，想要点上一杯威士忌兑冰水，却看见一个穿着长靴的长腿家伙，你猜那是谁？我的老朋友比尔·罗伯森！我们曾经一起经历过许多冒险！这个老烟鬼用大手拍着我的肩膀，张口就说：‘我猜你包里有一大堆烟草！对不对？而且你明天一定会跟我一起去探寻森林之父！’

“别说，烟草我还真带了不少，罗伯森拿来立刻就往烟斗里塞。但什么是‘森林之父’，我还真搞不懂。罗伯森解释说这是世界上最高最古老的一棵著名巨杉，有几千年的树龄，比任何教堂的塔楼都要高。虽然我已经见过一些巨杉，但据说‘森林之父’周围都是更古老、更粗壮、更高大的树木。

“‘老罗，我绝对不会帮你砍树的！我漂洋过海来到美洲，不是为了在这片福地搞破坏的！想到欧洲人过去那样疯狂地砍伐云杉，捕杀驼鹿，我就来气！你们别砍那些古树了行吗？它们活了几千年，如同圣物啊！’

“‘话说得没错！但要不是它本来就已经不行了，我也不会帮忙砍树的。不然风暴一来，谁知道它会倒向哪里！所以还是让我们砍掉比较好。木材商一个星期之前上去看过，他们把价格估在 6 万马克！能有大概 5000 立方米的木材！砍断它得花上整整四天。可惜啊，据说这家伙已经活了 6000 年了①！人类跟它比起来简直只有蠕虫那么大！乌拉波拉，跟我们一起上山吧，起码亲眼看看那个大家伙。这种机会绝无仅有！’

“确实，这样的自然奇迹几乎屈指可数。于是我同意跟着罗伯森带领的伐木队穿越峡谷，前往山上的森林。要知道，巨杉分布在海拔两千米的高度。我们沿着图乐河②上行。虽然只是一大早，但太阳已经暴晒着大地。终于我们进入了密林区，大家已经累得不行了。但还要跨越两个山

---

① 此处罗伯森肯定夸张了，这棵巨杉不可能超过4000年，大部分古老的巨杉树龄在2500年左右。——译注

② Tule River，发源于内华达山脉，波特镇（Porter Ville）以东。——译注

谷才能到达‘森林之父’所在的位置，所以晚上我们搭起了帐篷露营。沿途我见到了三四棵巨杉，欧洲最高最大的橡树跟它们比起来简直像盆栽。罗伯森说，跟‘森林之父’比起来，这几棵巨杉才是盆栽。第二天中午，我们到达了‘森林之父’所在的森林边缘，远远地就能看见它突兀地高耸于森林之中，仿佛来自另外一个世界。大家都不约而同地停下脚步，没有人发出赞叹的惊呼，因为任何语言在这样的奇迹面前都显得苍白愚蠢。

“在草丛和苔藓间，大伙再次搭起帐篷。我们沉默地望着‘森林之父’。它高耸入云，树干上密布着各种灰斑，仿佛老教堂破败的墙垣，展现着时间的痕迹。老天啊，我无法想象 4000 年前，它还只是棵一阵风就能刮倒的柔弱树苗！当哥伦布发现新大陆时，这棵树已经垂垂老矣，和今天差不多高大了！人类和这棵巨杉相比如同蝼蚁，却要动手砍断这棵见证了整个人类文明历史的家伙！但不难看出，这棵树确实不行了：它的树枝光秃秃的，有些已经被风暴折断，随时会砸下来，看上去十分危险。

“终于我们重整旗鼓，朝大树前进，罗伯森和我通过测量树影长度计算出它的高度超过 130 米。没错，在欧洲根本没有这么高的树。能在欧洲找到一棵 50 米高、500 年树龄的冷杉已经算是了不得了。相比之下，‘森林之父’是多么伟大的存在啊！我们后来测量了它的年轮，它真的有4000岁，比弗莱堡那眺望莱茵河和孚日山脉[①]的大教堂塔楼还要高20米！它的树干直径有12米！5辆农用车能在上面并排开过！一百对情侣可以一起在上面跳舞！再加上整个乐队和乐器地方都绰绰有余！要是把树干切片做成桌子，能让60个农民坐一圈畅饮啤酒！世界上还从来没有过这么粗的树[②]！

“现在要砍树了！这事可不简单！伐木工人用巨大的斧子砍了三天，搞出了一大堆木屑，在巨大的树干上砍出了能让人藏身的大洞，接着用长锯越锯越深。最后他们小心地作业，以便树干能朝着预计的方向倒下——终于，树干发出了咔嚓一声——罗伯森大叫：‘快躲开！’我们赶紧远远跑开，他却还待在树干旁。之前我们将木楔插进砍出的裂缝支撑树干，防止它突然倒下。接着罗伯森点燃了周围的木屑和木块，然后赶紧跑开。火苗迅速升起，它吞噬了支撑树干的木楔……

① 在法国东北部、莱茵河左岸。——译注

② 几十年前被砍掉的一棵巨杉有144米高，周长35米！——原注

“我们心跳加速，看着‘森林之父’抖动着树冠，慢慢倾斜。我们先是听见细小的断裂声，接着是巨大而清脆的咔嚓声，这个自然巨人歪向一边，木楔燃烧殆尽。我们不由自主地继续后退。突然，这棵 130 米高的大树轰然倒下，压倒了脚下的一切，一时间尘土飞扬，轰隆震天，我们脚下的大地震颤不已。然后，便是一片死寂。

先是细小的断裂声，接着是巨大而清脆的咔嚓声，然后巨人倒下了

“一棵耸立了4000年的大树倒下了！不知道为什么，大家心中都涌上了一种奇怪的感觉。尽管我们不停劝说自己这棵树已经濒临死亡，躲不过下一场暴风雨，但还是觉得自己仿佛大恶人一样，毕竟我们确实摧毁了一桩古老的自然奇迹，心里实在不好受。大家慢慢走近，围绕着树桩，沉默地看着这个自然巨人的遗体，陷入了沉思。甚至连罗伯森都忘记点燃他的烟斗，我认识他这么多年，还从来没见过他这样。

“第二天我们才开始整理树干。它周长有36米，可以加工出大尺寸的木材。据说这些木材已经叫华盛顿的博物馆悉数买下，但后来因为没有火车皮能将它们完整地运走，

我趴在树桩上数年轮

所以只能被切开。我和罗伯森趴在树桩上数年轮，真的数出了将近 4000 年的历史。一些年轮的位置，木头有碳化痕迹，这说明当时有森林火灾，树皮被烧焦了。

“我趴在树桩上，用手抚摩着年轮，一圈圈数着。

“罗伯森和我各自小心地剥下一小块木头留作纪念，而我用它做了一个小十字架。——你们瞧，孩子们，就是咱们这个十字架！克立斯蒂娜，这下你听懂了没？”

克立斯蒂娜走近，十分珍惜地用皱巴巴的手轻抚着十字架——乌拉波拉示意我们不要说话，带着我们悄然离开了房间。

27. 寻找亚特兰蒂斯

老乌拉波拉博士如是说：

“我有一回踏上了一次奇特的旅行，完全是因为绰号老库克[①]的潜水奇才朋友在和我告别时开了一箱西班牙葡萄酒。

“老库克当时一边用凿子撬开酒箱的盖子，一边说：‘乌拉波拉啊，这该死的地球转得这么慢，等你两年后从加尔维斯顿[②]回来，都不知道我这把老骨头还在不在了。所以呢我们得照规矩好好告别一番。虽然我搞不清楚你跑去欧洲那边干什么——他们那地方的人住得都挤，跟沙丁鱼罐头似的——但既然你非要削尖脑袋往那儿去，咱们可得喝上几盅好酒。这酒是我的老伙计费尔南多船长从马拉加[③]带

① 源自英国航海传奇詹姆斯·库克船长。——译注

② 美国得克萨斯州墨西哥湾内岛屿，老库克此处误以为岛屿在欧洲。——译注

③ 马拉加，西班牙安达卢西亚地区重镇，毕加索故乡。——译注

回来的，我打包票，绝对是极品。’

“我不记得那个晚上和老库克喝了多少马拉加的烈酒，只知道醒来的时候，太阳都升得老高了。煤油灯还燃着，尽管在阳光下完全看不见它的亮度——对此它一定很生气。

“我惊叫：‘库克老伙计！我的船七点钟离港，现在肯定早没影了！怎么办？下一班船五天之后才来啊！’

“老库克磨磨叽叽地醒过来，哈欠连天地揉了揉眼睛说：‘真是浪费感情。’他捻灭灯芯，道：‘哎呀乌拉波拉，我做着美梦呢，你却给我扯回残酷的现实世界了。我梦见我穿着潜水服，在一艘沉船里寻宝，跟人五五分成。刚刚摸到一个大袋子的提手，你就把我吵醒了。瞧我现在手里有啥？除了我这破烂铺盖上掉下来的毛絮，啥都没有！船的事你别急，只要我还有一口气，就没有绝人之路！你个年轻小伙子还能比我这把老骨头差劲不成？’

“‘得了得了，老库克，那你说我现在还怎么出海？’

“‘坐船啊，小子，还能怎么着？算你走运，明天一早海燕号出海，直接开往马德拉岛[①]，从那儿你都可以坐马车去汉堡了。海燕号既不装货，也不载人，而是载着一群做

① 马德拉岛，属于葡萄牙，位于摩洛哥西部大西洋中。——译注

学问的人在马德拉岛搞个什么做学问人弄的名堂。你不是念过书吗，他们肯定会带上你的。再说我认识那个巴莱尔船长都20年了，他肯定会替你说话的。’

“老库克全都说中了，船上的人当时就应允带上我。老库克这家伙死性不改，还要与我重新对酒告别一场。但是我推托说晚上就得登船，以便第二天日出时离港，这才脱身。我们在巨大的码头尽头握手告别……这是我们最后的告别，我归来的时候，老库克已经不在人世了。

“孩子们，我就不仔细描述我们的行程了，免得你们无聊，路上确实没有什么值得一提的。天气始终不错，西风一直伴随着我们，所以行船速度很快。那一路上甚至有些无聊，和我以前的旅程都不一样。因为船上除了船员以外都是学者。有三位著名的美国教授，他们始终沉浸在书本和航海图中，时不时激烈地讨论学术问题。有一次我问船长这次旅行的目的是什么，结果他也搞不清楚，只是说：‘他们想找一个沉没的国家，据说在非洲北岸附近！’

“我灵感顿现，因为我在很久以前就读过各种各样的书籍，也听说过有关沉没国家的传说，具体的情况记不得了，我只记得，专家们认为非洲和南美洲以前是通过一块狭长的陆地连起来的，正是这块陆地沉没在大海之中了。

“我心想，合着我还赶上一出好戏了呢，说不定还能参与一场重大的科学发现哩。

“后来我有几天没见到学者们的人影，因为到达北纬28度西经30度的海域时，突然狂风大作。巴莱尔船长和他的船员们一下子忙得不可开交，力图让东摇西摆的海燕号稳定下来。可正当加纳利群岛近在眼前时，学者们却突然要求更改航向，气得船长叫骂不停。

“因为风暴的缘故，这次探险的领队——令人尊敬的佩帕科恩教授也被迫现身了。佩帕科恩教授又高又瘦，像根电线杆子，全程裹着一件黑色的长外套，在一艘海船上显得十分呆板。他迎着风走向我，满头白发好似马鬃般飘荡。他的鬓角几乎延伸到了尖下巴处，鼻子上架着一副带有蓝色镜片的眼镜。海燕号突然骑上浪头，颠簸之极，佩帕科恩教授差点被一堆缆绳给绊倒，幸好我及时抓住他，一时间我俩好像兄弟般抱在一起。

“‘抱歉我这么热情啊，乌拉波拉先生，’他扶正眼镜说，‘我正打算和您好好谈谈呢。’

“我鞠了一躬，毕竟我当年还是个年轻的小伙子，表示能够和著名的佩帕科恩教授攀谈不胜荣幸。

“教授接着说道：‘乌拉波拉先生，我们承诺带您去马德拉岛，以便您从那里乘船回家。但现在出于学术考虑和研究需要，我们决定先不去马德拉，而是去佛得角群岛[1]。我们准备立刻更改航向往南走，但不能不经过您的同意就强迫您一起去。而且既然我们保证要带您去马德拉，就一定不会食言，就像老牌的美国绅士一样说到做到，就算再花时间和精力也要做到！当然您要是不介意从佛得角坐船回家就最好不过了。而且路上我们肯定会遇到往北走去葡萄牙或者西班牙的船，它们也可以带您回家。'

"于是我向教授屈膝致意，表示可以参与这么重要的探险荣幸之至，如果因为我的缘故让一行美国学者往东北行进乃是德意志人大为不齿的粗鄙且不礼貌的行为。当然如果诸位老师可以向我透露些许此行的目的和计划，并允许鄙人尽可能帮上些许小忙，就再好不过了，如是我也可以在海燕号上有点作用，而不是单纯吃白饭的。

"就在此刻，佩帕科恩教授突然像圆规似的原地转圈，因为船头遇浪又陡然下沉，导致教授一屁股摔倒，歪坐在缆绳堆上。

"他再次扶正眼镜，郑重赞许了我一同前往佛得角的决定。'乌拉波拉先生，'他深思着说，'您显然经常出海，对

① 位于非洲西部大西洋上。——译注

大海和海浪都有经验，因为风浪这么大，您还能像桅杆一样站得笔直。可惜我们这群人就不行了，我还能站起来，但是普鲁姆布姆教授只能窝在吊床里，整个人都废掉了，成天哀叹：老天啊！我不行了！皮尔普斯教授看上去像个破烂铜罐，脑袋上，不对，简直全身上下贴的都是胶布，因为浪头一来，他就不知道滚到哪个角落里去了。'

"'就这一点来说吧，'我说，'教授您还真没说错，我跟专业水手差不多，因为我五大洲四大洋都去过，航海的一些门路都熟悉。'

"'太好了！如果您能负责测量深度，我们将感激不尽。这项工作即将展开，因为确认佛得角周围的水深对我们来说很重要，如是才能知道海底状况，哪里深洼哪里平坦。我的队友、著名的迪尔伯恩大学[①]地理学教授皮尔普斯先生会告诉您，为什么我们需要仔细勘探这些细节。'

"我向教授保证可以完成任务，因为我经常坐潜水船出海，既熟悉普通的铅块测量，也操作过希格斯比[②]测绘仪——我早就在海燕号船尾看见了后者。

① 位于美国密歇根州。——译注

② 由美国海军军官希格斯比（Charles Dwight Sigsbee，1845～1923）发明而得名。——译注

"'不错，不错，乌拉波拉先生！太好了！现在我正式邀请您来我们的会议室船舱，共商大计。'

"我跟随佩帕科恩教授下了楼梯，立刻看见了其他的教授们。其中一位唉声叹气地躺在吊床里，但这并没影响到他阅读一本大部头的书。另外一位教授真的浑身上下都是胶布，他坐在皮沙发里，拿着尺子和圆规着魔了似的研究着海图。

"'各位，我向大家介绍我们的新帮手乌拉波拉先生，他对科学和航海都有研究，我们有幸请到他帮我们测量水深，他对此很熟悉。乌拉波拉先生，这位是地理学家皮尔普斯教授，他正在仔细研究佛得角附近的海图。吊床里的是古生物学家普鲁姆布姆教授。我本人是考古学家，来自华盛顿，对领导他人很是精通①。'

"诸位教授向我致意，佩帕科恩教授示意我在沙发椅上坐下，但是海燕号在这个郑重的时刻也致了一个屈膝礼。事情发生得如此突然，导致普鲁姆布姆教授一下子从吊床上摔了下来，皮尔普斯教授滚到了桌子下面，佩帕科恩教授则因为倚靠着舱门，直接飞了出去，不见了踪影。我本人刚刚能抓住沙发，没有摔跟头，所以赶紧尽力把各位教

① 教授开玩笑，因为华盛顿是美国首都的缘故。——译注

授扶起来。

“普鲁姆布姆教授费劲地爬进吊床，再次重申他活不过这次探险。而皮尔普斯教授则在伤口开裂的鼻子上又贴了一块胶布。佩帕科恩教授也慢悠悠地返回船舱，他表示各位专家学者虽然在航海方面不怎么样，但是学识渊博，这就足够了，毕竟航海方面有船长和水手负责呢。

“这时船员送来茶，我们抽起了烟斗，各位教授向我解释了此行的计划。

“佩帕科恩教授拿起几本大部头书，说道：‘乌拉波拉先生，既然您想知道这次探险的目的，那我就直说了。我听说您本人也是博学多才，肯定听说过很久以前沉没在大西洋海底的一个国度，名为亚特兰蒂斯。据说它位于直布罗陀海峡西边和非洲大陆西北侧之间。很有可能是一个大岛屿，有人认为，亚速尔群岛、马德拉岛、加纳利群岛和佛得角群岛如今是亚特兰蒂斯的残留可见部分，它们由于海拔较高，在岛屿沉没后还能露出海面。’

“普鲁姆布姆教授这时打断了佩帕科恩教授说：‘也有人不相信亚特兰蒂斯岛屿说，比如底特律大学的普鲁姆布姆教授，也就是鄙人。根据我的古生物学研究结果，我认为亚特兰蒂斯不是一座岛，而是从非洲和欧洲大陆延伸向美洲大陆的一块陆地。欧洲大陆和美洲大陆以前并不是被大西洋分开，而是连在一起的。’说着，他叼着烟斗，又爬回吊床。

“接着皮尔普斯教授加入了讨论：‘我反对，我坚决反对！乌拉波拉先生，您听好了，我反对！我认为亚特兰蒂斯根本没有沉没。我认为这根本就是一个传说，因为……’

“闻言普鲁姆布姆教授从吊床上直直坐起，他大半个身子探出了吊床，我真害怕他会随时掉下来。‘哎哟哎哟，皮尔普斯先生表示反对呢！那你怎么解释……’

“佩帕科恩教授举起手，几乎要碰到船舱的顶部。他示意两位同事，说：‘各位，各位！请冷静一点！你们这不是让乌拉波拉先生看笑话嘛！他会被我们搞迷糊的！一个接一个说！乌拉波拉先生，您也看到了，学者们对这个问题持有不同的看法。我们将按顺序向您介绍这个神秘的研究对象。请允许我首先向您介绍我的专业，也就是考古学方面的研究成果。伟大的古希腊哲学家柏拉图曾写道，明智的所罗门王①曾经远游埃及，与知晓古代秘密的埃及术士讨论过古老的文明。他们谈及的古老故事上溯太过久远，连古埃及人的史书都望尘莫及。他们的谈话涉及每几百年就

① 古以色列国王。——译注

发生一次的山火与洪水和每几千年就归来一次的星辰，也包括了滔滔洪水是如何摧毁了地球上的一些古老国度和文明。'

"'术士们说，在直布罗陀海峡以西南，离非洲海岸不远处曾有一个名叫亚特兰蒂斯的大岛屿，它曾是一个强大得无可匹敌的国家。陡峻的山峦环绕着这座孤岛，峭壁直直扎进海水中，而岛屿中央则是平坦肥沃的土地，布满了矿藏。岛民们熟知各类艺术与科学知识，并远游至世界上的每一个角落。亚特兰蒂斯由它的国王统治，早在古希腊存在以前，其势力范围就已经扩展到了埃及。国王本人住在岛上的中心城市，这个奇妙的城市充斥着宫殿与神庙，它们由黑色和红色的砖石建造，并布满金质的装饰。岛上人口众多，人们安居乐业。'

"'一场可怕的灾难在一夜之间毁灭了整个亚特兰蒂斯国。地震让它沉没在大西洋底，曾经构筑岛屿的砂质土壤形成了深厚的淤泥，这些淤泥在此后的漫长岁月里还能看到，并阻碍着附近海域的航海行船。尊敬的乌拉波拉先生，这就是我们了解到的有关亚特兰蒂斯的最古老信息，源自古埃及术士，他们把这一切告诉了智者所罗门，这在古埃及的古老神庙中有相关记载。'

“我非常认真地听着，因为沉没国家之类的故事本身就很有意思，而且我还身在这么一艘以搜寻这个国家为使命的船上。‘这也太有趣了，跟探险小说似的，佩帕科恩教授。’

“‘说不定就是杜撰出来的小说，’皮尔普斯教授说，‘亚特兰蒂斯没有沉没，它现在还存在！’

“普鲁姆布姆教授又从吊床上直起身来道：‘皮尔普斯先生，就此您可没有任何证据。地理学家没事就宣称一个理论，可这又不是你们一家说了算的事情。我出于同僚之间的情谊好心提醒您……’

“佩帕科恩教授又举手示意安静，我还真挺同情他的，因为航行全程他都得操心，万万不能让两个意见相左的同事打起来。

“‘尊敬的乌拉波拉先生，现代科学研究当然不能仅仅依靠古希腊的传说。有各种各样的证据显示，智者所罗门的记述不是简简单单的传说或者童话。以前人们还认为《圣经》里记载的巴别塔的故事也只是个传说呢，但后来人们真的发现了巴比伦塔的遗迹[①]，可以触摸到塔身的基石！

① 可能指公元前6世纪的古巴比伦神庙Etemenanki，但这也只是一种理论。——译注

最后我只想再提一点，要知道墨西哥的原住民和尼罗河畔的古埃及人有很多地方都十分相似，两者都建造了金字塔，这多奇妙啊！如今这两个国家隔着漫漫的大西洋，但很久以前一定得有某种事物将二者联系了起来，这个元素可能就是沉没的亚特兰蒂斯！毕竟古埃及人可没有造出能跨越大西洋直至美洲的大船。’

“佩帕科恩教授接下来沉默了，普鲁姆布姆教授接过话头：‘乌拉波拉先生，尊敬的来自华盛顿的佩帕科恩教授向您讲述了他的专业就此事的看法，我现在则要向您从古生物学角度解释。古地质时代的动植物遗迹为证明亚特兰蒂斯的存在提供了有力的证据。不过我认为它不是一个岛屿，而是一条从欧洲大陆延伸向美洲大陆的狭长陆地。您年轻有为，肯定能理解这才是真正正确的说法，即便某些学者不同意！’这话指向皮尔普斯教授，导致他气得连鼻子上的胶布都翘了起来，好像犀牛的角一样。他还把手深深地戳进口袋，大口大口地吸着烟，以致佩帕科恩教授不得不打开舷窗透气。

“普鲁姆布姆教授接着说道：‘我们在美洲发现了几百万年前的动植物化石，欧洲的学者们在欧洲和非洲发现了同样的化石。所以说那个时候欧洲大陆和美洲大陆有着相同的动植物。它们又不可能越过大洋，所以这两块大陆肯定是连在一起的，这样动植物才会自然蔓延繁衍。而这条“桥梁”就是亚特兰蒂斯！因为不明的灾难，它断裂并沉入海底！’

“这时候皮尔普斯教授愤怒地跳起来说：‘断裂？断裂？断裂个头！您就胡扯吧！陆地又不是蛋糕，还断裂？断裂个屁！您啥也不懂！’

“‘没错，我还就说断裂了，亚特兰蒂斯就在海底，我们努力找，会找到它的！’

两位观点相左的学者愤怒地争论着

“普鲁姆布姆跳下吊床，皮尔普斯则愤怒地站起来，两位观点相左的教授用手激烈地比画着，头发也竖了起来，简直要打起来。所以我们赶紧上前劝说，但海燕号又偏偏抢先一步，就在此时颠簸上下，我们像保龄球的瓶子一样东倒西歪，在地上滚来滚去。人和物，桌椅板凳，书本地图，茶具碗碟，陶瓷器具全部散落一地，哗啦作响。

“我们唉声叹气，咒骂不停，好不容易才又站起来。连平日里严肃的佩帕科恩教授都一脸怒意，嘴里小声嘟囔着不满之词，因为他一屁股坐在了皮尔普斯教授的圆规上。过了好一会儿，大家终于缓了过来，而普鲁姆布姆教授的茶在颠簸中从他的领口漏进去，从裤腿里流了出来。

“终于，探险领队佩帕科恩教授严肃而郑重地说：‘诸位尊敬的同僚，我们不能再这样下去了！我虽然非常难过，但不得不做出以下决定：如果各位不能友好相处，那我们就立刻掉头回家！各位这不是让乌拉波拉先生看笑话嘛！现在这么颠簸，咱们分分钟都有可能去见老天爷，可你们还不停吵闹！不行，不能再这样下去了！二位必须握手言和，并保证，直到探险结束都老老实实的！毕竟通过这次探险，我们指不定会弄清楚究竟谁说得对。您说是不是啊，乌拉波拉先生？’

“‘您简直是集律师和牧师于一身呀，尊敬的佩帕科恩教授！两位教授肯定很快就和好了，毕竟他们不是在人身攻击，只是针对彼此的学术观点。如果两位能握手言和，我会很高兴的。说不定来自迪尔伯恩大学的皮尔普斯教授可以跟我们讲讲他的观点，难道他不相信这一切吗？’

“两个死对头握手言和，争吵终于停止了。

“‘那我就跟咱们的新朋友乌拉波拉先生说说我的看法。’皮尔普斯先生闻言，又在手上贴了一块胶布，因为刚刚他摔跤的时候，一手盖在了燃着的烟斗上。‘我基本上同意各位同僚的观点，认为所罗门的传说包含很多事实，以及在古埃及和墨西哥的原住民有某种直接联系，还有欧洲大陆和美洲大陆以前是连起来的，所以那时的动植物可以在两块大陆上漫步……’

“我打断了他：‘所以说您二位观点相同啊！’

“‘不是这样的，乌拉波拉先生！我在某个非常重要之处与尊敬的普鲁姆布姆先生的观点截然不同！他认为在美洲和欧洲之间有一块桥梁般的陆地，而我则坚信，很久以前欧洲和美洲是一块完整的陆地，那时候根本没有大西洋，只是慢慢地在那块巨大的陆地上诞生了一条裂缝，这条裂缝越来越大，终于让原本的陆地一分为二，而且两块新陆地之间的距离越来越大，这才诞生了大西洋。所以地球上一半是欧亚非大陆，一半是美洲大陆。您明白了吗？请看这幅地图，乌拉波拉先生！如今人们还能够辨识出，两个大陆是在很久以前从一个整体分裂开来的，两者的边界甚至完美地契合！瞧！我把它们拼在一起，您就能看清了！’

“皮尔普斯先生拿着一把大剪刀把一幅世界地图上的北美洲和南美洲剪下，然后拼在旧世界上，此刻我眼前的这幅地图变得极其奇怪，尽管我常常钻研地图，却从来没意识到这一点。我的老天，真的哎！欧亚非大陆和美洲大陆真的完美地衔接在了一起！孩子们，你们瞧，我把当年那幅地图保存了下来。

“当年我们在海燕号上也是这样俯身看着这幅地图，不得不承认迪尔伯恩大学的著名地理学家言之有物，很有可能说得在理。‘厉害厉害，皮尔普斯先生！’我本想脱帽致意，却发现自己根本没戴帽子，于是便屈膝致意，‘老天，我还从来没有留意到几大洲边界的高度吻合性。如今在您的点拨下我灵光一现，或者说是醍醐灌顶。看来您很有可能是对的。’

“皮尔普斯先生对我的膜拜显然十分受用，但仍旧谦虚地说：‘乌拉波拉先生，我并非第一个意识到这一点的

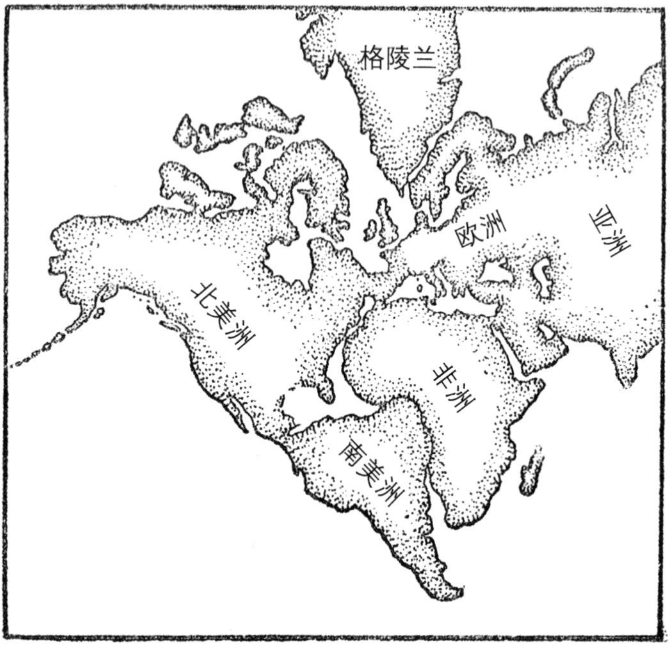

欧亚非大陆和美洲大陆真的完美地衔接在了一起！

学者，绝对不愿意抢夺他人功劳。我听说您是德国人，巧了，这个大发现正是源自一位德国学者魏格纳[①]！现在您大概能明白了，我自然是不能相信什么亚特兰蒂斯岛屿说或者狭长陆地说。传奇的亚特兰蒂斯无非就是——各位大概已经猜到了——无非就是美洲本身，它当年如此靠近欧洲和非洲大陆，古埃及人误以为它是一个无法行船所及的大

① 阿尔弗雷德·魏格纳（1880～1930），德国气象学家、极地科学家、地理学家；以极地和气象研究知名，逝后其板块漂移学说得到广泛认可。——译注

岛。至于很久以前，中美洲的原住民和尼罗河畔的古埃及人都建造了形似的金字塔，如此也就解释得通了。这两个民族当年离得不远，自然可以互相学习。但亚特兰蒂斯并非沉没在海底，它至今存在，也就是美洲！古埃及术士向智者所罗门讲述的亚特兰蒂斯智慧民族就是中美洲的原住民——玛雅人和托尔特克人。他们是哥伦布发现美洲时遇到的和受尽那个坏蛋科泰兹[①]掠夺的阿兹特克人的祖先。'

"'其实吧，'佩帕科恩教授说，'您说得有些道理，但有一部分在我的专业知识看来也有其他的解释。《圣经》里关于古埃及和古巴比伦的描述，美洲的古老原住民竟然也知道，确实很奇妙，说明欧亚非大陆和美洲大陆确实有过联系。美洲原住民和古埃及人都知道挪亚方舟的故事，并都修建了金字塔，并且将逝者制成木乃伊保存。您瞧，乌拉波拉先生，亚特兰蒂斯帝国确实是个有趣的话题，不管它是岛屿还是一块狭长陆地抑或是美洲大陆。'

"'没错，各位老师，'我回答，'但这一切大概有多久的历史了啊？'

"'至少是一万年前的事情。'佩帕科恩教授回答。

"'说得太少了！'皮尔普斯教授说，'美洲和欧洲还连

① 埃尔南·科泰兹（1485～1547），西班牙殖民者。——译注

在一起的时候起码得是十万年前的事了！’

“‘但是那时候哪儿有古埃及人啊，还有当时的美洲也没有什么大型国度呀！’

“‘那可难说，乌拉波拉先生！我们只知道上溯几千年的历史，但是再往前谁也说不清楚了。’

“‘我倒可以。’这下沉默了半天的普鲁姆布姆教授说话了，为了不惹怒同僚，他说，‘所以我认为亚特兰蒂斯国的存在是八千年前的事情，它是一个狭长的半岛或者从欧亚非大陆延伸向美洲大陆的群岛。马德拉岛、加纳利群岛还有佛得角正是其遗迹，我们这次会在佛得角附近勘探。您想想看啊乌拉波拉先生，万一我们找到了亚特兰蒂斯的遗迹，那得多轰动啊！我们会成为世界上最著名的人物！’

“那一天和教授们极具启发性的谈话就此结束，之后我脑袋嗡嗡响，于是去甲板上呼吸新鲜的海风，想将这一切暂时抛在脑后。船长一看见我就笑着说：‘乌拉波拉先生！您现在看上去像是只吞了一堆烟草的野猫。看来您和我一样，对各位教授先生的话难以消化。他们跟我聊完以后，我感觉自己就像缠在铁丝网里似的，得喝上一大口朗姆酒才能缓过来。您跟我去我的隔间吧，咱们可以喝上一点上等的北德好酒，聊聊老库克。这个老家伙真是我的大救星，他叫我带您上船真是太对了，这三个做学问的人一和我说话，简直搞得我丧失理智。当然他们也不经常跟我说话，毕竟海燕号一闹脾气，他们就连人影也看不见了。他们还从来没坐过海船，所以要是这风暴不减弱点的话，恐怕这几位最后到佛得角都要不成人形了。那个皮尔普斯快把我医药箱里所有的胶布都用完了，他要是不穿衣服，肯定跟贴满小广告的街头柱子似的。我的老天，这年头什么人都敢出海啊！’

* * *

“几天以后我们来到了佛得角群岛附近，海面平静清澈如镜，海风甚微，我们必须拉开全部船帆，才能前进。其实也挺好，因为这样适合测量水深，从而了解海底状况。我负责操作测量仪并念出数据。佩帕科恩教授站在我身边记录数据。这样我们就能知道水下的地貌起伏。咔嚓咔嚓，哐啷哐啷，这项工作持续了一整天。我们有几千米的钢缆，其一端的秤砣深深沉入水下，当它到达海底时，操作人可以立刻感觉到缆圈基座松快了一下，钢缆也不再绷紧。这时候我们就读数据，看有多少米的钢缆在水下，也就立刻知道水深几许。

“接下来的工作特别辛苦！必须把钢缆再摇上船来！可怜的水手们哼哧哼哧像牲口似的拉着钢缆，嘴里骂骂咧咧，抱怨海水为什么那么深。这片海域基本上水深都在4000米左右，而到了岛屿附近，水深急剧变浅。

“让人尊敬的皮尔普斯教授进行了更复杂的操作。他时不时地放下一个‘探测器’，以便查看海底的地质状态。这个‘探测器’其实是镊子的模样，张开双臂下水，到达海底时就深深抓一把海底的材质，掐下来一大块东西紧紧夹住，有时候它还会夹上来一些水生物。这时候我和普鲁姆布姆教授就会用手摸这些动物，后者对这些沾满海底钙质的蜘蛛似的生物爱不释手。皮尔普斯教授则咒骂着这些他毫不感兴趣的生物，只对海底的地质样本挪不开眼睛，并把样本像宝贝一样拿进船舱仔细研究。

“就这样，海燕号上的每个人都忙碌不已。渐渐地，皮尔普斯教授得以揭掉身上贴满的胶布，因为海面如此平静，普通的钟摆也可以在船上正常地工作。

“终于船来到了佛得角群岛近海，通过测量，显然这一带水深愈浅，但海底的‘山峦’常常比邻深邃的沟壑。假如有人能在海底漫步的话，肯定感觉和在地表山峦起伏的地方徒步是一样的。皮尔普斯教授的大夹子带上来一块近似透明的石头，这是海底火山爆发后的岩浆演变成的。

“我们的船在附近海域搜寻着一切可能搜寻的东西，诸位教授得以确认，这片海底曾在很久很久以前经历了巨大的损毁：一道巨大的沟壑像一把斧子似的深深刻入地球母亲的皮表。在非洲大陆与海底之间诞生了一条断裂带，彼时地表崩裂时，从地心喷涌而出的滚烫熔岩遇冷产生的蒸气与火焰摧毁了周遭的一切。

“或许当这场自然灾难爆发时，真的有人类群居地遭遇毁灭，并沉入了海底……可能这场断裂灾难真的像皮尔普斯教授说的那样是在两个地球上的板块分裂时发生的……可谁能证明这一切呢?

“海燕号环绕着群岛，越走越远，大夹子带上来越来越多的海底样本。水手们都怒气冲天，用各种各样的语言咒骂着，佩帕科恩教授惊恐地举起双手。原来船员们完全不能理解‘学问人弄的那一套’，却被迫每天反复拉扯几千米的钢缆，心生不满。巴莱尔船长则把帽子从一侧歪到另一侧，摇着满头白发的脑袋，专心地教着我的鹦鹉约克各种胡言乱语。

“某个阳光灿烂的上午发生了奇妙的事情。我们在圣文森特岛[1]附近作业，大夹子甩上来一大堆样本，突然皮尔普斯教授跳了起来，仿佛得了亨廷顿病[2]似的。他用地板刷亲手洗刷样本，接着惊喜地高呼，大家都激动地跑向他，连巴莱尔船长都跑来看。

“‘墙砖啊，这是墙砖啊！’皮尔普斯惊呼。

“‘老天！墙砖哪！’普鲁姆布姆教授也喜出望外。

“确实如此，这块石头看上去像是切割过，还有被垒砌起来的痕迹。整块样本差不多旅行袋那么大，但是看得出来它是一段墙垣的部分，由三四块石头垒砌而成。

“‘这是玄武岩制成的墙砖。’地质专家皮尔普斯说。

“确实如智者所罗门所述，亚特兰蒂斯人用黑色、红色和白色的石头建造房屋，其中黑色的石头很有可能就是玄武岩。

“接着几位教授就把这块墙砖像宝贝一样拖回他们的船舱，决定仔细地从各个角度观察它。

---

① 佛得角群岛西北一岛。——译注

② 一种遗传疾病，患者早期有情绪智力缺陷，接着丧失身体协调能力，常常“手舞足蹈”，晚期会丧失运动能力，无法说话。——译注

“墙砖啊，这是墙砖啊！”皮尔普斯惊呼

“这时巴莱尔船长把我拽到一旁说：‘吓我一跳，乌拉波拉，咱俩可得喝一杯压压惊！我对那个他们钓上来的大石块有别的想法。这要真是一万年前的什么什么亚特兰蒂斯的房子遗迹，我就跳海！我打赌那破玩意儿是海防围墙，给潮汐弄坏，然后被冲到海里的。但他们这帮做学问的肯定听不进去。随他们闹去吧！我是不会说的，因为他们已经骂了我不知道多少次，说我狗屁不通！’

“现在专家们开始疯狂寻找。瘦长的佩帕科恩教授神秘地对我说：‘乌拉波拉先生，现在我们终于步入正轨了！您想想啊，您就好好想象一下，这个发现是一个多么具有历史性的时刻！我们找到亚特兰蒂斯了！我们找到墙砖了！这简直就是海底的庞贝遗迹！’这时候他把我拽向船舷指着水下，说，‘就这儿，1200 米之下，一个沉没的国度和民族躺了一万年！’

“我只看见巴莱尔船长往佩帕科恩指的位置吐了一口嚼剩的烟草渣——

“‘我们必须继续找下去！肯定还会发现更多！我们要有毅力！毅力和运气，办大事就是要这两样品质才行！’

“这时海风强劲，前进咯！

“我们找了三天，一无所获。船员的面色越发阴沉。终于，当我在甲板上抽着烟斗思索时，船上负责木工的老水手施诺克悄悄溜到我身边。他谨慎地四下张望许久，然后往海里吐了一口烟草渣，走过来：‘俺有点事想问，乌拉波拉先生。’他一边用手局促地转着帽子，一边说，‘大家都说您在南北回归线以内，遇到啥事都有一手，大家都这么说！所以您在俺们船上就像大使一样！私下跟您说点事，您别告诉那些学问人还有船长。人家都说，您嘴严，跟刚刚做完防水处理的船似的！’

“‘你就打开天窗说亮话吧，老伙计施诺克。’我把他拉到一大堆缆绳后面说。

“‘俺们就是想知道这该死的活还要干多久？大家都受够了！受够该死的佛得角了！现在骂娘都不管用了，俺们都想知道，他们在底下找啥玩意儿？俺们忒好奇了！那个，人家都讲，乌拉波拉先生遇到啥事都有一手……’

“‘施诺克，我都明白，事情是这样的，几位教授在找一个沉没的国家，可以说是一万年以前沉没的国家，那里差不多是在挪亚方舟的时代就有墨西哥人居住。他们认为我们前几天发现了当年的城墙，所以现在想找更多东西。’

水手施诺克一边用手把玩着帽子，一边说：“俺有点事想问，乌拉波拉先生。”

“‘找人骨头还有金子吗？’

“‘不是的，那些估计是找不到了，但是他们可能想找像庞贝遗迹出土的东西，比如能揭示当时的人都干了什么的东西，类似器物的碎片之类的。他们认为还有希望找到点什么，就是这么一回事啦！’

“‘啊哈，嗯！我明白了，但又啥都不明白！我觉得他们啥都找不到！’

“‘我也这么觉得！’

“‘但是我们必须找到什么才行啊，乌拉波拉先生！’

“‘那当然是再好不过的。’

“施诺克又小心地四下张望，然后伸出他坚实的大手握住我的手说：‘谢谢您！我们全体船员都谢谢您！您真是啥都知道！再见！’说着，他小心翼翼地离开了。

* * *

“两天后，也就是6月10日，这一天海燕号上喜气洋洋的气氛我简直无法用语言描述。下午的时候大家都在休息，第二天准备考察一下圣文森特岛的近岸，然后船就直接回家。船员们喝酒跳舞庆祝，他们唱起了一支古老的航海歌，每一句结尾都是‘吼吼吼，满船都是朗姆酒’。施诺克满脸严肃地弹起了他的风琴。

“教授们的船舱内一派节日气氛，巴莱尔船长和我作为嘉宾也得以参与。诸位教授发表了演讲，皮尔普斯和普鲁姆布姆这对老冤家也喝茶释前嫌。

“没错，这一天真是个大好日子！一大早，第四次拉上船的样本中，除了泥浆和贝壳等其他水生物，还有一块奇怪的石头。当时我们的船处于圣文森特岛岩石密布的近岸，‘探测器’只能沉入两百米，附近都是从火山岩浆演变而成的黑色玄武岩。那块奇特的石头也有切割过的痕迹，而且上面有雕刻的人物和符号，虽然非常不清晰，乍一看还以为是石头本身的纹路，但仔细观察显然是某种奇特的符号。一些符号看上去很像古埃及的象形文字，有鸟头状的，有平行的两条波浪线，还有眼睛状的，三角形，等等，有的佩帕科恩教授也无法识别。

“‘奇怪啊奇怪。’他不停地挠着下巴上的胡子，‘真奇怪啊，看上去好像亚特兰蒂斯和古埃及文明有某种联系。谁知道呢，说不定古埃及人的祖先就是来自亚特兰蒂斯。不过我也说不清楚，这块石头很奇怪，有可能是方尖碑或者什么纪念碑上的一块，但是……呃……真奇怪！’

“‘教授先生，那些符号看不清也不奇怪呀。’我说。

“‘当然了，乌拉波拉先生，问题是它们太清晰了。您想啊，这石头要是在海里都泡了一万年了，肯定有时间的痕迹，会显得更光滑一些，就像被砂纸打磨了一百年似的。但是这些雕刻的痕迹却仍然相对清晰，真奇怪！’

“‘玄武岩很耐磨，’皮尔普斯教授说，‘说不定这石头是有刻字的那一面贴着海底，所以没什么损伤。我们能捞到就不错啦，高兴点！’

“大家确实很高兴，尤其是水手们，直到半夜都还就着风琴的音乐载歌载舞，直到风琴在施诺克毫不吝惜的操作下散架，但他们仍然唱着：‘吼吼吼，满船都是朗姆酒！’

“早上我们去拜访教授们时，巴莱尔船长也不再站得笔挺。当我们走过船桅时，船长突然把手重重地拍在我肩膀上，说：‘乌拉波拉，我不想扫兴，老伙计。但要是那块石头真的来自什么亚特兰蒂斯，我就跳海！当然了，我是不懂的。石头看上去倒是很漂亮的。’说罢，他就噔噔噔地跑回自己的船舱了。

“第二天我们回到圣文森特岛的港口，和诸位海燕号上的人握手告别。接着一艘三桅大船将我带向荷兰。几个月以后我收到了一个非常精致的银色鼻烟盒，是佩帕科恩教授从华盛顿寄来的，随之附上的还有一封长长的感谢信。孩子们你们瞧，那边的柜子里就是他寄来的盒子。我老乌拉波拉珍藏着这个盒子，用以纪念那次不寻常的旅行。几年以后我收到了一本厚厚的书，在书中，当年海燕号上的诸位教授详叙了他们关于亚特兰蒂斯的发现。

“但此后没过多久就出现了其他学者的著作，驳斥海燕号上教授们的观点，认为那块石头并非源自亚特兰蒂斯，看上去也很可疑。最后学者们争论不休，论战不已，直到今天也没人真正说得清楚到底有没有亚特兰蒂斯。

“自此我再没有关注这个事情，因为世界上还有许多许多谜样事件。但是有一次我去鹿特丹港坐船时，竟又让我想起了海燕号上的故事。那天我在港口看见一个老头子，他晒得黑乎乎的，像个干瘪的洋葱。老头正在切割一块大烟草团。老天呀，我突然认出来，这不是老施诺克吗！

“‘你好呀，施诺克！’

“老头儿抬起头，满脸皱纹，他狡黠的蓝眼睛眨个不停，然后他摘下油光光的贝雷帽，说：‘妈呀，乌拉波拉先生是您吗？好久不见！您还坐船到处跑啊？’

“我紧紧握住他的手与他攀谈。我给了他一个塔勒币，老水手立刻变得话痨起来。最后我不得不离开登船，告别的时候，我向他眨眨眼，说：‘当年咱们从圣文森特岛那儿拉上来的石头可真漂亮呀，施诺克！’

“‘可不吗，那石头真漂亮，我听说是古埃及的墨西哥人还是墨西哥的古埃及王做的。’

“‘你就没有别的信息要透露吗，施诺克？难道没什么误会在里面？’

“老头儿眨眨眼，然后装傻道：‘啥？您啥意思呀，乌拉波拉先生？’

“然后他就专心地切割烟草团，并递给我一块切好的烟草：‘要不要也来一块？您不是啥事都有一手吗？’

“‘不啦，施诺克，’我大笑着说，‘我不好这口。’

“然后我们再次握手，就此告别。”

乌拉波拉博士的世界

在一个美好的冬日，美好的哈茨山区[①]被皑皑大雪覆盖，布罗肯峰[②]戴上了白色的尖帽，高大的松树林银装素裹，松针覆盖着银霜，林间浓雾弥漫。这一次我又来到了哈茨山下，来到乌拉波拉博士的家。它位于千年古城高斯拉[③]，一座拥有无数古老建筑和塔楼的老城。

我坐的车驶过狭窄崎岖的小巷，两侧的古屋惊异地看着吭哧前行的汽车。其实完全不必驾车穿过这座城市沉寂幽然的老街。这里到处是源自几个世纪以前的古迹，还保留着当初的韵味，以致汽车与这座城市如此不搭，仿佛在古老的雕木马厩戏栏[④]中安装了电灯一般——其实一支蜡烛

① 德国中部山地，覆盖今图林根州，被称为德国的绿色心脏。——译注

② 哈茨山区最高峰。——译注

③ 即Goslar，11～12世纪为神圣德意志罗马皇帝的行宫所在地，因大火和战争掠夺陨落，如今为哈茨山区重要景点，名列世界文化遗产名录。——译注

④ 圣诞节习俗，演绎耶稣降生三王朝拜的场景。有真人在大街上扮演，也有用沙盘场景在教堂内展示的，如今还有全自动演出的沙盘。——译注

就刚刚好。

我似乎看到古旧的房屋与塔楼在不满地挤眉弄眼，因为它们对现代社会的喧嚣吵闹反感之至，什么轮胎、汽油、尾气、喇叭，一概都是胡闹！它们太古老了，这几百年来历经风霜，也因此疲倦了。什么铁甲骑士、穿着红色护腿手持利剑的刽子手、身着棕色披风的僧侣、被送上火刑台的女巫、穿着彩衣脚挂铃铛的宫廷小丑、腓特烈大帝的宫臣、拿破仑的兵将、抵抗运动的黑骑士①、威廉德皇的部队……他们统统走过这里的大街小巷。

是啊，这些房屋经历了多少风雨啊！现在它们累了倦了，只活在对往昔的回忆中。半个世纪以前，就在这样的一栋房子里——大概是全城最古老的房屋——住着一个奇怪的乌拉波拉博士和他苍老的女管家克立斯蒂娜。

半个世纪以前，他们俩就都很老了，得有80多岁。当法国大革命刚刚结束、拿破仑正准备称帝时②，两人刚刚出生。天哪，那时候跟现在可不一样！那时候的老先生们，比如市长还有药剂师、老将军还有老教授都还留着一根小

① 普鲁士抵抗拿破仑的一支志愿军部队，身着黑色制服。——译注

② 1799年冬。——译注

辫子[1]，在领子处摆荡。可如今连女孩子们都不愿意扎辫子[2]！那个年代从柏林前往莱比锡要坐一个星期的马车！小孩子们要对爸爸妈妈用敬语称呼！那时候没有铁路，没有蒸汽船，没有煤气灯，没有电话，没有火柴[3]，没有口香糖[4]——实在是可怕的时代！

哎呀，其实倒一点也不可怕。那个时候，当远行的人回乡聊起遥远的国度时，一副惬意、平静又舒适的样子，聊起可怕的战争和黑死病时，则显得神秘兮兮。在乌拉波拉博士的古宅里，楼梯狭窄，踩上去吱呀作响，被虫蛀的木箱和木柜里装着各种稀奇古怪的小玩意儿。老克立斯蒂娜戴着白色的头罩，在屋里忙前忙后。房子里还有一只猫，总是弓着身子在门廊前后漫步。老乌拉波拉又瘦又高，像根晾衣竿。他穿着灰色的睡袍和毛毡的长靴，鼻子上架着眼镜，手持长烟斗，不时在书堆里闲翻，或是捣鼓着他的仪器，偶尔甚至将望远镜伸出天窗，观月观星。

老天，当老乌拉波拉跟我们讲他以前的奇妙经历时，

---

① 即普鲁士“士兵辫”，本为18～19世纪之初的部队发型，后成为守旧保守的象征。——译注

② 本书成书于20世纪初，当时女士流行的发型是贴头皮的短烫发。——译注

③ 火柴于19世纪初问世。——译注

④ 现代口香糖于19世纪晚期问世（1869年）。——译注

我们度过了一个个多么神奇而美好的夜晚啊！他的故事和当时没关系，涉及的都是遥远的时代，充满了奇趣和冒险。虽然有时候他肯定在夸大或者胡说——那时他就像一只牙齿掉光的老猎犬一样哼哼唧唧——但那些记忆还是那么的美好！

往日已逝！我让车停在蜷缩在古城一隅的乌拉波拉古宅前，所有的门窗仿佛对我低语：“小子，你还记得吗？”门锁吱呀，仿佛在慨叹：“小子，那时候真好呀！好日子一去不复返了！”

该死，怎么有雪花掉进眼睛里了呢，有点刺痛。我眨眨眼，可不能让司机看见。

“师傅，您先开走吧，我一会儿就好。”车子离开了。

雪无声地落下，我又一次在傍晚来到这里，踏上古老的台阶，虔诚地抚着黄铜门环——小时候的我就是这样一次次叩着门环。

这时教堂的钟声响起，六点了。老乌拉波拉和老克立斯蒂娜就葬在那里。我手持帽子冲着教堂的方向挥了挥手，然后再次踏进雪中……

译后记

写给家长们的话

为什么要推荐今天的孩子们看一百年前的科普读物呢?

从接到这本书，到完成译稿和校对的今天，我始终在问自己——一个一百年前就已经七八十岁的古旧老头子能讲好什么科学故事?事实上，乌拉波拉的故事跨越了时间的桎梏，这个人物让我想到童话大师孙幼军的《怪老头儿》，一部让我小时候爱不释手的经典名作。那也是一个怪老头儿，甚至谈不上绝对的“好人”，但是莫名地有魔法，能让调皮的赵新新吃瘪或者学到刻骨铭心的教训。我们的怪老头儿乌拉波拉也是一个让人看不透的人物，但他科学知识渊博，年轻时闯荡五湖四海，广交天下朋友，满肚子逸闻趣事和冒险经历。这个怪老头儿虽然脾气古怪但内心温柔，讲起故事来是一把好手，一句“我那个朋友说”立刻就能把你拉到故事里……

柏吉尔创作的《乌拉波拉故事全集》涉猎广泛，天上地下，从古至今，既有微观也有宏观的角度。每个小单元都有独特的视角和目标，并不是单纯为了传达某个自然科学知识点，而是展现给孩子们看待世界的新角度。时而有传统的童话或寓言，时而有正儿八经的科普讲堂，时而有对美学的思考和情感的表达，时而有天马行空的科学幻想。而且这些元素都糅杂在一起，形成一个个复杂的故事结构。即便是传达科学知识的单元，也贯穿了宏大的情节，让小读者们难忘。同时，作者以出色的文笔、多变的文风，栩栩如生地描绘出一个个生死攸关的场景、细腻温柔的瞬间或者幽默的段子。

我尤其欣赏柏吉尔介绍宏观与微观世界的方式，他将微小或巨大的事物与孩子们熟悉的生活做比较，从水滴、盐粒的微观世界，到蜉蝣与人类时间的惊人关系差异，乃至巨杉和星星在时间与空间上的宏观辽阔，贴切地向孩子们传达了认知世界的新鲜角度。读这个怪老头儿的故事，除了学习知识，还会不由自主地学会对自然和生命的敬畏。乌拉波拉面对要被砍伐的巨杉时的痛苦与无措让我印象尤为深刻。这种对自然生命的丰沛情感从工业时代以来就逐渐消逝，是工业时代的人努力为后人呈现的人文温情，在我们所在的电子科技时代仍然具有无限的现实教育意义。

翻译《乌拉波拉故事全集》算是一件艰难的事情。一百年前标配的花体印刷字母，艰深的旧时语言风格，陌生的时代语境，都不宜逐词译成中文；作者的讲述技巧繁复，引用层层套叠，真真恨不得发明三引号四引号才能把逻辑关系讲清……经过反复润色，我尽最大努力还原了这部一百年前科普经典佳作的风采，和作者柏吉尔的心愿一致，真心希望小读者和大读者们都能喜欢这部作品。

李婧